顾明远口述史

顾明远 口述 李敏谊 滕珺 整理

北京师范大学出版集团
北京师范大学出版社

图书在版编目(CIP)数据

顾明远口述史/顾明远口述；李敏谊，滕珺整理．—北京：北京师范大学出版社，2018.10

（教育口述史系列）

ISBN 978-7-303-24203-0

Ⅰ．①顾… Ⅱ．①顾… ②李… ③滕… Ⅲ．①顾明远－生平事迹 ②教育史－研究－中国－近现代 Ⅳ．①K825.46 ②G529.5

中国版本图书馆CIP数据核字（2018）第223736号

营　销　中　心　电　话　010-58805072　58807651
北师大出版社高等教育与学术著作分社　http://xueda.bnup.com

GUMINGYUAN KOUSHUSHI

出版发行：北京师范大学出版社　www.bnup.com
　　　　　北京市海淀区新街口外大街19号
　　　　　邮政编码：100875

印　　刷：	北京盛通印刷股份有限公司
经　　销：	全国新华书店
开　　本：	787 mm×1092 mm　1/16
印　　张：	20.75
字　　数：	263千字
版　　次：	2018年10月第1版
印　　次：	2018年10月第1次印刷
定　　价：	98.00元

策划编辑：陈红艳	责任编辑：齐　琳　张筱彤
美术编辑：李向昕	装帧设计：锋尚制版
责任校对：段立超	责任印制：马　洁

版权所有　侵权必究

反盗版、侵权举报电话：010-58800697
北京读者服务部电话：010-58808104
外埠邮购电话：010-58808083
本书如有印装质量问题，请与印制管理部联系调换。
印制管理部电话：010-58805079

前　言

两年以前北京师范大学出版社就约我写口述史。我觉得没有什么可写的。一个平平常常的教师，虽说工作了50多年，但也就是备课、讲课、写作，都是一般老师要做的工作。只是因为当了几年副校长，参加了一些会议，知道一些学校以外的事情，但也觉得没有什么有价值的东西值得记录。出版社很把它当作一回事，刘生全同志又找到我的研究生签约，让她和我谈陈年老账，于是就有了这些琐忆。对我个人来说，这倒也是一次很好的回顾，但对别人来讲，实在没有多大意义。即使如此，我还是要感谢出版社的热心、研究生李敏谊的辛苦。

顾明远2005年暑假识于北京求是书屋

近几年来又在中国教育政策和发展大潮中做了些事情，在和学生交谈时又回忆了几件事，趁再版之际，把它们添加了进去。这次修订，我的学术助理滕珺做了不少工作，一并致谢。

顾明远　2011年11月20日

本书名叫"口述史"，这次修改，主要把"文化大革命"期间与教育无关的部分做了删减。同时2012年版至今又过了6年。这6年是我国教育改革和发展的重要时期，我在6年中也做了一些事，也有些故事，可以讲一讲。所以增加了一些内容。

顾明远　2018年8月

目 录

前 言

第一章　我的求学生涯

走进教育百草园 …………………………………………… 3
我在南菁中学 ……………………………………………… 5
北上求学 …………………………………………………… 12
留学苏联 …………………………………………………… 15
苦学俄语 …………………………………………………… 18
艰苦的学习生涯 …………………………………………… 19
理论与实践相结合的教育实习 …………………………… 23
丰富的文化生活 …………………………………………… 24

第二章　我与北师大

在师大附中 ………………………………………………… 36
没有爱就没有教育 ………………………………………… 39
没有兴趣就没有学习 ……………………………………… 41
三年困难时期的读书和生活 ……………………………… 42
参加1964年的北京科学讨论会 …………………………… 43
"文化大革命"中的逍遥派 ………………………………… 45
读完《鲁迅全集》 ………………………………………… 47
创建教育管理学院 ………………………………………… 48
创建特殊教育专业 ………………………………………… 53

筹办北师大燕化附中 ································· 55

第三章　我与比较教育

一个愚蠢的笑话——我对终身教育的认识 ·············· 61
我和《外国教育动态》 ································ 67
我和比较教育学科 ···································· 70
我与比较教育研究会 ·································· 75
我与世界比较教育学会联合会 ·························· 82

第四章　我与新中国教育改革

现代生产与现代教育 ·································· 89
学生是教育的主体 ···································· 93
教育立法刻不容缓 ···································· 97
关于学制问题的讨论 ································· 100
参加学位委员会学科评议组工作 ······················· 103
中小学教材审定工作 ································· 106
我与教育技术学 ····································· 110
关于教育现代化的讨论 ······························· 112
我与中国教育学会 ··································· 115
教师要具有不可替代性 ······························· 118
我与《教育大辞典》 ································· 122
我与《中国教育大百科全书》 ························· 129
我为什么呼吁废除"三好学生"的评比 ················· 133
我为什么呼吁停办奥数班 ····························· 139
我和研究生 ··· 141

我在台湾的教育体会 …… 146
教育改革路在何方 …… 156

第五章　我与《教育规划纲要》

集体备课 …… 161
参加总理的教育座谈 …… 163
参加《教育规划纲要》的调研工作 …… 171
参加国家教育咨询委员会 …… 176

第六章　国际交往

我与横山宏先生 …… 181
我与埃德蒙·金先生 …… 184
我与菲利浦·库姆斯先生 …… 187
我与许美德教授 …… 189
与彼得·圣吉的对话 …… 192
与佐藤学的对话 …… 194
与苏霍姆林斯卡娅的对话 …… 195

第七章　教育见闻

北美教育见闻 …… 199
苏联教育见闻 …… 215
法国教育见闻 …… 223
意大利教育见闻 …… 233
西班牙教育见闻 …… 236
芬兰教育见闻 …… 240

日本教育见闻 ·············· 243
韩国教育见闻 ·············· 264

尾声 269

附录　顾明远先生学术年谱（1929—2017年） ·············· 281

后记　向这一代知识分子的光荣与梦想致敬 ·············· 315

增订说明 ·············· 323

第一章 我的求学生涯

第一章　我的求学生涯

人生格言：像松树一样做人，坚挺不拔；
　　　　　像小草一样学习，随处生根；
　　　　　像大海一样待人，容纳百川；
　　　　　像细雨一样做事，润物无声。

走进教育百草园

我出生在江苏长江边上的一个小城里，现在这个城市因为是"中华第一村"——华西村的所在地且近30年来名列全国百强县前茅而闻名于世。但在我出生的时候，江阴还是一个非常落后的小县城。城墙一圈据说有9里13步，算起来，城里的面积也就只有1平方千米多一点。从东城门到西城门大概有十几分钟的路程。抗日战争爆发之前，城西有一家电厂、一家面粉厂、一家纺织厂。但抗战爆发时，都给日军炸毁了。从此，江阴就没有电灯，直到我1948年离开江阴，电厂尚未恢复。我们一开始是在洋油灯下读书，太平洋战争爆发后，美孚洋行的洋油也没有了，只好用豆油灯，就是用一个小碟子盛上豆油，用一根棉绒或几根灯芯草把油引上来点着，其亮度可想而知。

天堑变通途——江阴长江大桥　　　　　江阴文庙昭示了此地人杰地灵

背景资料：顾明远先生的故乡江阴，古称暨阳，见诸文字记载的历史有2 500多年。晋太康二年（281年）置暨阳县。南朝梁绍泰元年（555年）废县置郡，建治君山之麓，因地处长江之南，遂称江阴郡，此为"江阴"名称之开始。江阴钟灵毓秀，堪称人文渊薮。始建于宋代的文庙规模宏大，明清时代的江苏学政亦驻节于此。江阴是长江下游重要的交通枢纽，从江阴至上海、南京各150千米，以江阴为圆心、半径160千米范围内有6个机场。20世纪中国第一、世界第四的特大跨径钢悬索桥——江阴长江公路大桥，是沟通同三（黑龙江同江—海南三亚）和京沪两大国道主干线的过江"咽喉"。

我的家本来还算是小康人家，祖父在常熟一个茶庄做伙计，父亲在外埠学校教书。但抗日战争几乎把我家弄得家破人散。祖父失业在家，父亲在外面又结婚，把我们母子俩遗弃在家。那十多年的生活几乎都是靠亲戚朋友的接济才勉强维持下来。

抗日战争期间，我们受尽了日本侵略的苦头。原来我们住在江阴城里，日本兵来了，有钱人家逃到上海租界去了，有的逃到苏北泰州等地。我们则是逃到乡村，一年中辗转了多个村庄，先是贯庄，继而北漍、周庄、华墅。有时夜里住在村里，白天就逃到山上。一年以后，时局稍为稳定，我们就搬到离城不远的小镇金童桥。但日子并不太平，日本兵经常下乡来清乡，我们一听说日本鬼子下乡来清乡了，就赶快逃到另外的村子躲起来。因为这样躲躲藏藏一年多，所以学业也荒废了。这一年只上了几个月的私塾。所谓私塾，实际上是金童桥的一位郎中先生，一面给人看病，一面收了几个生徒。大致有四五人，年龄不等，记得有比我年纪小的，也有年纪大一点的，最大的也不过十几岁。因为年龄不等，所以学习的内容也不同。初入学的学《三字经》，最大的一个读《孟子》，老师让我读《大学》。天天让我们背诵，也不讲解。读了几个月，最后只记得"大学之道，在明明德，在亲民，在止于至善"。至于什么意思，完全不明白。

抗战期间，由于流离失所，我上小学时就先后换了五所学校；到上初中，才算稳定下来。

我在学校的功课一直很好，特别是数学，从初中开始一直名列前茅。但当时的家境无法供我上大学，因此我一度很消沉，但心犹不甘，于是参加了1948年的高考。当时的高考采用联考的方法，如清华、北大、南开就联合在各地招生。我那时年轻气盛，同时抱着工业救国的理想，报考了当时被认为是最好的大学和最好的专业，如清华的建筑系、上海交大的运输管理系，但都落榜了。于是经人介绍到上海私立荣海小学当教员，我承担了五年级的语文和算术课的教学工作。一年的教育工作，使我热爱上了教师这一职业。在这一年里，我一面在学校教书，一面常常利用星期日跑书店，买了许多俄国19世纪著名作家如果戈理、陀思妥耶夫斯基、契诃夫以及高尔基等人的名著。我还读了艾思奇的《大众哲学》等著作。1949年全国大部分地区成为解放区，我毅然报考了北京师范大学，也正是大学免费圆了我大学之梦，使我从此走上了教育工作岗位。

舞勺之年的顾明远先生

走上教师岗位也不完全是因为一年的教学经验，中学时代的生活、中学教师的影响也是原因。

我在南菁中学

南菁中学的前身是南菁书院，建于1882年。1903年重新制定癸卯学制（即《奏定学堂章程》）后改名为"南菁学堂"。学堂除设普通科，还设有农科和商科，是江苏省名校之一。可惜抗日战争时期被日本侵略军炸成废墟，学校被迫停办，只有少部分学生迁到上海租界上学。1942年学校由汪伪政府复办，校名改为"江苏省立第九中学"。那年我刚好上初中，就进入了这所学校。当时校舍破旧不堪，仅有的一座教学大楼被日军炸成了断壁残垣，只剩下几间平房。1945年抗战胜利，国民政府接管学校，恢复南菁中学校名。抗战胜利后第一任校长李天民，筹资盖了一座教学楼，因为是抗战胜利后建的，所以起名为"重光楼"。但除了校舍经修缮有所改善外，设备依然奇缺，物理化学课都是在黑板上"做实验"，因此我的物理成绩最差。

南菁中学老校门　　　　　　南菁中学的校园一角

背景资料：南菁中学，前身是江苏学政黄体芳在光绪八年（1882年）创办的南菁书院。清末，这里是江苏全省的最高学府和教育中心，在中国近代教育史上曾产生过一定影响。中华人民共和国成立后，南菁中学曾是江苏省早期18所示范中学之一、江苏省首批办好的重点中学和江苏省首批合格重点中学；1998年上半年，南菁中学以高质量通过了国家级示范性普通高中的验收。南菁中学百余年间，英才辈出，桃李满天下，共为国家培养了3万余名专家、学者、革命者和建设者，他们中有10多名两院院士，10多名共和国将军，还有著名的社会学家、教育家、文学家、艺术家、金融家等。[①]

我的中学时代可以说是在中国最黑暗的年代中度过的。小学四年和初中三年我都是在日寇的铁蹄底下过着亡国奴的生活，高中三年又是在国民党当

---

① 此数据为2017年统计结果。——编者注

第一章　我的求学生涯

局专制统治之下过来的。幸而学校中有几位好老师，使我在青少年时代没有虚度年华。例如在初中一年级教算术课的章臣顺老师，他常常用图解法讲解四则运算，如讲"两车对开，时速不同，在一定距离内何时相遇"等此类问题，都用图画出来，学生就很容易懂了。另外一位是教初三平面几何的胡静莲老师，她那时才二十几岁，患有肺结核，但给我们上课时却总是精神抖擞，极富艺术性。考试时她常常出一些难题，但不计在100分内，只是另加分数，第一名交卷也能加分。我非常喜欢数学，常常把难题做出来了，而且第一名交卷，因此我的数学成绩总是可以拿到100多分。不幸的是，她在抗战胜利那一年去世了。出殡那天，虽然天下着雨，但同学们都去为她送行。高中的数学一直是吴菊辰先生教的，他讲课极富逻辑性，而且讲话很快，前后衔接，一气呵成，所以上他的课很痛快。但数学成绩不太好的同学就感到吃力，跟不上他的节奏。高中教我们国文的李成蹊老师、教史地的李庚序老师都很有学问，不仅课讲得好，而且人也很好，和蔼对待每个同学。值得纪念的还有一位音乐兼美术老师胡森林，他身兼两职，既教音乐又教美术。1949年前的中学一般都是这样的。他善于彩粉画，音乐本来不是他的专业，但他的音乐修养较好。当时只有一架风琴，但他的课上得有声有色，给我们讲五线谱，介绍各国名曲，使我们增加了许多音乐知识。他不仅在课堂上教我们，而且还在课下组织各种活动，成立合唱团、口琴队。抗战胜利那一年又辅导我们排练话剧《一颗爱国心》。我国著名指挥家，曾任上海交响乐团团长的曹鹏就是我们当时的口琴队队长。抗战胜利前夕他过长江参加了新四军，1949年5月上海解放军进城仪式上的军乐队就是由他指挥的。

我的中学生活丰富多彩，没有现在这种高考的竞争压力，因此学习比较主动、生

南菁中学时代的顾明远先生

顾明远先生与同学在南菁中学老校门前合影,其中右二为顾明远,左一为沈鹏

动。我们学数学,不仅学数学知识,还把它当作一门艺术。我们数学作业本都是最好的道林纸本,书写特别整齐。高一时上立体几何,把画圆锥体、立方体当作绘画,有阴面阳面,同学之间还互相比较谁画得最好。课外活动也是生动活泼。记得我小时候喜好画画,在我姨夫家阁楼上弄到一本《芥子园画传》,就学起画来,结果班上有许多同学也都画起来了。当时夏鹤龄同学喜好书法和篆刻,于是班上许多同学都练写大字和刻起图章来。为了节省纸墨,同学们蘸着水在方砖上写。今天中国书法家协会名誉主席沈鹏之所以成为著名的书法家,不能说和那时的兴趣无关。初中二年级时,尹俊华同学从上海转学过来,他是个足球爱好者,从此,班上都踢起足球来。我们班的足球不仅是全校第一,就是在江阴也是数一数二的。为了赛足球,有一次还和当时的《正气日报》发生冲突,同学们一下子把对国民党当局的仇恨发泄出来,围困了《正气日报》报馆,差一点酿成政治事件。抗战胜利以后,同学们当时以为应该有民主政治了,谁知国民党当局又对解放区发动战争,对国统区人民残酷镇压。我们班在当时要求民主的气氛中办起了两个文艺社团,即曙

第一章　我的求学生涯

光文艺社和新绿社。开始只是办墙报,用道林纸写好了贴在墙上,但设计很讲究,有文章,有插图,图文并茂。第二年,在薛钧陶同学的策划下,曙光文艺社办起了刊物,只是油印本,刻蜡版,手工印刷大多是我和夏鹤龄两人干的。没有想到刻蜡版的技术在20年后爆发的"文化大革命"期间用上了,为造反派刻小报,免去了我做苦力劳动,这是后话。后来我们又办起了铅印的正式杂志,名《曙光》,表示当时大家生活在黎明前的黑暗中,曙光必将来临。但终因缺乏经费来源,出了两期就停刊了,改为在《江声日报》上出文艺版,直到中华人民共和国成立。我们当时只是为了搞文艺,内容还是倾向于进步的,期盼着民主的曙光。记得办第一期油印版时刚遇上1946年双十节,国民党发布了双十节文告,进步人士马叙伦撰文评论了双十节文告,我们就在油印本上转载了这篇评论。我还清楚地记得正式出版的两期封面,第一期是一位木刻家为悼念陶行知而刻的陶行知头像,头像上陶行知的嘴巴被一把锁锁着,说明陶行知被国民党当局迫害,不允许他说话;第二期的封面也是一幅木刻,刻的是一名工人的双脚被铁链锁着,另一名工人正用榔头砸铁链。这两幅木刻都是反对国民党当局专制统治的,因此说《曙光》杂志应该属于

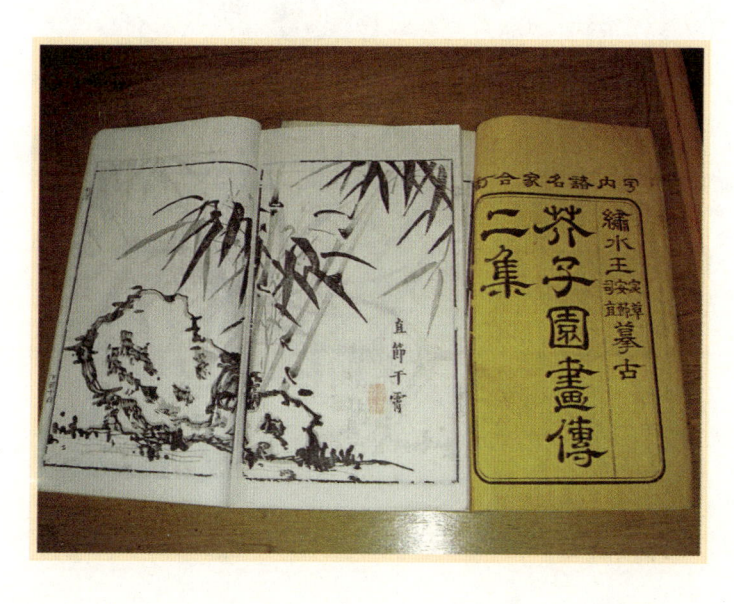

顾明远先生当年临摹过的《芥子园画传》

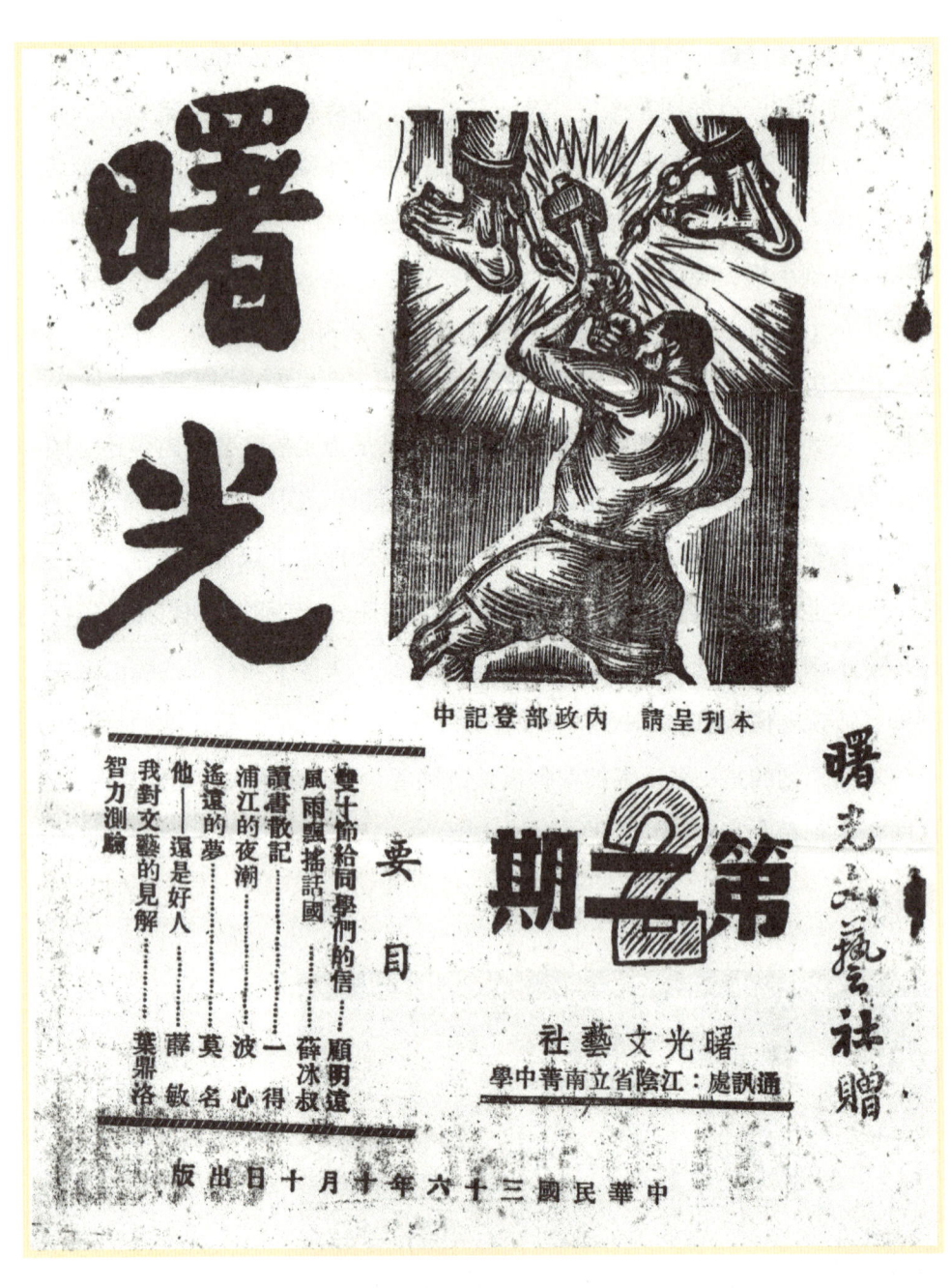

《曙光》杂志第二期的封面

第一章 我的求学生涯

进步的刊物。

高年级的进步同学对我们的影响也很大。比我们高三四个年级的徐瑞卿、花育城、尹素华等,较早地接受了党的领导。他们从南菁中学毕业以后在大学里学习,每逢寒暑假回乡休假就在江阴组成旅外同学会,把我们在家乡的同学集合在一起,举办假期补习班、图书室、歌咏队。他们把大学的民主空气带回家乡,使江阴这个小城有了生气。我们在和他们的共同活动中接触到了新思想,也就是这个图书室使我在抗战胜利后第一次读到《钢铁是怎样炼成的》,它对我以后的生活道路产生了很大的影响。

我后来选择了教师这个职业,与南菁中学六年的生活不无关系。我觉得,教师这个职业很有意义,学校的生活很有生气。我的成长是教师培养的结果,我也愿意像我的老师那样去培养下一代。

背景资料:当年顾明远和同一届校友薛钧陶、沈鹏一同创办曙光文学社,在校园小有影响。这些为他后来从事社会工作和投身教育事业都奠定了基础。

曙光文学社成员,后排右一为顾明远,右三为薛钧陶,左一为沈鹏

北上求学

1949年8月,我收到北平师范大学(现北京师范大学)的录取通知书,即刻整理行装,匆匆北上。与我同时考上北师大的还有我的同班同学陈寿楠,他考取的是音乐系。

那时中华人民共和国尚未成立,国民党军队虽已大部分迁往台湾,但还在福建、广东顽抗,经常派飞机来轰炸。所以我们乘火车从上海到北京,白天隐蔽起来,晚上才开车,走走停停,走了53小时才到北京。火车上拥挤不堪,我们两天半的时间没有地方睡觉,只能等火车停着的时候,爬到行李架上睡一会儿。

到了北京火车站(那时还在前门),早有老同学拉了平板车在等候我们。那时北师大还在和平门旧址,从前门到和平门只有两站的路程。接我们的是在物理系的老同学陈克岐,他热情地帮我们把行李放在平板车上,一边拉着我们的行李,一边向我们介绍北师大的情况,很快就到了学校。

我们到校不久,第一届中国人民政治协商会议就召开了,北京市为了庆祝会议召开,举行了提灯会,我们和老同学一起参加提灯游行。1949年10月1日举行开国大典,我们一大早就到天安门集合,等到下午3点钟,毛主席一声"中华人民共和国中央人民政府今天成立了",五星红旗缓缓升起,那时激动的心情难以言表。随后是列队走过天安门,大家喊:"毛主席万岁!"听到毛主席在天安门城楼上喊:"人民万岁!"浑身热血沸腾,这是我一生中最难忘的时刻。

背景资料:1949年2月17日,北平师范大学师生在庆祝北平解放、欢迎中国人民解放军进城的无比喜悦之中,迎来了中国人民解放军北平军事管制委员会主任叶剑英同志派到北平师范大学的军管会代表。从此,北平师范大学进入一个崭新的时期。9月北平改称北京,学校也因此改为北京师范大学。北京师范大学建校已一百多年,其前身为创办于1902年的京师大学堂师范馆。

第一章　我的求学生涯

师范馆在"办理学堂，首重师范"的理念下应运而生，开创了中国现代高等师范教育的先河。在一个多世纪的办学历程中，北京师范大学形成了以对祖国未来和民族命运的高度责任感为核心的"爱国进步、诚信质朴、求真创新、为人师表"的优良传统和"学为人师，行为世范"的校训，在人才培养、科学研究、社会服务等方面做出了卓越贡献，在中国现代教育史上书写了光辉篇章。

在北师大学习时，都是大师级的教授给我们授课，侯外庐先生给我们上社会发展史，胡明先生给我们讲政治经济学。这都是新中国成立后新开的课，高年级学生也没有学习过，因此，上课都在风雨操场，全校师生都听课。专业课有董渭川先生讲的教育方针，林励儒先生讲的中等教育，邱椿先生讲的外国教育史，薛鸿志先生讲的教育统计学，周先庚先生讲的心理学。还有团中央的领导来讲团队工作，内容是非常丰富的，并且非常重视理论联系实际。

当时我们除了上课外，就是参加各种活动，如抗美援朝运动。我们还曾经到街上去演活报剧（简称"活报"，意为"活的报纸"，是一种用速写手法迅速反映时事的戏剧形式，也叫街头剧）。参加志愿军报名的那一天，大家都

大学时代的顾明远先生，左二为顾明远

在凌晨起床，抢着成为第一个报名的人。

我一进学校就担任了学校校报《师大青年》的编辑。当时的校报实际上是一种板报，用几张道林纸拼起来。当时担任编辑的还有历史系的张伟垣和俄语系的一个同学。我负责排版、美编、抄写。这对我来说驾轻就熟，因为我在中学时代就是板报的老手，从高中一年级开始办了三年。所以我常常说，我是办报出身，直到现在还担任着几个杂志的主编。

最有意思的是1950年暑假，北京市团委派我们几个团员到北京郊区大兴县（今大兴区）农村去建团。在农村住了40天，真正了解北方农村的生活。印象最深的是每天吃派饭，所谓吃派饭就是没有固定的就餐地点，每天被派到不同的农户家就餐，给他们应有的伙食费。这真是吃百家饭，对我来说这是第一次。我们先被派在贫下中农家里吃饭，走过一轮后，再被派到富农家里。但不论是在贫下中农还是在富农家里，这40天里我们都没有吃过一滴油。每天就是窝头咸菜或贴饼、玉米楂、小米稀饭，好一点儿的有大葱蘸酱，可见北方农民之苦。

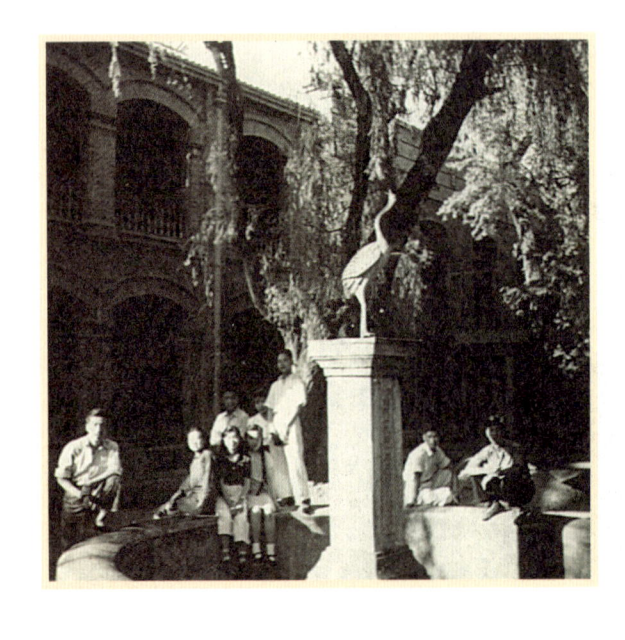

1950年6月北京师范大学旧校乐育堂前的青年才俊，右二为顾明远

第一章　我的求学生涯

留学苏联

1951年暑假的一个下午，我们几个同学到什刹海游泳池游泳。正在兴头上，忽然有人叫我，说学校党总支书记找我谈话。我赶快赶到学校，当时的党总支书记李传信已在办公室等着我。他开始只是和我聊家常，然后问我，如果派你到远方，去较长时间，你有什么困难？我当时以为组织上要调我出去工作，因为我们班上已调走了好几个同学，有的到团中央，有的到公安局，有的去参军。当时西藏刚解放，很缺干部。所以一听说要调我到远方去好几年，我想一定是要到西藏去。我当时表示，我没有什么困难，家里就只有一位老母亲，没有工作，但是我的舅舅会照顾她。之后等了好几天。一天系里忽然通知我，让我到燕京大学去报到，参加留学考试。这是我绝对没有想到的事情。

背景资料：在20世纪40年代后期，为了迎接革命胜利后的建国任务，中国共产党派出一些革命烈士和干部的子弟到苏联学习。新中国刚刚建立，百废待兴，百业待举，中国需要建设人才。而当时的国际形势决定了国家对留学生的派送基本面向苏联和东欧社会主义国家。毛主席为迅速改变中国贫穷落后的面貌，高瞻远瞩，向苏联、东欧社会主义国家派出大批留学生，学习先进的科学文化和管理经验。这项工作被纳入我国科学教育发展十年规划。中央设立了由聂荣臻、李富春、陆定一组成的留学生领导小组，每年的选派人数、专业都由周总理亲自审批。从1950年开始到1966年，中国先后向苏联和东欧社会主义国家派遣了一万余名留学生，其中，向苏联派出8 310人，占派出总数的78%；同时，还派出大量的在职人员到苏联参观实习。当时北京和莫斯科之间还没有直航飞机，留学生都是坐着火车去，每批都有几百人，一拉就是一个专列。中国留学生就是这样一专列一专列地奔向苏联。这就是人们所说的中国历史上特有的50年代"留苏热"。同时，大量的苏联专家也来到中国，帮助开展教育、科研和中国的经济建设。苏联计划经济的模式，斯大林式的社会主义体系，教育和科学研究的模式和方法，甚至体育比赛的时间安排，都对新中国产生了深刻影响。

对于派到苏联去的留学生，当时的要求也非常严格。

第一，一定要充分认识到这是党和人民交给的光荣而艰巨的学习任务，要加强自身修养，努力成为政治坚定、业务精通、身体健康、全面发展的专门人才。

第二，要严格遵守所在国家的法律，尊重其风俗习惯，做到国际主义和爱国主义的高度一致。

第三，要严肃纪律。要严格执行我国使馆关于留学生管理工作的各项规定和制度，认真执行向使馆请示报告制度，自觉用组织纪律约束自己的言论和行动。

第四，要热爱专业，刻苦钻研。

第五，要努力适应所在国的生活方式和所在学校的学习环境。

第六，要加强同本国同学的紧密团结，取长补短，相互学习，共同进步。

出发前夕，周恩来总理在北京饭店宴请所有留学生。这是我第一次近距离见到周总理。留学生纷纷上前去敬酒，我们也去了。总理问我们学什么专业，我说学教育专业。他对旁边的教育部长马叙伦说："这是你的干部。"宴会后，周总理还和同学们跳了一会儿舞。这真是一个难忘的日子。

1951年8月下旬，正是莫斯科阳光明媚的日子，我们一行300多名中华学子怀着向往、憧憬的心情，经过10天的长途跋涉，终于抵达了莫斯科雅洛斯拉夫（现译为雅罗斯拉夫尔——编者注）车站，来到了世界上第一个社会主义国家苏联的心脏，每个人都激动万分。汽车把我们拉到莫斯科动力学院，在那里休整和等待被分配到全国各所学校。两天以后，我和另外两位同学被分配到国立莫斯科列宁师范学院。校长基列耶夫来接我们，一路上这位校长滔滔不绝地给我们介绍路边的名胜和建筑，由于语言不通，我们听不懂他给我们介绍的是什么，但是我们都能感受到他的友好和热情。后来我们才知道，

第一章　我的求学生涯

基列耶夫是一位很有声望的学者和活动家,在战争年代他曾担任过莫斯科广播电台的台长,当时任联共中央纪律委员会委员。他是一位十分严肃的领导者,不苟言笑,但对我们中国留学生却十分亲切和关怀。他不定期地找我们去座谈,问我们的学习,问我们的生活,问我们有些什么困难和要求。在校长接待日,他的办公室外面总是排着队,教师等着去见他。但如果我们去了,他总是优先接待我们。基列耶夫校长亲切而又严肃的形象让我们至今难以忘怀。

背景资料:列宁师范学院现已改名为莫斯科国立师范大学(Московский педагогический государственный университет),迄今已有140多年的历史,是俄罗斯历史悠久的高等学府之一,同时也是第一所师范类综合大学。它的前身是莫斯科女子高等专修学校,成立于1872年。1918年改建为国立莫斯科第二大学。1930年更名为国立莫斯科师范学院。1941年根据苏联最高苏维埃主席团的决定,该校被命名为国立莫斯科列宁师范学院。1990年国立莫斯科师范学院改建为莫斯科国立师范大学(简称莫师大)。莫师大是培养师范人才和进行教育科研的主要基地,设有18个系、104个教研室、11个科研实验室、高等学校教学法和心理学科学研究所、教师进修学院、预科部及其他部门。莫斯科师范大学设有29个博士和副博士学位论文答辩委员会,在全国高校中排名第二。

入校的第一天,基列耶夫校长把我们接到离学校最近的一个宿舍,它坐落在乌萨乔夫街,离学校有两站汽车的路程。然后他派了一名研究生日尼亚与我们住在一起,又派了一名朝鲜研究生来做我们的翻译。其实这位朝鲜研究生(他叫金松基)也不会汉语,但认识汉字。于是我们就用纸和

国立莫斯科列宁师范学院

笔交谈。第一个月就是他带着我们去办理各种入学手续,陪着我们到商店购买食品。从此我开始了留学的生活。

苦学俄语

由于在国内没有学过俄语,因此第一步要过语言关。学校派了一名俄语系的研究生雅可夫斯基来教我们俄语。雅可夫斯基是一名很有经验的中学教师,正在学院攻读副博士学位。1955年他曾被派到我们北京师范大学来教过书。他对我们实行的教学方法很特别,第一个星期让我们背诵看图识字上的单词。看图识字本来是儿童的读物,上面有桌椅板凳等各种用具的名称,也有萝卜白菜等各种蔬菜的名称,还有日常生活使用的动词。每天要背100多个单词,一个星期要把看图识字上的上千个单词都记熟,这让我们初步熟悉

1953年顾明远先生和列宁师范学院的同学摄于莫斯科,第一排右三为顾明远

第一章　我的求学生涯

了俄语的语言环境，积累一批最基本的词汇。第二个星期他就让我们阅读《联共党史》课本。第一天先读一小段，他领着我们读，完全是用俄语向我们解释。第二天读一大段。半年时间居然把《联共党史》啃了一大半。当时学习之苦是可以想象的。《联共党史》的一小段就能让我们啃上一整天，唯一的方法就是死记硬背，把单词尽量背下来。可是常常记住后又忘记了，所以不得不反复练习，以致有时候我甚至怀疑自己的记忆力有问题。日子长了，记的单词多了，语言也就熟练起来。另外，多亏我从国内带去了一本俄汉小词典，否则学习更是无从入手。

顾明远先生在列宁师范学院宿舍的院子里

由此想到，记忆是学习不可缺少的环节。我们常常反对死记硬背，指的是学习知识要重理解，要消化，要内化为自己的知识。但有时必须强记死记，特别是学习外语，只有熟记大量词汇才有利于闯过语言关。我国外语教学效果欠佳，原因之一就是学生掌握的词汇量太少。教学重语法，不重词汇量的积累，外语永远过不了关。

艰苦的学习生涯

在苏联的学习是很艰苦的。进入正常的跟班学习以后，头两年上课时还是像坐飞机，昏昏沉沉，似懂非懂。老师讲课从来不按照课本来讲，也不指定看什么课本，只布置看原著。课堂上的笔记记不下来，就靠课后抄苏联同学的笔记。苏联同学对我们非常友好，共青团支部专门派两名团员固定帮助我们。其中一名叫娜基娅·雪淑娃，她热情、稳重，虽然年龄比我小，却像

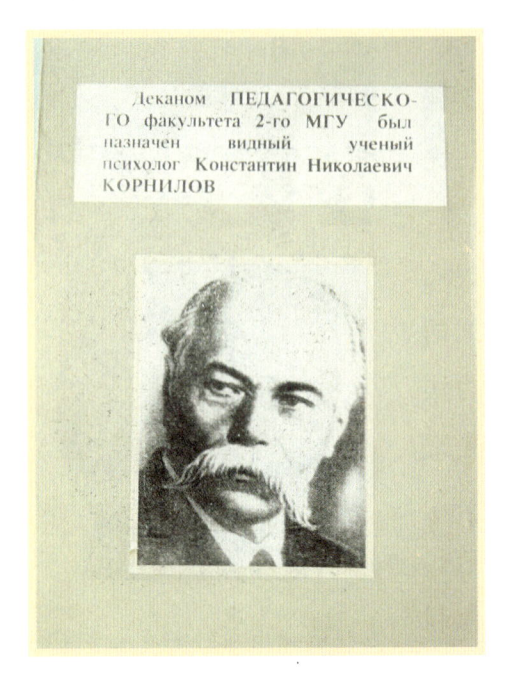

列宁师范学院首任教育系系主任、著名的心理学家К.Н.卡尔尼洛夫

大姐姐那样照顾我。抄笔记，不是我照着她的笔记抄，而是她念给我听，有时还给我解释。有了她的帮助，我才能几乎每门功课都获得优秀的成绩。我们建立了深厚的友谊，我回国以后我们还经常通信，直到中苏关系恶化。之后我两次去苏联，总想找到她，但终未如愿。我祝福她健康、幸福。

苏联的大学教学非常重视原著的学习和课堂讨论，称之为习明纳尔。所谓习明纳尔，就是在课前就某个问题阅读老师指定的书目，到课上发表自己的意见。老师往往要点名发言，也可以自己请求发言。如果没有准备好，最好上课一开始就说明，老师就不会点到你的名。否则被点名而发不好言，不仅很难堪，而且会得到一个极不好的分数。政治理论课有6个学年的课程：两年联共党史、两年政治经济学、两年哲学。除了《联共党史》有联共中央编的课本外，其他都没有固定的课本，老师只布置从马克思到斯大林的许多原著。遇上联共（后来改为苏共）召开代表大会或中央全会，发布重要的决议文件，学校的政治理论课就停下来，用几个星期的时间学习文件。每个星期都有习明纳尔，尤其到了高年级，每周都有3~5次。

这种学习方式对我们来说是很艰苦的，苏联同学一天可以读完的书，我们两三天也读不完。为了在习明纳尔上发言，我们必须事先写好发言稿。而且发言总是必要的，否则这门课就没有平时成绩。对我们来说，唯一的办法就是加班加点，从此养成了熬夜的习惯。

第一章　我的求学生涯

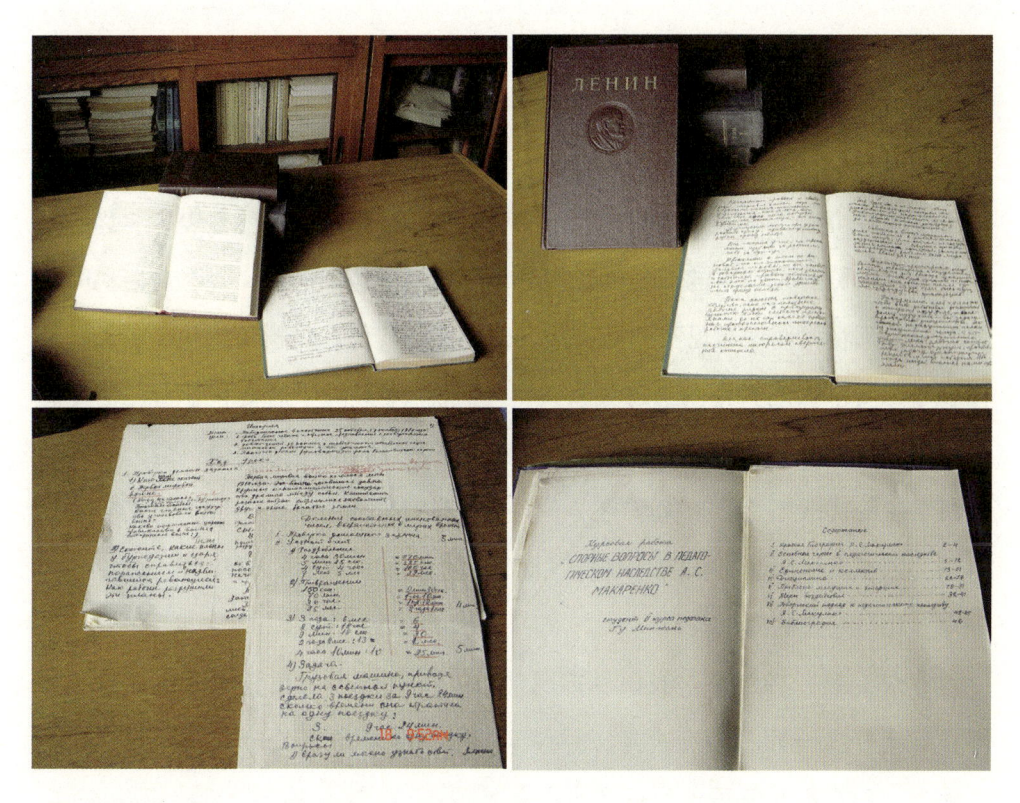

顾明远先生留苏期间所做的读书笔记

认真阅读原著是我在苏联学习的最大收获。现在研究些问题，写些文章，还常常得力于当年读的马列主义和教育理论的原著。

当时考试都采取口试的方法。每门课要考一整天。一个学期如果要考4门课，则连复习带考试要花三四个星期。考试从一大清早就开始，每一批5名学生进考场，抽考试题，准备几分钟，先由一位同学答考，老师围绕着考题提问，当场给分。每名考生大约需用20分钟到半个小时，因此30多名同学要考10多个小时。考到最后，老师都疲惫不堪。据说有一次同学回答问题时，老师睡着了，醒过来糊里糊涂就打个好分数。所以有些功课不太好的同学总爱磨蹭到最后几名进考场，那时不仅可以打听前面的同学抽了什么题，如何答才能得到高分，而且老师考累了，也懒得提问，容易蒙混过关。我总愿意第一批进去考,往往一夜不睡觉,把书最后看一遍,一早进考场,考完回去睡大觉。

当时的中央领导也都非常关心留苏学生们,他们到莫斯科来访问时总要看望留学生并讲话,毛泽东主席1957年在莫斯科接见留学生,就发表了"你们是早上八九点钟的太阳"的著名讲话,可惜那年我已经回国了。我在莫斯科时李富春副总理在大使馆召见我们并讲话。他们关心我们,包括思想状况、专业选择和学习要求。刘少奇同志对大家说:"你们一个人的生活费和学费,需要国内17个工农生产的东西供应。"这说的是实情,当时的中国还很贫穷,但国家给留学生的待遇却是非常优厚的,不仅所有费用全部由国家支付,书本之类学习用品国家发,服装鞋帽统一制作,而且每人还配一大一小的皮箱。可见当时中央领导对人才的渴求。

背景资料:1955年,我国驻苏联使馆发现留学生健康状况很成问题,差不多有十分之一的人患有头疼、神经衰弱、肠胃不适、关节炎或心脏病等各类疾病。到东欧其他国家的留学生也是类似。原因是中国学生为了取得好成绩,学习强度很大,有的一天学习超过14小时,而休息少,锻炼少,加上不适应国外生活,营养也没有跟上去。为了改变这个状况,有关部门专门做了大量细致的工作,以确保学生的身体健康。留苏学生每个月发助学金,方式是苏方先发给,两国政府再结算,双方各承担一半。开始时每个月是500旧卢布。后来考虑到学生的健康,经过当时国务院外办的批准,每人每月再增加100旧卢布。为了不惊动苏联,这个钱就直接由使馆发放。这让留学生们非常感动。

1955年顾明远先生在列宁师范学院宿舍前

第一章 我的求学生涯

顾明远先生与同学参加莫斯科"五一"国际劳动节游行,第一排右三为顾明远

理论与实践相结合的教育实习

苏联师范教育很重视学科专业理论和教育专业理论的学习,也就是我们通常说的学术性和师范性的结合。各系课程除学科专业课外,教育专业课程有4门,即教育学、心理学、教材教法、教育史。我们教育系的培养目标是中等师范学校的教育学、心理学教师和小学教师。因此很重视宽广的基础知识,如课程中有解剖学、生理学、儿童文学、苏联文学、世界史等。

苏联师范教育很重视教育见习和实习。从一年级开始老师就带着同学到中小学去见习,去听老师的课,然后与老师一起讲评。教育实习分两次,一次在三年级,到初中实习6周;一次在四年级,到高中实习8周。我们教育系的学生则到小学和中等师范学校去实习。

苏联中小学的暑假特别长,有三个月。但其中一个月学生要参加夏令营。大学放假两个月,但师范生二年级的暑假提前一个月放假,这个月就是让师范生到夏令营去实习,担任少先队辅导员。当时我们也很想去当辅导员,但因为我们是外国留学生,不是他们的共青团员,不能去担任少先队辅导员,可是学校组织我们去参观,在那里住一天,体验一下他们的生活。

夏令营都建在森林的边上,河流的近旁,风景优美,空气新鲜。有的是

1952年5月1日在莫斯科顾明远先生和同学与少年先锋队成员合影，右三为顾明远

单独为少先队建的，有的则与共青团的夏令营合在一起。夏令营生活以活动为主，如访问革命圣地、参加农场劳动、游泳、爬山、开专题队会等。都是学生自己组织，自己活动，只有少数老师（主要是师范大学的学生）作为辅导员加以指导，同时保证优良的后勤工作。在夏令营中你可以看到一片朝气蓬勃的景象。在这一个月中学生既参加了丰富多彩的集体生活，又锻炼了自己的生活能力。

丰富的文化生活

我留学的这一段时间正是苏联社会主义社会发展的顶峰时期，也是中苏关系最好的时期，我们学校里丰富的文化生活给我留下了深刻的印象，包括有很多看电影和听音乐会的机会。

苏联的大学生活也是丰富多彩的。活动都是由共青团组织，老师从来都不参加。夏天有志愿劳动队，大家或参加夏令营担任少先队辅导员，或参加大学生建筑队，可以赚一些钱。秋天组织同学到农村去刨土豆，这是义务劳动。平时校内也有各种活动，如定期举行时事报告会，请宣传员或者塔斯社的记者来讲国际、国内形势。这些报告会都是自愿参加的。文艺活动更是丰

第一章　我的求学生涯

富多彩，除了几乎每个周末都举办舞会外，还有系列音乐会，但需要购票入场，都是开学初就预购系列票，每周或每两周举行一次。同学们参加这些活动都像过节一样，要认真打扮一番，当然主要是女同学。无论是到大剧院看戏，还是在学校小礼堂听音乐会，女同学都穿戴得很讲究。他们把上剧院当作学校学习的重要部分。我们在学习俄罗斯文学课时，有许多著名的作品要阅读。但是这么多书怎么来得及读？一个简便的方法就是到剧院去看戏，以代替读书，从剧中了解作品的主题、思想内容等。我们对契诃夫、托尔斯泰、高尔基的许多作品都是这样了解的。

各个班级的共青团也常常组织各种有意义的活动。我印象最深的是参观国立特列斯基雅可夫画廊（即特列季亚科夫画廊——编者注）。这是一个系列参观，每两周去一次，整整去了一学年。从15世纪的神像画到19世纪现实主义的作品，从现实主义到浪漫主义、印象派、现代派的作品应有尽有。讲解员系列地向我们介绍讲解。我最喜欢的是19世纪列宾、苏洛可夫（即苏里科——编者注）等人的作品，都是一些气势宏伟的历史画卷，也有一些生活小品很耐人寻味。这些作品都是世界艺术精品。系列地参观画廊，不仅使我们得到了丰富的艺术享受，而且学习到了许多历史知识、美学知识，受到了一次深入的审美教育。

新年除夕之夜，俄罗斯教育部为各国留学生在克里姆林宫乔治大厅举行元旦联欢会。有一次我们还组织了一个腰鼓队在联欢会上表演。联欢会上各国留学生和苏联学生尽情地跳舞、亲切地交流。我们还参观了克里姆林宫内17世纪的豪华宫殿和博物馆。当时克里姆林宫还没有公开开放，所以我们能够自由自在地参观，真是特别的待遇、难得的机会。

夏天有到各种休养所休养的活动，一般都是由工会组织。师范学院的学生也算教育工会的一员，因此也能享受到休养所休养的权利，但是只有极少数学生能有这种机会。中国留学生得到特别照顾，几乎每年暑假都能有这种机会。休养所和夏令营一样，都建立在郊外风景优美的地方。一般为期一个

1954年在莫斯科克里姆林宫的新年晚会，右三为顾明远

星期，全部是免费。休养所也组织各种活动，但大多时间是自由活动，可以到附近河里去划船、游泳，也可以到森林里去采蘑菇。但一般不能走得太远，因为森林很深很远，走进去往往会迷失方向，走不出来。

有一年夏天，苏联高等教育部组织外国留学生远足旅游，专门雇了一条船，从莫斯科出发沿着伏尔加河一直航行到黑海边上的阿斯特拉罕，行程20多天。沿途参观了许多城市，访问了列宁的故乡、高尔基的故居、斯大林格勒保卫战的遗迹，还有许多其他名胜古迹。我们吃住在船上，白天靠岸参观，夜里航行。船上200多名留学生，大多是中国人，也有少数阿尔巴尼亚、匈牙利、朝鲜等国的留学生。东欧国家的多数留学生暑假都回家去了，中朝留学生一般都不能回国，所以苏联政府也特别关照我们。船上是一所国际学校，旅途之热闹可想而知。晚上我们举行各种晚会，舞会自不必说，还举办了音乐会。我国著名女高音歌唱家郭淑珍的演唱给大家留下了美好而深刻的印象；著名的音乐指挥家李德伦是我们留学生中的老大哥，经常给我们讲笑话。我作为中国留学生学会的干部，有幸成为这次旅行的组织者。指挥这个200多人

第一章　我的求学生涯

的队伍可不是一件容易的事。每次上岸、上船都费很大劲,特别是一次在伏尔加河上游泳的活动,可让我担惊受怕了半天。我自己不敢下水游泳,坐在岸上,眼盯着河水,一个个数着人头,生怕少一个。好在那时候大家的组织性、纪律性都比较强,20多天里没有出任何事故。

最难忘的一次旅行是在最后一个学年的暑假,教育工会组织的一次横穿克里米亚地区的徒步旅行。旅行队一行10多个人,有莫斯科地区的中小学老师,也有师范院校的学生。我毅然报了名。说是徒步旅行,实际上也只有一小段,200多千米路程,但都是山路。我们先坐火车到塞伐斯托波尔,那里设有一个营地,在那里一面参观,一面集中训练了几天,包括徒步旅行需要的一些知识,准备一些用具,还进行了一次演习,来回走了10多千米。

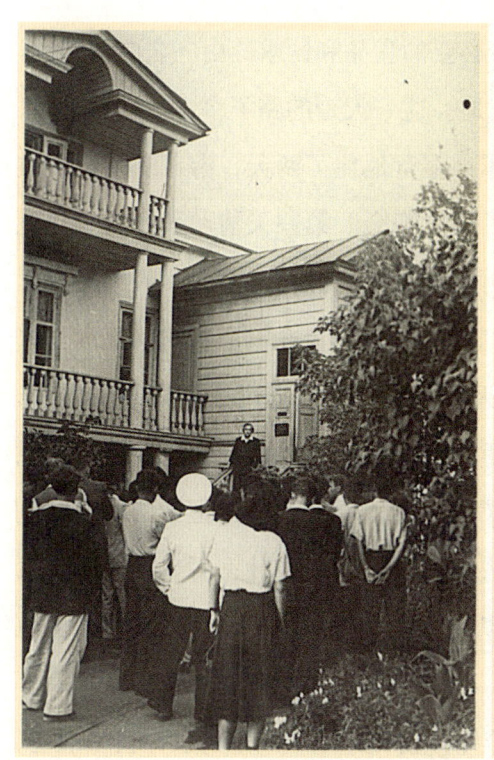

顾明远先生留苏期间参观了车尔尼雪夫斯基故居(左)、高尔基故居(右上)和契诃夫故居(右下)

新年晚会上扭秧歌，右一为顾明远

到正式出发，我们背着背包，带着必要的食品和饮水，由一名向导带领。第一天翻过一座小山，就到了第二个营地。这一天走的路不多，才约30千米，大概是为了循序渐进，不要一下子太累。在营地住了两天，游览了附近的峡谷，参加了集体农场的劳动，还组织了一次晚会。第三天清晨天还没有亮就出发，这次背的东西很多，因为前面再也没有集中的营地了。一天中翻过了两个山头，走了五六十千米的山路，到了一座山下，在一个农户家里取了帐篷、炊具，再次上山。走到山头已经天黑了。大家立即动手把帐篷支起来，搭灶做饭。山上一片漆黑，而且雾很重，我们靠一盏油灯照明。我有一次站起来，只见后面一个大黑影，把我吓了一大跳。原来是灯光把我的影子照到雾上，雾好像一个大屏幕，人影照上去显得很高大，像什么野兽扑过来，真有点吓人。山上很冷，一个帐篷里可以睡两个人，我们都睡在睡袋里，倒也很暖和。

第二天一早起来，把睡袋帐篷收拾好，放在原地，山下的农户会来取走，供下一批旅行者使用。我们又走了一天，到了另一个山顶，那里有一些古迹。晚上就住在一个山洞里。第三天又走了一整天，翻过几个山头，到达了

第一章　我的求学生涯

克里米亚半岛上最高的山顶，名字已经忘记了，据说海拔有1 000多米。这里像一个小市镇，有一座小旅馆，几爿小商店。我们就在小旅馆里住了一夜。山高天寒，夜里很凉。

徒步旅行中整装待发的顾明远先生

翌日下山，因为此山很陡，靠海的一边几乎是直上直下，因此大半天就走到了黑海边的小镇阿洛波卡。

阿洛波卡是一个美丽的小镇，也是旅游休养胜地，有美丽的海滨浴场，还有人工精心设计栽培的植物园，景色如画。小镇十分宁静舒适，充满着俄罗斯情调。我们在那里住了两天，真舍不得离开。

离开阿洛波卡，我们又步行到克里米亚最美丽的小城雅尔塔。1945年2月，英、美、苏三国首脑曾在这里聚会，签订了著名的《雅尔塔协定》，小城也因此闻名于世。小城也是一个休养胜地，附近布满了苏联政府的高级别墅，有点像我国的北戴河。我们在那里参观了雅尔塔会议的会址和其他一些名胜古迹，徒步旅行队也就在此地解散。每个人获得一枚徒步旅行者纪念章，作为完成一项体育运动的标志。

这次活动给我留下了深刻的印象，不仅一路上欣赏了俄罗斯大地的自然风光，而且受到了很好的锻炼。我们走过的地方都是高山峻岭，没有道路，有些地方十分险峻。这对我这样一个从小生长在江南小城里的人来说真是不小的考验，但更让我佩服的还是旅行队里的俄罗斯姑娘们，她们居然能穿着高跟鞋爬上上千米的高峰。旅行队是一个很好的集体，大家互相帮助，互相鼓舞，克服了不少困难，5天内走完了200多千米的崎岖山路。队里有一对夫妇，是莫斯科郊区的农村教师，我们建立了友谊。当年十月革命节假日他们

顾明远先生在到雅尔塔途中

邀请我们到农村做客,他们用藏在地窖里的香肠、奶酪、土豆款待我们。这种友好的情景,虽50多年过去了,但至今仍恍如昨日。

作为一名教育工作者,我特别为这种活动的形式和组织所吸引。我觉得这是对青少年极有意义的一项活动。它的组织安排十分周密:旅行是在大自然中,路途并不长,是一般青少年完全可以承受的;沿途设有几个营地,在那里可以休整和补充食品;每个小队有一名向导,他领着大家走,虽然走的都是崎岖小道,但向导是很熟悉路线的,知道哪里可以休息、哪里有泉水,天黑之前一定会到达预定的宿营地;旅行之前还有几天训练和准备的时间,如果不适应,半途可以退出。周蕖(顾先生之妻——编者注)曾经也是这个旅行队的队员,但走了第一站就坚持不下来了,那时她正患着关节炎。后来在第一站营地里我们遇到一位苏联将军,将军就直接用吉普车把她带到阿洛波卡。我在想,这种活动我们中国不也可以组织吗?共青团可以组织这种活动,旅行社也可以组织这样的活动。当然要从教育着眼,光从赚钱的角度考虑就难以组织得好。

我们学校有很多国家的留学生,我们班上就有捷克、匈牙利、波兰、罗马尼亚的同学。第一、第二年宿舍里住的是朝鲜、蒙古的留学生,第三、第四年住的是德国、匈牙利的留学生。我们友好相处,正如一个国际大家庭。

我在苏联留学的五年是中苏关系最好的年代。苏联百姓对中国留学生特别友好,特别是我们刚到苏联的1951年,我国志愿军把美国军队打回"三八"线。苏联老百姓把我们留学生当英雄看待,处处给我们最优惠的待遇,例如购买电影票可以免排长队。当时学校旁边有一个俱乐部,我们常去那里看电影。一有新电影,俱乐部的工作人员就给我们留学生最好的座位。我们在这

第一章 我的求学生涯

顾明远先生徒手滑行通过林中山涧的英姿

留苏期间，顾明远先生和周蕖女士的合照

五年享受到了苏联人民对中国人民的友谊。但据说现在中国留学生在俄罗斯不太受欢迎，这固然是因为时代变化了，俄罗斯也变了，民风受到市场经济的冲击。但恐怕我们的年轻留学生也变了，不像我们当年那样认真读书了。要改变这种状况，我们当然希望大环境能够向好的方向转变。但我们的留学生也要自尊自爱，发扬老一代留学生刻苦学习的精神。这是题外话，有感而发。

1951年8月到1956年7月，我作为新中国成立后第一批留学生，在苏联生活了整整五年，这是在中苏合作时期，对于年轻人来说非常难得和重要的机会。

第二章 我与北师大

第二章　我与北师大

学为人师，行为世范。

我在1956年7月由莫斯科启程回北京。开始被分配到华东师大，但因为我回北京后即与周蕖结婚，她被分配在北师大，教育部为此又把我改派到北京师范大学教育系。当时教育系主任是彭飞同志，他分配我到地理系讲教育学公共课。一年以后，教育系在北京市西城师范（又称北京市第二师范）建立学生实习基地，教育系教育学教研室的郭笙挂职当副校长，金元逊任教导主任，派我任教育学教研组组长，并兼任一个班的班主任和教育学课程教师，这个班的学生后来就在北京市城郊各区中小学担任教师、校长，有的担任了区县教育局局长。

暑假后我们即到西城师范，除了讲教育学外，就是带着班上的学生参加劳动。印象最深的是那年毛主席号召全民除"四害"，即消灭蚊子、苍蝇、老鼠、麻雀。消灭苍蝇主要是讲究卫生，不乱扔垃圾；消灭老鼠主要靠鼠药和老鼠夹子，难以人人动手。最有意思的是消灭蚊子和麻雀。为了消灭蚊子，大家想出了各种办法。用灯火引诱，在黄昏前和黎明后半明半暗时，待蚊子投向纱窗便扑打。最有效的方法是拿一个洗脸盆，里面抹上肥皂水，拿它来兜蚊子，有时洗脸盆里会沾满一层，可见当年蚊子之多。消灭麻雀更有意思，全北京市老老少少拿着竹竿，有的站在地上，年轻的爬到房顶上，在同一时间摇旗呐喊，不让麻雀有停下来的机会，直至麻雀疲劳至死。当年我就带着学生在学校打麻

顾明远先生青年时期的工作照

雀，还被派到动物园打麻雀。现在想起来还觉得可笑至极。

在师大附中

1958年"教育大革命"开始，是年5月，教育系教研室主任王焕勋教授被北师大党委派到北京师范大学附属中学担任校长兼支部书记。8月，我被王焕勋点名去当他的助手。本来是去帮助他搞"教育革命"，制定教改方案的，但随着工作的开展，王焕勋要求我留下工作。于是我被任命为北师大附中教学处副主任，一直到1962年8月才离开，在附中工作了整整4个年头。

1958年的"教育大革命"使师大附中的领导班子换了人马。除教导处主任蒋伯惠是原来的领导以外，校长兼书记王焕勋、副书记钱曼君、教导处副主任陶卫和我都是从师大调来的。当时蒋伯惠有病休养，学校教育教学工作主要是陶卫和我负责。陶卫负责高中和教学工作，我负责初中和班主任工作。

我当时年轻气盛，同时受到苏联教育中师道尊严的影响，对学生要求很严厉，动不动就要训斥学生，因此学生背地叫我"凶主任"。现在想起来，那时做了很多不符合教育规律的事情。

1958年的"教育大革命"是在反右派斗争的基础上和在"大跃进"的背景下从教育大辩论开始的，大辩论的热点是"教育与生产劳动相结合"和"红与专"的问题。1958年《红旗》杂志第7期发表了陆定一的文章《教育必须与生产劳动相结合》，于是在教育界引发了对"教育与生产劳动结合"的大讨论。当时人们认为教育与生产劳动是否结合是无产阶级教育与资产阶级教育的分水岭。为了使教育与生产劳动相结合，学生就不能只在学校读书，而是要到工厂去，到农村去，参加实际劳动，教学实习则是真刀真枪地搞生产。北京的密云水库就是在这种思想指导下由清华大学师生动手设计建造的。1958年秋天，全国师生都参加到大炼钢铁的运动中，各校还办起了各种工厂、农场。

第二章　我与北师大

除开展教育与生产劳动相结合的大辩论外，师生还开展了"红与专"的大辩论：是先"红"后"专"，还是先"专"后"红"，还是又"红"又"专"？高等学校的毕业生还专门听了陈毅关于又"红"又"专"的报告。他用飞行员打比喻，深入浅出地讲述了"红"与"专"的关系，给大家的印象特别深刻。辩论结束后，每个人都要写"红专计划"，表明自己将来发展的方向和奋斗的计划。

"教育大革命"遍及全国大中小学，师大附中也不例外。为了对师大附中进行彻底改革，几乎撤换了原来的所有领导，由师大党委派出新的领导班子。1958年5月，王焕勋到任，不久师大党委派了40名高年级学生到附中闹革命，贴大字报，批判了一批知名的老教师。8月开始整改，开始对学制、课程、教材进行改革。我就是在这个时期被派去的，同时还选派了10多名应届毕业生去担任各科教师。

在1958—1959年这段时间里，我们在附中进行了多种学制改革的试验，有九年一贯制（中学四年一贯制）的试验，半工半读的试验，并编写了各种教材。

这种过"左"的试验当然不会取得成功。从三年困难时期开始，全国进入了一个"调整、巩固、充实、提高"的时期。我们的改革试验受到北京市委的批评，因此就停了下来。1959年开始转入狠抓教育质量的时期。特别是1959年高考，福建省名列全国第一，北京市就坐不住了，狠抓北京四中、师大附中、师大女附中几所学校的工作。于是我们决定由陶卫抓高中的教学质量，并对毕业班把好关。1960年高考，师大附中位居北京市高考第一名。

1960年，陆定一撰文批判"量力性原则"，说它是资产阶级教育思想，把学生当容器，造成了教育的少、慢、差、费。他提出新的教改试验，并由此成立了北京市景山学校，由中宣部直接领导，开始试验从小学到高中九年一贯制教育，后改为十年一贯制。教育部把北京市西城区丰盛胡同中学作为附属试验学校。师大附中、师大女附中没有开展全面试验，但也要按他们的精神改革教学。

现在看起来,当时中央是想摆脱苏联教育的影响,探索我们自己的道路。从客观上讲,的确有许多突破,如理论联系实际等。但从当时师大附中的改革来讲,只能说是搞了一场闹剧。我在这场闹剧中也扮演了一个不大不小的角色。我帮助王焕勋制定了四年一贯制、半工半读的教学计划。我既对各学科的内容不熟悉,又没有去请教专家,自己凭着教育学上的书本知识就随意制定了多个方案,现在想起来还是十分可笑。

除了教导工作外,我还担任了初中一个班的俄语课教师。我当时没有什么教学经验,备课的时候觉得教学大纲中的要求太低,词汇量太少,学生学了后面的忘了前面的,怎么能学得好?因此我根本不管教学大纲中的要求,增加了识字量,加快了进度,加大了难度,效果还是不错的。有几位优秀的学生学得很好,有的后来考入了师大二附中设立的文科班。

在师大附中的几年里我虽然做了很多蠢事,但这几年对我来讲收获是很大的,我亲身参与了中学教育的实践,得到了很大的锻炼,在实践中探索了教育教学的一些规律。特别是通过后来的反思,悟出了一些道理,为我后来进行教育理论的探索提供了实践基础。

我曾经系统地听了特级教师陈婉芙老师的生物课,还听了许多老教师的课,感悟到教学真是一门艺术,每个教师的教学风格、教学技巧都不同。当时像数学组就有韩满庐、申介人、曹振山三位老师,他们不仅在师大附中很有名,在北京市名气也很大,根据教学特长和风格,他们被人称为"韩代数""申三角""曹几何"。我本来还想对陈婉芙的教学经验进行系统总结,但因为后来回到师大,也就不了了之了。

我负责附中的班主任工作,和学生接触密切,当时发表了一些小文章,如《表扬和批评》《谈纪律教育中的严格要求》《从理论联系实际谈起》,分别发表在《文汇报》《北京日报》《北京青年报》上。这一时期的教育实践还坚定了我的教育信念,即没有爱就没有教育,没有兴趣就没有学习。

第二章　我与北师大

顾明远先生为中国教育学会实验幼儿园题词

没有爱就没有教育

对"没有爱就没有教育"这句话，我在一个学生身上领悟得比较透彻。

1958年秋天，全国轰轰烈烈"大炼钢铁"，学校也不例外。我所在的中学里，操场上小平炉林立，师生们彻夜奋战，欲夺取"大跃进"胜利。一天清晨我忽然发现会议室里睡着一位女学生。第一天没有在意，以为是因为炼钢炼得太晚了，无法回家。可是一连几天这个女孩子都没有回家，这引起了我的注意。我问她为什么不回家，她回答说不愿意回家，再三劝说教育都不愿意回家。

经过调查了解才知道，她是一位领导同志的孩子，生于革命战争的艰苦年代，出生后就被寄养在老百姓家里，1949年后才被接回家，因此与父母在思想感情上有一些距离。再加上母亲要求过严，据说姥姥还有点重男轻女的思想，对待她和对待她的哥哥不一样，孩子觉得缺乏家庭温暖，因此拒绝回家。经过再三的思想工作都无效，我们只好把她安排在宿舍里。之后我曾经多次和她母亲联系，劝她多给孩子一些温暖，有了感情才能对她提出要求。但是，她的父母却觉得学校对她的要求不严，因而使她的思想不稳定，学习成绩欠佳。我们在教育思想上发生了分歧，后来他们甚至认为学校的态度是没有阶级观点的"母爱"的表现，差一点在批评"母爱"时把我也捎进去。

"母爱教育"在1963年受到了严厉批判。批判的起因是1963年5月30日《人民日报》发表了《斯霞和孩子》一文，强调教师要以"爱心"爱"童心"，儿童"不但需要老师的爱，还需要母爱"，教师"像一个辛勤的园丁"，"给我们的幼苗带来温暖的阳光、甘甜的雨露"。可是，几个月后，教育界掀起了一场关于"母爱教育"的讨论和批判，斯霞的名字也顿时成为舆论的焦点。当时批判之深入和广泛是空前的，几乎动员了教育界的所有理论工作者，除各大报刊外，《人民教育》在同期刊物上发表了《我们必须和资产阶级教育思想划清界限》《从用"爱心"爱"童心"说起》和《谁说教育战线无战事？》三篇文章。这组文章以讨论"母爱教育"为题，认为所谓"母爱教育"就是资产阶级教育家早就提倡过的"爱的教育"，说它涉及教育有没有阶级性、要不要无产阶级方向、要不要对孩子进行阶级教育、要不要在孩子思想上打下阶级烙印这些问题。随后，围绕着这些问题，教育界掀起了一场关于"母爱教育"的讨论和批判。当时中宣部一位领导就说，母爱教育在全国影响很坏，一定要批判，我的孩子在学校里就接受这种教育。他说的就是我前面提到的女学生那件事。当时因为我只是一名青年教师，既不是名师，又没有发表文章，所以没有被点名，也就不为人所知。

这次教育批判的来头是很大的。1963年7月，中共中央在北戴河召开政治局会议，会议讨论阶级斗争，提出阶级斗争要年年讲、月月讲、日日讲。在教育战线讲阶级斗争，就不能讲母爱，因为母爱没有阶级性，与阶级斗争理论相悖，自然要被狠狠地批判。为了批判母爱就要挖老祖宗，一直批到夸美纽斯、卢梭、裴斯泰洛齐，他们都是新兴资产阶级代表人物，自然母爱教育也就成了资产阶级教育思想，非把它批倒不行。

没有兴趣就没有学习

"没有兴趣就没有学习"，我是从许多学生的学习中看到这一点的，我发现有的学生喜欢数学，有的学生喜爱语文，凡是他们喜爱的课程，学得就很好，不喜欢就学不好，因为他们根本就不想学它。有些学生喜爱某门课程，开始的时候并不是对课程本身有什么了解、有什么兴趣，而是由于老师讲得好，引起了他的兴趣。还有些学生对某门课不喜欢，并非因为对该门课的厌恶，而是因为对任课老师不满，换了一位老师，学生的兴趣又能被调动起来。总之，"没有兴趣就没有学习"，这是颠扑不破的真理，不过如何引起学生的兴趣？这既是一门教育科学，也是一种教学艺术，值得去探究。

说到这一点便想到，之前北师大课程改革课题研究小组请几位院士来座谈基础教育中的科学教育问题。课题组的同志总想从他们那里得到学生应该掌握哪些科学知识、养成哪些科学品质的建议。但没有想到，院士们却大谈教育要听其自然，首先要使学生对学习科学有兴趣，而不是关注要给他多少知识的问题。黄祖洽院士说，对小孩子的教育，最好是不要折腾他（她）。本来他（她）生下来就有许多天性，如模仿、好奇，如果不去折腾他（她），他（她）会很好地发展。他还说，要培养孩子的兴趣。小孩主要是玩，在玩中学习，玩的时候学习的效率是最高的。他说，他小时候喜欢看小说，后来对科学感兴趣了，一下子就学得很好。其实小学的一些知识，只要孩子有兴趣，很快就能掌握。黄祖洽先生说得非常透彻。我也在附中实际感受到这些。因此"没有兴趣就没有学习"应该成为每个教师的信念。

1962年，在"调整、巩固、充实、提高"的方针下，北师大对师大附中的领导也放松了，师大开始从附中调回自己的干部。首先是王焕勋在1961年年底回到师大，我也于1962年暑假招生完毕后回到师大。

三年困难时期的读书和生活

三年困难时期，全国陷入半饥饿状态。为了减少能量消耗，中央号召大家劳逸结合，各种运动便停止了，晚上也不加班加点了。这给了我一个学习的好机会。

我因为只读完大学二年级就到苏联去学习了，因此中国文化的底子很薄弱，总想有机会再读点书、补点课。但回国以后忙于参加各种政治运动，没有时间静下来读书，三年困难时期却给了我读书的好机会。在这期间我读了范文澜的《中国通史简编》，舒新城编的《中国教育史资料》，以及中国古代思想家的一些著作，还读了苏联人编的《西方哲学史》。1962年我从师大附中调回师大教育系，刚好那年教育系开办中国教育史研究班，我就抽时间到这个班上听几位老先生讲中国教育史，总算补了一些课。

回师大以后，我给教育系二年级学生讲教育学，并兼任该班辅导员。在大学的时间比在中学宽裕得多，于是我每天早上第一件事就是练毛笔字。我在中学时代练的是柳体，即柳公权的书法，这次我改练欧体，临欧阳询的碑帖。柳体的笔法是圆笔，而欧体笔法是方笔，两者差别很大。练到后来觉得自己的字越写越差，变成"四不像"了。

三年困难时期还有一段趣事，叫作"鸡吃黄鼠狼"，说出来与大家分享。大家只听说过黄鼠狼吃鸡，没有听说过鸡吃黄鼠狼吧。世上确有这样的奇事。三年困难时期，粮食定量，副食品短缺。为了填饱肚子、改善生活，家家都在想方设法在屋边地头种上几棵玉米豆子，养鸡生蛋。现在北师大京师大厦的地方当时是我们教育系的菜地。秋天，每人总能分到几十斤胡萝卜。我家当时住在师大对面北太平庄4号。那时北太平庄还很荒凉，我们房子前面也有些许空地，当然不能让它浪费，于是种起了向日葵、老玉米。还用向日葵秸秆搭了一个鸡棚，养了十几只鸡。有一次一只鸡被黄鼠狼拖走了，把大家气得要"死"。更有甚者，比如我家保姆元婆婆，买了一窝小鸡，活泼可爱，为了防黄鼠狼，把它们放在自己睡觉的床头椅子上。没想到第二天早上起来一看，一窝小鸡全死了。思来想去，一定是被黄鼠狼吓死的，黄鼠狼真是可恶！怎么办？我家隔壁住的是大名鼎鼎的荣毅仁，当时任纺织工业部副部长，他家的服务员叫阿牛，也搭有鸡棚养了几只鸡，当然也受到黄鼠狼的光顾。于是我们两家联合起来，做了一个捕黄鼠狼的笼子，一头放一只鸡，一头放上机关，黄鼠狼一进笼子就被关在里面。果不其然，第二天黄鼠狼又来偷鸡，被我们逮个正着。怎么处置它？元婆婆真有办法，用一个麻袋把它套起来，乱棒打死。然后把毛皮剥下来，还卖了三毛钱。把肉剁成肉末，当成鸡饲料喂了鸡。这不成了鸡吃黄鼠狼吗？

有这样的趣事，我就写信告诉在浙江任职的周建老（即周建人，鲁迅三弟，顾明远先生的岳父——编者注）。周建老来信说，黄鼠狼喂鸡太可惜，黄鼠狼可以食用，味道比兔子肉还鲜美。真的，第二次逮住了，不客气，我们就把它红烧自己享用了。特别是几个孩子美餐了一顿，因为他们也不知道是什么肉。我只尝了一口，虽然没有什么异味，但总是有点心理障碍。有人说黄鼠狼有很重的骚味，的确是的，但把它的腺囊挖去后，也就没有什么异味了。当然，这是困难时候的事，所谓饥不择食嘛。现在可不能再吃它了，不可像吃果子狸那样吃出病来。

参加1964年的北京科学讨论会

1964年8月21日至31日，世界科协北京中心在北京召开了北京科学讨论会。这是中华人民共和国成立以后召开的第一次大型国际会议。参加会议的有亚洲、非洲、拉丁美洲、大洋洲共44个国家和地区的367位代表。我参加了会议教育小组的准备工作，并列席了小组会议。

这次北京科学讨论会共分5个组：理、工、农、医、社会科学。社会科学又分政治与法律、经济、教育、语言与文学、哲学与历史5个分组。参加讨论会的中国代表是61人，教育分组的正式代表只有1人，即当时任北师大党委书记的程今吾同志；列席代表4人，有当时的教育总工会副主席方明、北师大汪兆悌和我、首都师范学院（现改为首都师范大学）周鸿志。我们主要是协助程今吾的工作，周蕖也参加了秘书处的工作。为了准备这次会议，在会议开始一个多月以前工作就开始了，会议秘书处在友谊宾馆包了一座楼，我们就住在那里。我的任务主要是为程今吾同志写发言稿。一开始写主题发言稿，写的内容已经记不清楚了，无非是介绍新中国成立以后教育取得的成就。稿子修改了很多次，记得当时党委宣传部部长徐鸿武，还有政教系副主任吴家国，也参加了讨论。发言稿写好后，还要拿到秘书处翻译组请人翻译成英文和西班牙文。主题发言稿写好以后忽然想起，万一小组讨论时外国代表提问，怎么回答，要有准备。因此上面通知，回答也要预先写好稿子。于是在开会前几天又忙了起来。这些小问题的稿子大部分是我执笔的，大致有十来个稿子，每个稿子千把字，内容包括扫盲教育、农村教育、职工业余教育、职业技术教育、妇女教育等。我每写完一份稿子，就到程今吾的办公室念给他听，他也不看稿子，听我念到满意的地方就点点头，认为需要修改的地方就指示怎么改。我拿回去连夜修改，几乎要天天开夜车。我就是从这一年开始吃起安眠药来，以后养成睡不着就吃安眠药的坏习惯。

开会那几天，我虽说是列席代表，但仅仅挂了列席代表的牌子，什么会议都没有参加，尽干些事务性的事情。当时对外国代表十分重视，都把他们当贵宾款待，一会儿要联络翻译，一会儿要联络汽车，忙得不可开交。最令人懊丧的是，会后时任副总理兼外交部部长的陈毅在人民大会堂宴请代表，连工作人员都去了。忽然秘书处通知我，有一个非洲代表没有乘上车，要我留下等他，另叫车把他送过去。我等了半天，结果那位老兄说不去了。我也只好留下来，没有能参加陈毅的宴请。

参加这次国际会议的正式代表，在世的已经不多了，很多人都不记得这件事了，我也几乎把它忘了，上次口述史中就没有讲到它。但它在当时是我国国际关系史上的一件大事。最近我在网上查找，才找到一些资料。当时我还是一个青年教师，只是帮助程今吾代表写写发言稿，做做杂事，对会议的背景全然不知。看了资料才略知一二。

背景资料：世界科协成立于1931年。早在1952年5月，当时世界科协主席、法国著名科学家约里奥·居里就曾在该协会第十一届执行理事会上建议设立世界科协北京中心，以后每次会议都有人提到。但由于美国和苏联的干扰，直到1963年北京中心才成立。中心主任由清华大学张维教授担任。

北京中心成立以后，马上筹备北京科学讨论会。1964年2月初，中国科协和世界科协北京中心在北京召开了中国、朝鲜、越南、日本、印度尼西亚五国代表会议，商讨1964年的北京科学讨论会的会议计划。当时周恩来总理还接见了代表。

中国把这次会议作为团结亚非拉科学者反帝反修的会议。会议的主题是"有关争取和维护民族独立，发展民族经济、文化，改善和提高人民生活的科学问题"。所有代表都由中国提供旅费和食宿。

中央对这次会议非常重视，由范长江担任大会秘书长，周培源担任学术委员会主任。会议由中国科学院院长郭沫若致开幕辞。会议期间，毛泽东主席和中央主要领导人还接见了所有代表。（详见熊卫民在《科学文化评论》2008年第2期上发表的《在科学与政治之间：1964年的北京科学讨论会薛攀皋先生访谈录》一文。）

"文化大革命"中的逍遥派

回到师大，我在教育系二年级担任教育学主讲老师兼辅导员。1965年学校开始"四清"运动。运动结束，我被任命为教育学副系主任。1965年年底，学校成立外国问题研究所，任命我为研究所的副所长。"文化大革命"期间，我就成了"走资本主义道路的当权派"（俗称"走资派"），免不了要挨批斗和劳动改造。其中的是是非非，至今也说不清楚。不久，批斗的目标就转移到早已调离我校的原教育系总支书记兼系主任于陆琳同志身上，我就靠边站了，既不批斗我，也不许我参加批斗会，说我是"走资派"，不是革命群众。此后我就成了"文化大革命"的逍遥派，直到后来工宣队进校。1967年夏天，毛主席畅游长江，中央号召全民游泳。于是我们积极响应号召，天天去游泳。我本来是个旱鸭子，不会游泳，只好从头学起，最后居然也能游上几百米，但水深的地方仍然不敢去。那时没有正规的游泳池，主要在自然湖泊中游泳，开始在我校南面的太平湖，后来又转到积水潭后海，年年夏天都去游泳，一直持续到"文化大革命"结束。

后来我被派到第三轧钢厂去劳动。我在第三轧钢厂是做小工，把轧钢工人压下来的带钢，约50公斤重，搬到一边堆放起来。到了轧钢厂，我才发现我国轧钢之落后，轧20公分宽的钢带，完全是手工操作，其劳动强度是难以想象的。我搬了一个多月的钢带，结果手指得了腱鞘炎，至今未愈。

1970年秋天，我校师生都被派到东方红炼油厂去劳动。东方红炼油厂在北京房山地区，那时那里是一片荒地，要在那里兴建化工基地。现在已经是我国最重要的化工基地之一——北京燕化区。我干的活起初是架子工，搭建工棚，后来又去烧锅炉，用蒸汽做混凝土预制板。劳动强度也是很大的。我们在那里整整干了三个多月。

1971年春节以后我又被派到山西临汾干校劳动，在山坡上开荒，劳动了整整两年。在那里劳动虽然很累，但很开心，而且增强了对中国农村的了解，增长了农业知识，增强了身体素质。我从小就很矮小瘦弱，但没有想到不惑之年还能挑起100多斤的水桶，割麦子割得很快。第二年来了一批新"战友"，应该都是我的学生辈，他们比我年轻许多。但有一次，我把一根输水钢管的一头提了起来，但新来的年轻"战友"却提不起来，割麦子也没有我割得快，可见锻炼的作用。

在劳动的队伍中还有许多老教师，如教育系老主任彭飞同志、历史系何兹全先生、中文系郭预衡先生、数学系吴宏迈先生等，他们当时都已年逾花甲，我们在劳动中增加沟通，增进了友谊，到后来见面时还很亲切，常常以"五七战友"相称。

读完《鲁迅全集》

在"文化大革命"中，闲来无事，想读点书，于是就读起《鲁迅全集》来，越读越有兴趣。特别是在处境困难的时候，读鲁迅的书最有味道。由于作为一名教师的"职业病"，我总要从教育的观点来看问题。我发现鲁迅的作品不仅针砭时弊，而且很关心下一代的教育问题。其实这也很自然，任何一个关心社会问题的人都会关心教育问题。鲁迅作品中许多地方讲到教育，并且有几篇是专门讨论教育问题的，如《我们怎样做父亲》《我们怎样教育儿童的？》《从孩子的照相说起》等。他的教育思想是一贯的，而且很先进，有些话说得很精辟。我于是就萌发了开展鲁迅教育思想研究的想法，"文化大革命"以后这种思想更为强烈。刚好，那时杭州大学教育系的金锵同志和鲁迅早年的学生、时任杭州学军中学校长的俞芳同志也正在开展鲁迅教育思想研究，他们到北京来找周建老，遇到了我。我们一拍即合，就联合起来一起研究。我们略作分工，我收集鲁迅从事教育工作的事迹和整理他的教育思想，他们去访问鲁迅当年的学生，请他们写回忆的文章。从1977年开始一直到1981年，刚好在鲁迅诞辰100周年前夕成稿，并由人民教育出版社出版，书名为《鲁迅的教育思想和实践》。这项研究曾被列入中国教育科学第一次规划会议的规划中。此书2001年在鲁迅诞辰120周年时我又修订出了第二版。

创建教育管理学院

1981年7月11日，教育部发出通知，委托北京师范大学、华东师范大学、东北师范大学、陕西师范学院（现陕西师范大学）、华中师范学院（现华中师范大学）、西南师范学院（现并入西南大学）6所学校举办高等学校干部进修班，分别培训华北、华东、东北、西北、中南、西南地区高等学校的中层以上的领导干部。我校积极筹备，第一任培训班的主任由当时的党委书记聂菊荪兼任，冒海天同志任副主任。当年10月即开班。第一期学员25名，第二至第五期每期学员都超过100人。教师是由教育系、心理系的老教授担任，并聘请了校外著名的大学校长、教育部各司局的领导为兼职教师。我曾在这个班上讲过比较高等教育这门课。

1984年我任北师大副校长，接任了这个培训班的主任。但这个时候高等学校干部培训工作逐渐出现低潮。原因主要是：首先，高等学校已经修复了"文化大革命"造成的创伤，学校秩序走上正轨，干部配备已经整齐，要求学习教育理论的愿望已经减弱；其次，现职干部已经接受过一次轮训；最后，学校工作繁忙，不可能长期脱产学习，一部分干部还顾虑到学习期间自己的岗位可能被别人顶替，因而不愿意出来学习。因此，高等学校干部培训班越办人数越少、时间越短、层次越低。第一期学习期限为一年，来学习的有不少是大学的校级领导干部，例如曾任北京市教委主任的耿学超同志就是第一期学员。从第二期开始，学习期限缩短到半年，到1984年以后，学习期限缩短到3个月，参加学习的除系处级干部外，还有一般干部。我感到这样下去难以为继。但是教育部对教育干部的培训是很重视的，不仅这6所学校的高等学校干部培训班属教育部和学校双重领导，而且教育部拨专款盖建培训大楼。我校的大楼于1986年完工并交付使用。同时教育部也不断委托我们办一些短训班，如人事干部培训班、外事工作干部培训班、后勤干部培训班等，但时间都很短，长则1个月，短则个把星期。长此以往，培训班如何进一步发展？

第二章　我与北师大

我当时认识到，教育管理学是一门科学，国外早有这个专业。我国过去不重视教育管理的研究、管理干部的教育，无论是学校的领导还是教育行政人员，都没有受过教育管理理论的教育和培训，因此在现实生活中违背教育规律的事时有发生。应该让我国教育行政干部都受到教育管理理论的训练，具有现代管理的能力。因此我认为，要把教育管理作为一门学科来建设，不能只是培训班的形式。为此我建议将我校的高等学校干部培训班改建成教育管理学院。首先是加强教育管理学的学科建设，同时把高等学校的干部培训扩大到基础教育，不仅只是高等教育，对教育行政干部进行全方位的培训。我的建议得到以王梓坤校长为首的学校领导的支持，并得到教育部批准。于是我国第一个教育管理学院于1985年6月在北京师范大学诞生。不久华东师范大学也成立了教育管理学院。

当时，教育部也看到形势的变化，于1986年将6所高等学校干部培训班改建为地区教育干部培训中心，把干部培训扩大到基础教育。我校的高等学校干部培训班则改建为国家教委华北地区教育干部培训中心，由我任主任，冒海天任副主任，不久又调来马燮如为副主任。可惜冒海天同志于1991年不幸因病去世。冒海天同志是高等学校干部培训班的创始人之一，也是教育管理学院的元老，他为教育管理学院的建设做出了贡献，我们永远怀念他。

教育管理学院是一个教学实体，它不能像培训班那样从外面聘请教师来讲课，应该建立自己的教师队伍。因而我从学校要来了教授编制的名额，把孙喜亭老师从教育系调来任教育管理学院的首任教授，把从德国留学回来的安文铸聘为副教授，又从数学系调进程书肖副教授担任教育统计学课程教师，动员学院原有的教师承担起课程，同时在校内校外聘请了十多位兼职教师，如教育系陈孝彬、中央教科所孟明义、原教育部高教司司长刘一凡、当时的计划司司长尚志、北京工业大学樊恭烋等，于是教师队伍初步建立起来。建成教学实体就要有学生。建立教育管理学本科专业是不现实的，因为教育系已经有这个专业。于是我们从高等学校干部培训班的实际出发，先申报高等教育学硕士点。1985年学位第三批审核时，我们就成功地获得高等教育学硕士授予权，1986年开始招收第一批硕士研究生。1991年我们又成功地获得教育管理学硕士授予权，1996年获得教育经济与管理学博士授予权。这样，教育管理学的学科建设初步完成。在这期间，我们从我校教育系、经济系、外教所以及外校聘任了多名博士，留任了我们自己培养的博士。截至2006年年底已有16名博士，其中已有7名升为教授。一支高学历的、生气勃勃的教师队伍建立起来了。

20世纪90年代中期，业务方面的形势有了好转。教育界呼吁校长、教师提高学历水平和业务能力的声音高涨，各级教育行政部门也开始重视对校长的培训，于是在90年代中期掀起了研究生课程进修班的办学热潮。教育管理学院首先接受了沈阳市的校长培训班工作，后来改为教育管理研究生课程进修班，至2005年已办了十几年，共15个班，接着又为广东中山市举办教育管理研究生课程进修班。此后一发而不可收，可以说是应接不暇。1996年我院又获得教育经济与管理学博士授予权，1997年开始招生。1997年国务院学位委员会批准设立教育硕士专业学位，1999年以后研究生扩大招生，这一系列举措给教育管理学院发展提供了一个很好的机遇。学院抓住了这个机遇，扩大发展。现在学院的教育经济和管理学已是北京市的重点学科。学院承担着教育部、北京市和国际组织的多项科研任务。2005年有博士研究生20余名，硕士研究生160余名。学院呈现了一派生气蓬勃的气象，真正成为我国教育管理学科重要的研究基地和教育管理干部的培训基地。

我担任学院院长整整20年，但主要是挂名院长，具体工作都是几位副院长做的。开始是冒海天同志主持工作；冒海天同志去世后，由马燮如同志主持工作；马燮如同志离休后，由陈忠文、邸明杰相继任副主任、副院长并主持工作。现在他们也已相继离、退休，我则于2004年离任，担任名誉院长。学院能够走到今天，与他们这些领导的敬业精神有关。特别是邸明杰同志，担任总支书记兼副院长的时间最长，为学院的建设做出了贡献。同时学院的

第二章　我与北师大

全体教师和职工都能像院训中写道的"团结勤奋，求是有为"那样，兢兢业业，团结一致，这是学院的希望所在。现在我们都已把工作交给年轻学者，他们学历高、能力强、有朝气。我祝愿他们为学院开创新的局面。

不过教育管理学院的建设并非一帆风顺，其中经过几次危机。第一次危机就是上面提到的在20世纪80年代中后期，高等学校干部培训任务萎缩，不知高等学校干部培训班何去何从。这个危机被我们以建立教育管理学院、扩大培训范围、招收研究生的方式克服了。第二次危机是90年代初，这次危机来自两个方面。一是业务方面的危机。当时国家教委委托举办的培训班不多，招收研究生名额有限，不少年轻教师感到彷徨，觉得前途未卜。但我认定一个理，教育管理学科的建设应该由我们北京师范大学担负起来。于是我当时向年轻人指出，既然教育管理是一门科学，就应该有人研究它、发展它，我们北师大应该担负这个任务，我们年轻人应该担起建设教育管理学的担子。目前的困难是暂时的，即使培训任务萎缩，我们也可以把教育管理学院办成研究机构，成立教育管理研究所。于是大家的心情才稳定下来。二是来自学校的机构改革。当时的学校领导总是想把教育管理学院与经济管理合并，成立管理学院。我一再给学校领导申述教育管理学院独立存在的理由：教育管理学是一门独立的学科，它的母学科既有管理学又有教育学，而且教育管理不同于其他管理，它以育人为对象，不是以物为对象，它应与教育而不是与经济结合得更紧密；同时北师大的特色就是教育，应该把教育

2000年早春顾明远先生在北师大

北京师范大学
教育管理学院

学科凸显出来，我校教育管理学院在社会上已经有一定的影响，是北师大的一个品牌，不能随意撤销；另外，教育管理学院又肩负国家教委华北地区教育管理干部培训中心的任务，是国家教委的一个下属机构，没有得到国家教委的同意是不能被撤销的。经过力争，教育管理学院才得以保留至今。可惜后来在成立教育学部时又把教育管理学院的培训任务分了出去，教育管理学院成了单纯地培养本科和研究生的教学单位。

第二章　我与北师大

创建特殊教育专业

"文化大革命"以前,我在教育系讲授教育学,曾经带领学生去参观盲聋哑学校,看到许多有生理障碍的儿童很聪明活泼,但缺少教育。当时北京市只有三所聋哑学校,招收学生很少,远远不能满足社会的需要。因此我感到,中国很需要发展这种为有障碍儿童服务的特殊教育。

障碍儿童是社会上弱势群体中的弱势群体。他们有受教育的权利,同时,只有接受教育,学到生存的本领,他们才能融入社会,在社会上独立生活。因此,发展特殊教育既是人权问题,也是社会问题。发达国家都很重视障碍儿童的特殊教育,国际组织也十分重视。1959年11月20日联合国大会通过的《儿童权利宣言》中就提出:"儿童应不受歧视地享有一切权利;制定法律要以儿童的最大利益为首要考虑;儿童的家长和社会、公众事务当局有责任为处在困境中的儿童排除困难并给予特殊照顾。"1989年联合国又制定了《儿童权利公约》,强调:"每个儿童无论贫富,都应受到特殊关照。"国外大学教育学院中都设有特殊教育专业,培养特殊教育专业人才。有的国家还设有特殊教育的大学,为有生理障碍的学生提供接受高等教育的机会。美国华盛顿的加劳德大学就是为聋人设立的综合大学。1991年我访问了加劳德大学,学生们为我们表演了舞蹈。校长接待我们的时候,讲话的时候还习惯不断地用手语。我在苏联就读的列宁师范学院也设有特殊教育专业,而且培养了一名全盲且全聋的教育学副博士。那名副博士名叫斯科罗霍多娃,5岁时因患脑炎双目失明,继而双耳失聪,后入敖德萨盲校学习,掌握了盲文和聋人手语。斯科罗霍多娃凭借着毅力和特殊教育老师的帮助,读完了本科,又读了研究生,1962年获得副博士学位。我曾经听过她的报告,当时斯科罗霍多娃还是列宁师范学院的研究生,在学院的大讲堂报告,听报告的人挤满了讲堂。斯科罗霍多娃讲她如何学习,如何凭借触觉、嗅觉、振动觉以及其他正常感官感知、理解和想象世界。报告非常感动人,我至今仍记忆犹新。她著有一本书，名叫《我怎样理解和想象周围世界》，1956年由苏联教育科学院出版社出版，我买了一本书带回国来。当时我们班上还有一位盲人同学，名叫瓦洛杰·伊万诺夫，他是在卫国战争中失去双目的，我们都视他为英雄。他用盲文记笔记，记得很快。我们关系很好，有时他还帮助我学习，给我解释课上没有听懂的问题。这是题外话了，只是说明生理障碍并不可怕，但需要用教育来弥补他们的缺陷，发展他们潜在的能力，他们同样会为社会做出贡献。

1979年我担任北京师范大学教育系主任，就萌发了设置特殊教育专业的念头。为了筹备这个专业，我把朴永馨从北京市第三聋哑学校调到北师大来。他是我国派往苏联学习特殊教育专业的两名学生之一。他们就在莫斯科列宁师范学院学习，去的那一年我刚好毕业回国，所以在莫斯科没有同窗过，但我知道他们两人。"文化大革命"前我去北京市第三聋哑学校参观时也见过朴永馨。因此要办特殊教育专业，我首先就想到他。另一名留苏的特殊教育专业人才银春铭，他在上海工作，我无法把银春铭调过来。我又让教育系秘书秦忠洲抽一部分时间参加筹备工作。1982年我从首都师大调来顾定倩老师。1986年特殊教育专业在北京师范大学教育系成立，这是我国有史以来第一个特殊教育本科专业。

1985年《中共中央关于教育体制改革的决定》提出要在全国范围内普及九年义务教育。普及义务教育当然要涵盖特殊儿童，所以当时国家教委也很重视特殊教育，在基础教育司设有特殊教育处。当时我正担任北师大副校长，为了发展特殊教育事业，我和基础教育司商量，在北师大成立特殊教育研究中心。经过一段时间的筹备工作，北师大特殊教育中心于1988年11月正式成立。在建设英东教育楼时，我们又专门为特殊教育研究中心设立了特殊教育实验室。这在当时的中国是独一无二的。后来，国家教委又在南京成立了特殊教育师范学校，华东师大、辽宁师大也相继成立了特殊教育专业，特殊教育事业蓬勃发展起来。但是从整个国家来讲，中国的特殊教育事业还不够发达，还不能满足障碍儿童受教育的需要，理论研究也有待进一步加强。

第二章　我与北师大

值得一提的是，我们还于1988年6月在北京成功地举办了首次在中国举行的国际特殊教育会议（International Conference on Special Education，Beijing，1988）。有20多个国家和地区的600多名代表出席，其中中国代表100余名，收到论文134篇。开幕式在人民大会堂举行。我作为当时的大会组织委员会主席出席了大会开幕式、闭幕式和在北京饭店的宴会，并在开幕式上致开幕词。会议分成教学计划、聋哑教育、儿童早期鉴定和干预计划、课程、教师培训、职业训练和就业准备、服务设施和形式、研究、为残疾人服务的技术9个专题，进行了分组讨论。我们北师大在这次会议上唱了主角。这次会议也是我校首次主办这种规模的国际会议。虽然这次会议的发起和承办者是中国国际科技会议中心和美国环球交流公司，但一切专业工作都是由我校特殊教育中心承担的。

特殊教育在我校可以说是曾经辉煌一时。可惜30年来北师大特殊教育专业发展得不够理想。本来特殊教育本科专业是北师大最早创建的，硕士点也建立得很早，但博士点的建立却落后了其他学校好几年。我曾经多次努力设法引进特殊教育专业人才，但终未有结果。我希望北师大作为教师教育的排头兵，不要忘记这部分生理障碍儿童的教育。我国是人口大国，这样的儿童大约也以千万计，因此特殊教育事业特别值得我们重视。

筹办北师大燕化附中

北师大燕化附中位于北京市原房山县（今房山区）百花山下的一个山沟里，此地因在20世纪70年代建立起来的燕山石油化工公司而闻名于世。学校距离北京市区近100公里。1969年根据"林彪一号令"，我们学校大部分师生都被疏散到这里参加建厂的义务劳动，那时候叫建设东方红炼油厂。我开始当架子工，搭工棚。这个活还可以，爬上爬下，扛竹竿，铺苇席，很有意思。工棚搭完了又被分配去烧锅炉。烧锅炉不是为了给人取暖，而是给水泥预制板取暖。那时制水泥预制板要浇水，因为是冬天，怕冰冻，所以要给预制板盖棉被、送暖气。烧锅炉三班倒，夜里还要干活，炉子不能停火。烧锅炉可不是一个轻松的活，推煤送煤还可以对付，出炉渣可让我受不了，一把铁锹就重十几斤，要把炉内的煤渣扒出来，要费很大的劲。我本来个子小，又没有力气，干这种活要一百二十分的气力，结果手指的腱鞘炎又加重了，至今未愈。队里一位小民工，房山人，看我实在太吃力，常来帮助我。我们结成了朋友，"文化大革命"结束后不久，那个小民工在市政公司干活，还到我家里来看我，给我带来了他家乡生产的大米，可惜后来他工作调动，就失去了联系。

  那到底为什么要在那里办北师大附中呢？这是根据燕山石油化工有限公司的要求办起来的。改革开放以后，燕化公司发展很快，不仅有炼油厂，还有化工厂、化纤厂、橡胶厂等约30个厂，职工达45 000余人。但是这里远离市区，20世纪80年代时交通很不方便，进一次城要花3个多小时，现在有了高速公路，但也要1个多小时。这里没有好的学校，职工因为孩子上学问题，常常离职。为此公司领导很着急，他们想请师大帮助去办一所附中。在我担任师大副校长之前，双方就已经谈过几次，但因为责权利的问题未能谈成。我任副校长以后，我认为应该促成这件事，师大为基础教育服务，不应该讲什么条件。1985年春天，公司的副经理曹湘洪和人事处长徐莉来商谈。我说办学不讲条件，只要你们公司决心办这所学校，经费人事你们负责，学校的办学理念、教育教学工作由我们来指导安排就可以，就此达成了君子协定。过了几天我就和我校普教处处长陶卫一起到燕化公司，讨论具体创办的方案。那时曾担任国务院副总理的吴仪正在燕化公司任党委书记，她接待并宴请了我们。根据协议他们开始建设新校舍，我们这边则由陶卫同志负责招聘校长和教师。经过不到半年的努力，一所崭新的北京师范大学燕化附属中学就拔地而起。陶卫担任名誉校长，聘请了原北京市十五中学校长王绍林为校长，除了从当地长风中学合并过来的老师外，还从外地招聘了30多名教师，北师大又连续几年分配多名毕业生去任教。我请北师大三所老附中去帮助他们培训教师，他们把教师送到老附中进修。我在担任师大副校长期间，每年都要到学校去，有时给老师讲课，有时与老师座谈，还送了一些书给学校。燕化附中经过几年的努力，教育质量不断提高，成了当地最好的学校，为燕化公司职工和当地居民解决了子女上学的后顾之忧，对稳定职工队伍起了一定的作用。

其实办一件善事总是会多方得利的。当初我们帮燕化公司办这所附中并没有要求什么回报，但当我们有困难时却得到了他们的帮助。例如80年代我校进口了一批轿车，需要标号较高的汽油，燕化公司二话没说，每月供应我校一车平价标高汽油；我校留学生楼友谊餐厅要液化气，燕化公司提供了几十个大液化气罐，解决了留学生供餐的燃眉之急。这说明办事不能急功近利，更不能只向钱看，只要互相信任、互相支持，就能达到双赢。

30年来，北师大燕化附中不断发展壮大。1997年又落成了新的校舍，学生从创办时的600人发展到现在的2 000人，2005年又被北京市评为示范中学。2005年年初我和陶卫去参观他们建校20周年和示范校揭牌仪式的庆典，看到了它的壮大，我们感到无比兴奋。当然附中所取得的成绩主要是公司领导支持和附中老师努力的结果，我们并没有出多少力。但现在我回顾40年前，曾经在这块土地上劳动过，30年前又曾经参与过这所学校的筹建，我心里也有一种难以言表的激动和欣慰。

第三章 我与比较教育

第三章　我与比较教育

立足中国，走向世界。

一个愚蠢的笑话——我对终身教育的认识

1971年联合国恢复我国的合法地位，相继联合国教科文组织也恢复我国的席位。1972年我国清华大学副校长张维教授代表中国出席了联合国教科文组织第十七届大会。1974年我国正式派代表团参加联合国教科文组织第十八届大会。代表团由5位正代表、5位副代表、3位顾问组成。我作为教育方面的顾问参加了这次大会。当时根据"文化大革命"中的思维方式认为联合国是帝国主义的表决工具，联合国教科文组织也不例外，但是可以利用这个论坛去"反帝反修"。联合国教科文组织大会和联合国大会一样是一个马拉松会议，长达50天（现在为了节约经费，已经缩短到20天）。会议分3个阶段：第一个阶段是大会辩论，约20天，每个国家的代表团长要在会上发表演说，亮明本国的观点。我国当时的观点是反对帝国主义，反对霸权主义，具体是反对欧安会，反对跨国公司。第二个阶段是分委会审议，分5个委员会，即教育委员会、科学委员会、文化委员会、经济委员会等，会期也是20天，也是先一般辩论，然后讨论计划。第十八届大会刚好遇上制定中长期规划，因此就要讨论中长期规划的各个项目并逐项表决。第三阶段又是大会，会期10天，各国代表就已经决定的问题发表意见。50天中大会、小会中间有些交叉，3个阶段不是截然分开的。

背景资料：1974年联合国教科文组织第十八届大会所通过的《关于技术和职业教育的建议（修订案）》(Revised Recommendation concerning Technical and Vocational Education)中，把职业技术教育的范围或阶段规定为：（1）普通教育中的技术和职业教育；（2）为就业做准备的技术和职业教

1974年11月在巴黎参加联合国教科文组织第十八届大会的中国代表团的部分成员在凡尔赛宫门前合影（自右到左分别为鲁毅、顾明远、刘作述、林军、李迺清）

育；（3）作为继续教育的技术和职业教育。1974年第十八届联合国教科文组织大会还通过了《关于促进国际理解、合作与和平的教育及涉及人权及基本自由的教育的建议》（Recommendation concerning Education for International Understanding, Co-operation and Peace and Education relating to Human Rights and Fundamental Freedoms）。从内容上看，它既是联合国教科文组织一贯倡导的和平与合作教育、国际理解教育精神的体现，同时又是在新的政治、经济和科技相互依赖的条件下对国际理解教育的深化和发展。在此文件的倡议推动下，许多国家的中小学乃至大学都实施了国际合作学校教育（开展了国际合作与交流活动，实施了国际理解与合作教育），以消除种族的、宗教的歧视，促进各民族的交往，为人类个体发展提供更为有利的国际环境。

第三章 我与比较教育

为了参加这次会议，我们在国内做了充分的准备，一个月以前就集中学习，阅读有关材料。当时我负责教育委员会的材料。教育界就我一个人，与我同行的只有英语翻译——我校英语系的青年老师李迺清同志。我是用俄语作为工具语言的，但会议上使用英语比较普遍，所以就备了一位英语翻译。在国内准备的时候，我看了有关教育的100多条提案，提案的内容可以分为两大类：一类是非洲、拉美的发展中国家提出的，要求联合国教科文组织关注普及初等教育、扫除文盲，并要求立项援助。因为发展中国家很穷，文盲很多，儿童没有受教育的机会。另外一类是发达国家提出的，要求关注青年的失业问题，为成人教育和终身教育立项。关于成人教育，我还有所认识，如我国扫盲、业余补习学校（职工学校、农民夜校等），但这与西方发达国家提出的成人教育也有所区别。我国的成人教育往往是学历补偿教育，为没有上过学的工农补习文化，达到小学毕业、中学毕业的程度，而西方发达国家的成人教育主要是岗位培训、继续教育。至于什么叫终身教育，我却从来没有听到过，周围的教师也都不知道什么是终身教育。于是按照当时阶级斗争的思维定式，既然终身教育是发达国家提出来的，发达国家全都是资本主义国家，因此终身教育肯定是资产阶级教育思想。于是在分委会讨论时，我就大力支持发展中国家提出的扫除文盲和普及初等教育的提案，而对终身教育则只好置之不理。等到表决时，对于发展中国家提出的扫盲、普及初等教育的立项，我就高高举手；对于终身教育的立项，因为不了解我也不敢反对，只好弃权。当时阿尔巴尼亚还是我们的盟友，他们的代表坐在我的右前方，他常常转过头来看我，看我举手他就举手，看我不举手，他也不举手。

顾明远先生在埃菲尔铁塔上

会议期间，法国教育部长在凡尔赛宫举行隆重的招待会，在互相交流中，有一位澳大利亚代表问我，中国如何解决青年失业的问题。我一句话就把他顶了回去。我说："我们中国没有人失业，中学毕业生全部上山下乡，中国农村有广阔的天地！"现在想起来很可笑，但当时自以为立场很坚定，实际上反映我自己闭目塞耳，才闹出了这样愚蠢的笑话。

1976年"文化大革命"结束以后，我们才看到联合国教科文组织教育委员会1972年的教育报告《学会生存——教育世界的今天和明天》（简称《学会生存》）。这本书由华东师大邵瑞珍先生翻译，但直到1979年才由上海译文出版社出版。这本书全面阐述了终身教育的历史必然性及其深远的意义。如该书提出的21条革新教育建议的第一条是："我们建议把终身教育作为发达国家和发展中国家在今后若干年内制订教育政策的主导思想。"《学会生存》还提出："终身教育这个概念，从个人和社会的观点来看，已经包括整个教育过程了……从今以后，教育不能再限于那种必须吸收的固定内容，而应被视为一种人类的进程，在这一进程中人通过各种经验学会如何表现他自己，如何和别人交流，如何探索世界，而且学会如何继续不断地、自始至终地完善自己。"最后，《学会生存》向我们提出了"向学习化社会前进"的行动和策略。

实际上终身教育的提出已是1965年的事。1965年12月，联合国教科文组织国际成人教育促进委员会（UNESCO'S International Committee for the Advancement of Adult Education）讨论了法国学者朗格朗提出的关于终身教育的主张。他认为，数百年来，一个人的生活被分成两半，前半生用于受教育，后半生用于劳动，这是毫无科学根据的。教育应是一个人从生到死继续着的过程，因此要有一体化的教育组织。今后的教育应当是，随时能够在每一个人需要的时刻，以最好的方式提供必要的知识和技能。他建议联合国教科文组织批准终身教育的原则。他说终身教育是"一系列很具体的思想、实验和成就，换言之，是完全意义上的教育。它包括了教育的各个方面，各项内容，从一个人出生的那一刻起一直到生命终结时为止的不间断的发展，包括了教育的各个发展阶段，各个关头之间的有机联系"。

这个思想一提出就受到世界各国的响应，许多国家都立法推进终身教育，如法国就于1972年立法。

1980年，我在准备中国教育学会和北京市高教局为北京市高等学校领导干部举办的教育讲座时，查阅了马克思的《资本论》第一卷第十三章，发现马克思在一百多年以前就讲到终身教育的思想。马克思说："现代工业从来不把某一生产过程的现存形式看成和当作最后形式。因此，现代工业的技术基础是革命的，而所有以往的生产方式的技术基础本质上是保守的。"[1]他又说："大工业的本性决定了劳动的变换、职能的更动和工人的全面流动性。"[2]并且他指出："大工业还使下面这一点成为生死攸关的问题：用适应于不断变动的劳动需求而可以随意支配的人员，来代替那些适应于资本的不断变动的剥削需要而处于后备状态的、可供支配的、大量的贫穷工人人口；用那种把不同社会职能当作互相交替的活动方式的全面发展的个人，来代替只是承担一种社会局部职能的局部个人。"[3]怎么才能做到全面发展，那就要学习。工人要接受教育，要把生产劳动和教育结合起来。只有这样，工人才能不仅体力得到发展，脑力也得到发展，才能够适应大工业机器生产的不断变革。虽然马克思没有使用终身教育这个词，但他这些思想中不就是包含终身教育的思想吗？因此终身教育不仅不是资产阶级的教育思想，而是十分先进的、有远见的教育思想。它在20世纪60年代被提出来并很快流行不是偶然的，是社会发展的必然，也是教育发展的必然，因此我把它称为20世纪最重要的教育思潮之一。

可惜我们对它的认识可以说落后了30年。我国政府在正式文件中第一次提到"终身教育"概念的是1993年公布的《中国教育改革和发展纲要》。随

---

[1] 马克思：《资本论》第1卷，533页，北京，人民出版社，1975。
[2] 马克思：《资本论》第1卷，534页，北京，人民出版社，1975。
[3] 马克思：《资本论》第1卷，535页，北京，人民出版社，1975。

后，1995年全国人民代表大会通过《中华人民共和国教育法》，才正式提到要建立终身教育体系，并且两处提到终身教育。

我在想，《资本论》第一卷我在新中国成立初学习政治经济学课程时就读过了。在苏联时又读过一遍，回国以后讲教育学时总要讲到马克思关于全面发展的论述，也总要引用《资本论》中的论述，为什么就没有读懂呢？现在想起来，这也并不奇怪，由于我们长期生活在小农经济的环境中，看不到生产的变革，不理解教育与生产劳动相结合的根本意思。例如恩格斯在《共产主义原理》一文中还提到，"教育可使年轻人很快就能够熟悉整个生产系统，它可使他们根据社会的需要或他们自己的爱好，轮流从一个生产部门转到另一个生产部门"。[1]我当时就不理解，党教育我们一辈子在一个岗位上做一个螺丝钉，怎么可以从一个岗位转到另一个岗位？直到20世纪80年代后期，我国经济发生革命性转变，许多工人下岗转业，我才真正体会到大工业生产的变革，以及由此造成的大批工人下岗流动。下岗工人再上岗就必须重新学习，参加职业培训，这不就是终身教育吗？

终身教育的思想有一个发展过程。开始提出的时候，只是因科学技术的发展引起的生产变革造成了一批工人的流动，为了适应流动的需要，或者为适应失业者再就业的需要，有学者提出要为这部分人群提供终身学习的机会。因此，最早的终身教育的理念是与成人教育联系在一起的。但是，随着学习化社会的到来，终身教育的理念已经不仅适用于成人教育，而是包含了正规教育与非正规教育、正式教育与非正式教育，目的是要培养一个人的终身学习意识和能力，使每一个人都能不断学习，不断发展。正如《学会生存》一书中所说的："最初，终身教育只不过是应用于一种较旧的教育实践即成人教育（并不是指夜校）的一种新术语。后来，逐步地把这种教育思想应用于职业教育，随后又涉及在整个教育活动范围内发展个性的各个方面，即智力的、

---

[1]《马克思恩格斯论教育》，149页，北京，人民教育出版社，1958。

情绪的、美感的、社会的和政治的修养。最后,到现在,终身教育这个概念,从个人和社会的观点来看,已经包括整个教育过程了。"[1]直到后来终身教育演变为终身学习的概念,更体现了学习者的主体性和主动性。

20世纪末21世纪初,人类步入了知识经济时代和学习化社会,每一个人都必须不断学习才能适应社会的变革,才能使个性得到充分全面的发展。如今学习已经成为人的生活的一部分,成为人发展的动力、社会发展的动力。

我和《外国教育动态》

1964年秋天,大家都在忙着下乡搞"四清"运动。下乡之前要体检,体检发现我有肺炎,需留下休息。当时教育系系主任于陆琳同志就说,干脆留下筹备《外国教育动态》杂志吧。于是我就和比较教育结下了不解之缘。

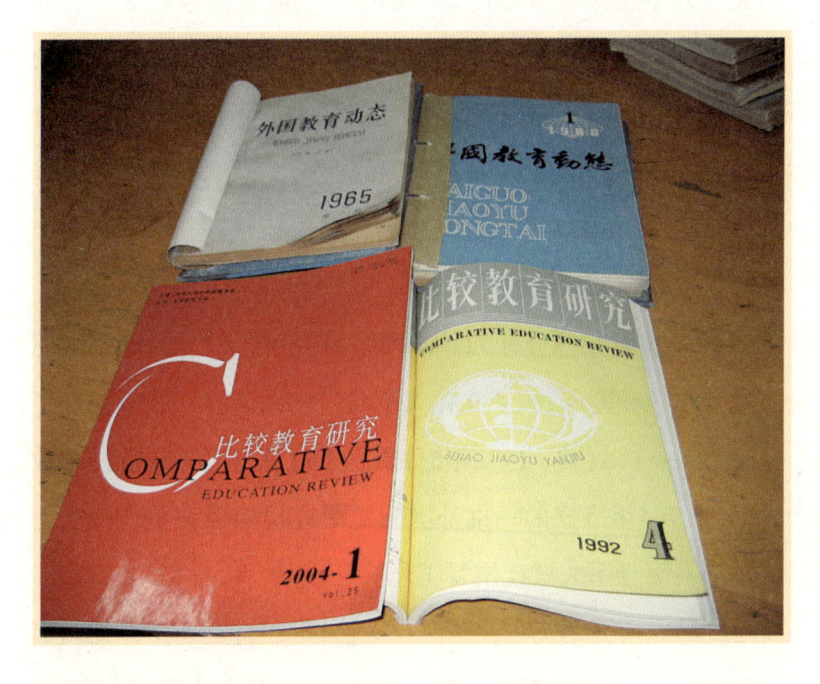

从《外国教育动态》到《比较教育研究》的进化史

---

[1] 联合国教科文组织国际教育发展委员会:《学会生存》,108页,北京,教育科学出版社,1996。

《外国教育动态》是一份什么样的杂志呢？还得从当时的形势说起。1964年5月12日，中共中央国际问题研究指导小组和国务院外事办公室批准高等教育部《关于高等学校建立研究外国问题机构的报告》，6月北京师范大学成立了外国教育研究室、苏联哲学研究室、苏联文学研究室、美国经济研究室。那时我就被调到外国教育研究室工作。当时中央宣传部提出要办一份教育杂志，供地委以上的干部作参考。时任校党委书记的程今吾同志就把这个任务接了过来，并交给教育系筹办，于是这个任务就落到我的头上。当时协助我进行筹备工作的还有黄菊美同志。我们经过几个月的紧张筹备，于1965年春出版了第一期试刊。当年8月正式出刊，到"文化大革命"之前共出试刊2期、正刊5期。关于《外国教育动态》的办刊宗旨，在试刊第一期的发刊词中有如下一段说明："《外国教育动态》是供教育工作者在教育领域内开展反对帝国主义、反对现代修正主义的斗争，进行外国教育批判研究作参考的内部刊物。它的内容将介绍马克思列宁主义教育著作、兄弟国家的教育经验；亚洲、非洲、拉丁美洲各民族独立国家和地区的教育情况；现代修正主义的教育理论和实施，以及资本主义各国的教育动态和帝国主义的教育政策。"选编的每篇文章前面都注有编者按语或说明，以表示我们的立场，每期稿件都送中宣部教育处审核。即使如此，"文化大革命"开始后，杂志还是被扣上散布资产阶级和修正主义教育思想的帽子而被迫停刊。

1965年年底，四个外国研究室合并为外国问题研究所，校党委副书记谢芳春同志任所长，刘宁和我任副所长。"文化大革命"中谢芳春和我都被夺了权，外国问题研究所差一点被裁撤。1972年5月周恩来总理召开外语院校"教育革命"座谈会，问到1964年成立的一批外国问题研究机构还在不在。于是工宣队没有敢把它撤销，而且不久就让恢复工作。

1973年，外国问题研究所开始局部恢复工作，《外国教育动态》作为内部资料又开始编印，至1979年共出刊22期。但这段时间已不是由我负责。"文化大革命"中我被揪回教育系，作为"走资派"被批斗，后又下放到山西临汾

第三章 我与比较教育

吕梁山进行垦荒劳动，1972年回来任北京师范大学二附中"革委会"主任；1974年12月参加联合国教科文组织第十八届大会回来以后又回到师大；1975年任北京师范大学教育革命组副组长兼文科组组长，"文化大革命"后改为文科处处长；1979年我任教育系主任兼外国教育研究所所长。改革开放以后，中国迎来了一片大好形势，教育领域也有了生气，而且全国教育工作者都想了解国外教育发展的情况和经验，在这样的形势下，我努力想促使《外国教育动态》正式复刊。于是我给当时国务院主管科教的方毅副总理写了一封信，说明《外国教育动态》的来历，提出改革开放以后我国教育界了解和学习外国教育经验的迫切性，希望《外国教育动态》能早日复刊，并向国内外公开发行。没有想到，这封信很快得到方毅同志的批复，同意复刊并成为正式刊物向国内外发行。当时我还请赵朴初先生写了《外国教育动态》的刊名。

发行过程也是几经周折，开始想由人民教育出版社发行，因为"文化大革命"前就是人教社发行的。当时人教社社长戴伯韬同志也同意，但终因经费问题未能成功。最后在天津教育出版社发行。但后来因为他们要求把杂志办成专以中小学教育为对象，我们未能同意，只好撤回来由北京师范大学出版社出版。当时学校给予了极大支持，每年都拨专款支持出版发行。编杂志需要编辑，当时所里的研究人员都不愿意担任编辑，最后由我任主编，由宋文宝同志任副主编，具体负责编辑部的工作，不久又请了况平和同志来任编辑，协助宋文宝同志看稿、改稿。我们在编辑部成立了一个审稿班子，除了我和宋文宝以外，又请了周蕖、曾昭耀等来初审。凡投来的稿件我们几人都要初审一遍，认为合乎质量的或有基础修改的就留下，再由编辑部处理。宋文宝同志退休后，一直由曲恒昌同志主持编辑部的工作。刊物向社会开放，特别欢迎比较教育界的同行学者投稿，不限于反映本所的研究成果，不搞同人杂志，从而保证了充足的稿源，保证了刊物的质量。所以，宋文宝、况平和等同志对《外国教育动态》这份杂志来讲是有大功劳的，我们不能忘记他们。可以说，《外国教育动态》这本杂志促进了我国比较教育学科的发展。

1991年在比较教育界同人的爱护和要求下，作为中国教育学会比较教育研究会的刊物，《外国教育动态》更名为《比较教育研究》。2001年从双月刊改为月刊，2003年又从64个页面增加到96个页面，篇幅扩大了二分之一，成为我国中文核心期刊、中国哲学社会科学核心期刊，受到广大读者的欢迎。后来，杂志主要由曲恒昌教授负责，他对杂志质量的提高、杂志的规范化起了重要的作用。近年来，曲恒昌教授退休后，鲍东明教授开始负责杂志，又进一步提升了质量。

我和比较教育学科

1979年1月外国教育研究所独立成所，我担任第一任所长，并兼任教育系系主任。改革开放以后，研究所开始和国外交往。最早来访问的是日本广岛大学教育研究中心代表团，其中就有现在与我们交往密切的研究中国教育的日本专家大冢丰，后来任日本比较教育研究会会长的马越彻也是在那时认识的。1980年3月，教育部邀请了美国哥伦比亚大学教育学院比较教育专家美籍华人胡昌度教授来我校讲学3个月，同时组织了一个高等学校比较教育教师进修班，有10所高等学校10多名老师参加。我作为教育系主任和外国教育研究所所长，组织了这次活动，并亲自与本科生和进修班教师同堂听课。进修班结束时，我们10多名教师凑在一起，商量我国比较教育学科重建的问题。大家认为，应该在教育系开设比较教育课程，以扩大学生的眼界。为此，当务之急是编一本教科书。这个主张得到教育部高教司的支持。于是我们就开始着手编写，做了分工，收集资料，编写提纲。为了保证质量，我们请老一辈比较教育学学者王承绪、朱勃、檀仁梅教授来指导并担任教科书的主编。后来檀仁梅教授因病未能参加。因为全部组织工作都是由我主持的，所以高教司要我补上檀仁梅教授之缺，添为主编之一。1981年在华南师范学院（现华南师范大学）召开了编委会，讨论大纲。又经过一年半的努力，中华人民共和国第一本比较教

第三章　我与比较教育

1982年、1985年和1999年版的《比较教育》

育课本终于在1982年问世。之后有过两次修改，因朱勃同志已去世，这两次修改都是由王承绪先生和我完成的。1999年发行第三版，至今仍是师范院校本科生使用的基本教材（已于2015年出版第五版——编者注）。

北师大外国教育研究所（1995年更名为国际与比较教育研究所，2009年更名为国际与比较教育研究院）一方面着力于学科建设，另一方面重视为决策部门提供外国教育的信息和资料，提供咨询意见。我们除公开出版《比较教育研究》杂志外，还编印《外国教育动态简报》，分送教育部领导和各科研单位。同时还向广大教育工作者介绍外国教育的思想和经验。我们曾为我国的学位制度建设和研究生教育提供了大量资料，为师范教育会议和教师节的设立提供了许多外国资料。"六五"科研规划期间，我们除了承担"战后苏联教育研究"国家重点课题外，还编写了《苏联高等教育和中等专业教育法令汇编》《苏联普通教育和职业教育法令汇编》《比较高等教育》《职业技术教育比较》《师范教育比较》等专著；介绍了赞科夫、苏霍姆林斯基的教育思想，翻译出版了他们的专著。其中，《比较高等教育》曾获得北京哲学社会科学优秀成果一等奖及其他多个奖项,《战后苏联教育研究》获国家教委第一届哲学社会科学优秀成果一等奖。"八五"期间,我们关注周边国家普及义务教育的研究,由王英杰承担了国家重点课题。与此同时我们开始了比较教育的文化研究,由我承担了国家重点课题"民族文化传统和教育现代化"的研究工作,1998年课题完成并出版《民族文化传统和教育现代化》一书,此书获1999年北京哲学社会科学优秀成果一等奖。1996年我和薛理银合著的《比较教育导论——教育与国家发展》一书出版,此书获得2001年北京哲学社会科学优秀成果一等奖,国家级教学优秀成果二等奖。

1979年,北师大外国教育研究所在全国招收第一批硕士研究生。1980年《中华人民共和国学位条例》颁布后,比较教育被列为教育学科中的二级学科。1983年北京师范大学外国教育研究所被国务院学位委员会批准为比较教育学科第一个有权授予博士学位的学科点,我被批准为第一个比较教育博士研究生指导教师。经过准备,我于1985年招收第一位博士研究生,他于1988年获得博士学位,这就是我国有史以来第一位比较教育博士王英杰。1993年开始招收外国留学研究生,至2002年已有韩国、日本、越南等国7位研究生获得博士学位。自1985年设立学位至2004年,国际与比较教育研究所共招收博士研究生121人,硕士研究生214人;获得博士学位者达70人,获得硕士学位者135人;其中招收港澳台博士研究生7人,硕士研究生13人;外国博士研究生12人,硕士研究生6人;此外从1997年至2004年共招收高级访问学者13人,博士后5人。由我指导的研究生中已有50余名获得博士学

《比较教育导论——教育与国家发展》的两个版本

第三章 我与比较教育

位，其中韩国的具滋亿是第一位获得我国文科类博士的外国留学生。

在比较教育学科建设中，特别值得注意的是薛理银的博士论文《当代比较教育方法论》一书。薛理银于1988年到1992年在我指导下攻读博士学位，就读期间到英国伦敦大学留学一年，广泛地接触了如霍尔姆斯、埃德蒙·金等世界著名的比较教育学家。他着重研究了当代比较教育的方法论，对各种流派，包括中国比较教育学者的方法论观点进行了评析，并提出了比较教育作为国际教育交流论坛的观点。论文是我国第一部有关比较教育方法论的论著，受到国内外专家的好评，对我国比较教育学科建设和研究起到了积极的作用。

随着国际形势的发展和学科的发展，外国教育研究所于1995年更名为国际与比较教育研究所。不久，华东师大、东北师大也相继更名。经过全体成员多年的努力，国际与比较教育研究所的成绩被社会承认。1988年我所的比较教育被教育部评为全国重点学科，并被列为全国重点资助的12个研究所之一，2000年被评为教育部人文社会科学重点研究基地，2002年再一次被评为全国重点学科。

比较教育学科建设一直是我们研究所关注的重点。从"六五"规划开始，差不多每期规划都有我们的重点课题。特别要提出的是，自从"八五"规划申报"民族文化传统与教育现代化"的课题以后，比较教育的文化研究成为我们研究所的特色。项贤明的博士后论文，就是从文化的视角来审视中国比较教育研究中的西方中心主义和去殖民化等问题。我在珠海召开的比较教育研究会第十二次年会上又强调了文化研究作为比较教育研究方法的重要性。2004年我出版了《中国教育的文化基础》一书，虽然讨论的是中国教育，但也是放在比较教育视野中来探讨的。

北师大国际与比较教育研究所自创立以来，特别重视与国外的交往。自从胡昌度教授来所讲学，我们就与美国教育学者经常联系，不断派遣研究人员到美国去留学。最早的一位就是王英杰，1982年就被派往斯坦福大学留学

教育部人文社会科学重点研究基地北京师范大学比较教育研究中心、北京师范大学国际与比较教育研究所

两年，之后又有研究人员被派往日本、德国等国深造。在派出的同时我们又把外国学者请进来。请进来的著名学者有埃德蒙·金、库姆斯、横山宏、达维多夫、铃木慎一等。20世纪90年代中期，我建议每年主办一次国际学术会议，这个目标达到了，有一年甚至召开了两次国际研讨会，并收到了很好的效果。例如1996年召开的高等教育评估国际研讨会、1998年召开的亚洲比较教育学会第二次年会、教师教育国际研讨会、终身教育国际论坛等，都有较大的影响。

背景资料：1998年10月6日至9日，由中国教育学会比较教育研究会主办的亚洲比较教育学会第二届年会在北京师范大学召开，参加会议的各国比较教育专家200余人，包括日本、韩国、伊朗、泰国、印度、越南、马来西亚等亚洲国家和美国、加拿大、墨西哥、澳大利亚、法国、德国以及世界其他国

第三章　我与比较教育

1998年召开的亚洲比较教育学会第二届年会，正中为顾明远先生。由于照片太大，人数众多，这里仅截取其中一部分

家和地区的外籍专家70多人。我国香港特别行政区和台湾省也有20多名学者参加了会议。这次会议的主题是"文化传统与教育现代化"，与会各国专家就国际化背景下的文化传统与教育现代化问题，如文化传统在教育的现代化变革进程中的困境与出路、国际化时代文化传统的嬗变与比较教育的发展，各级各类教育在信息社会和知识经济时代的社会作用与面临的挑战等问题进行了深入的探讨。

我与比较教育研究会

"文化大革命"结束以后，高等教育百废待兴。1977年8月教育部高教司在司长刘道玉及处长蒋妙瑞的倡导下，在北戴河召开外国教育座谈会。参加会议的有北京师范大学、上海师范大学（今华东师范大学）、吉林师范大学（今东北师范大学）、河北大学外国教育研究室的负责人。北京师范大学由周蕖代表外研所参加了会议。会议讨论了外国教育的研究和资料收集问题，制定了初步的规划。

1978年7月5日至15日，全国第一次外国教育研讨会在北京师范大学举行。参加会议的有北京师范大学、上海师范大学（今华东师范大学）、吉林师范大学（今东北师范大学）、河北大学、华南师院（今华南师范大学）5所高等学校的外国教育研究机构的约50名代表参加。教育部副部长高沂同志出席会议并讲话。当时北京师范大学外国教育研究所尚未建立，我还在担任学校文科处处长，没有系统地参加全部会议，只参加了开幕式及几次讨论。当时开一次会议很麻烦，招待所的被褥要自己去租，大米供应要到粮食局审批。外国问题研究所动员了全所同志为会议服务。会议交流了经验，研讨了规划，商讨了分工。会议开得很成功，并商定5所学校轮流承办每年的研讨会。

1979年10月底在上海召开了第二次外国教育研讨会，由华东师大外国教育研究室承办。参加会议的除上述5所院校的外国教育研究机构外，又增加了中央教科所、人民教育出版社及其他几所师范院校的代表共90余人。会上成立了外国教育研究会，隶属于中国教育学会，由刘佛年担任会长。1981年在保定召开了第三次全国比较教育学术研讨会，会议由河北大学日本问题研究所承办。研究会理事会换届，第二届理事会由中央教育科学研究所副所长张天恩任理事长。1983年在长春召开第四次全国比较教育学术研讨会，会议由东北师范大学外国教育研究室承办。研究会理事会换届，大家推举我担任理事长。1986年第五次全国学术研究会在武汉召开，由华中师范大学承办。1990年第六次年会在天津召开，由天津师范大学和天津比较教育研究会承办，在这次年会上我做了题为《比较教育的回顾与瞻望》的发言，总结了改革开放10多年来我国比较教育发展的成绩和问题，阐明了今后发展的方向。1993年第七次年会在北京召开，由北京师范大学外国教育研究所承办。1995年第八次年会在济南召开，由济南大学承办。1997年第九次年会在黄山市召开，由安徽师范大学教育系承办。第十次年会在重庆北碚召开，由西南师范大学（今西南大学）教育学院承办。2002年第十一次年会在桂林召开，由广西师范大学教育学院承办，理事会换届，由东北师范大学外国教育研究所梁忠义

第三章　我与比较教育

第三次全国外国教育学术讨论会于保定，1981年5月20日至29日（后排左三为顾明远先生）

教授担任理事长。第十二次年会在珠海召开，由北京师范大学珠海分校承担，理事会换届，由钟启泉教授担任理事长，聘我为名誉理事长。我从1983年担任研究会理事长起，一直到2002年止，共担任了19年，为我国比较教育学科建设出了一点微薄之力。

比较教育学科的建设一直是研究会关心的事。我在1990年第六次年会上发表了一次演讲，题目为《比较教育的回顾与瞻望》。在讲演中我讲道，我国比较教育研究经过了几个阶段。第一个阶段是对外国教育的客观介绍和描述。80年代初全国一下子出现5种介绍外国教育的杂志，代表性的译著有《教育的传统与变革》《比较教育学》《美国教育基础》《六国教育概况》、布鲁纳的《教育过程》、赞科夫的《教学与发展》、苏霍姆林斯基的《给教师的一百条建议》等。第二阶段是对外国教育进行比较和借鉴。从1985年开始我们对几个发达国家进行了系统研究，出版了《战后教育研究丛书》《比较高等教育》《比较师范教育》《中外职业技术教育比较》《现代课程论》等著作。同时陆续翻译出版了埃德蒙·金的《别国的学校和我们的学校》、库姆斯的《世界教育危机》等。可以说成果累累，但是也存

1984年10月在杭州召开的全国比较教育学科建设讨论会合照（第一排右五为顾明远先生）

在着不少问题。当时我指出：第一，严重脱离中国教育的实际，许多比较教育工作者不了解中国教育情况；第二，比较教育研究缺乏理论的深度，许多外国教育的介绍和比较停留在表面层次上，不能从分析比较中找出规律性的东西；第三，不重视比较教育学科本身的建设。我在讲演中提出了几点建议：一是要改变以往研究的重点，将单纯研究外国教育转移到从中国教育的实际出发，研究中外教育的比较上；二是拓宽研究领域，能够逐步对我们邻近的、国情相似的几个亚洲国家的教育有突破性的研究；三是加强比较教育的学科建设；四是资料工作仍需加强，它是我们研究的基础。

到了20世纪90年代初，我又感到我国比较教育研究总是停留在制度层面上，即使介绍外国的教育思想也只是就事论事，缺乏分析。特别是联系到中国教育改革和发展的实际，觉得中国在教育现代化进程中遇到不少障碍，可不可以从国外发达国家实现现代化过程中遇到的问题吸收一些经验？同时在研究各国教育时发现许多奇怪的现象：我们常常讲，教育受一定的政治经济

第三章 我与比较教育

1993年全国比较教育研究会第七届学术年会，第二排右十为顾明远

的制约，但是，同样是发达国家，美国的教育制度与欧洲大陆的教育制度很不相同；而不同的政治制度和经济发展水平的国家，如中国和日本，教育中却存在着许多相同的问题。因此我萌发了研究教育与传统文化关系的想法。"八五""九五"教育科研规划都以"民族文化传统与教育现代化"作为重点课题。虽然课题已经告一段落，但我认为这个问题远没有研究透彻，我们今后还需要继续深入研究。

关于比较教育学科的定义和身份问题，许多学者认为存在着身份危机。但我认为，比较教育是一门学科也好，是一个研究领域也好，对各国教育的研究总是需要的。教育领域中有许多问题是别的教育学分支学科难以解决的，如国别教育的系统深入的研究，各国教育政策、制度、模式的比较研究，国际教育问题的研究，等等。关于研究方式，我赞同多元的方法，但更重视文化研究。因为只有深入到文化层面才能对教育现实及其由来有一个全面的了解。

中国教育学会比较教育分会第十二届学术年会，主席台上左四为时任世界比较教育学会联合主席马克·贝磊先生，左五为顾明远先生

　　比较教育研究会在全体会员的努力下，坚持开展各项研究活动，队伍也越来越壮大。截至2010年年底，全国已有博士授权点24个，硕士授权点数十个，每年培养博士约50名，硕士几百名。1998年中国还成功召开了亚洲比较教育学会第二次年会，由北师大国际与比较教育研究所承办。与会代表有200多人，其中境外代表有70多人，世界比较教育学会联合会的前任和现任主席都出席了这次会议，并都对这次会议做了积极的评价。这次会议多少弥补了第九届世界比较教育大会未能在中国召开的遗憾。虽然比较教育研究会曾一度直接参加世界比较教育学会联合会的会议，但并没有断绝联系，两会的领导和会员都经常来往交流。继在2002年成功举办了"第一届世界比较教育论坛"后，2005年8月22日至24日，由北京师范大学主办、北京师范大学比较教育研究中心和香港大学比较教育研究中心承办的第二届世界比较教育论坛

第三章　我与比较教育

在北京师范大学英东学术会堂隆重举行。当时的世界比较教育学会联合会主席马克·贝磊（Mark Bray）教授和秘书长福克斯（Christine Fox）教授，日本比较教育学会前会长铃木慎一（Shinichi Suzuki）教授和望田研吾（Kengo Mochioda）教授，美国比较教育学会前会长阿诺夫（Robert Arnove）教授，韩国比较教育学会会长李铉清（Lee Hyun Chong）教授，中国香港特别行政区比较教育学会会长王淑英（Suk-ying Wong）教授，以及中国比较教育学会会长钟启泉教授、副会长王英杰教授和孙启林教授、秘书长赵中建教授等出席了论坛。来自德国、法国、比利时、澳大利亚、美国、加拿大、墨西哥、巴西、日本、韩国、印度、新加坡、马来西亚、菲律宾、中国等15个国家的200余位代表参加了会议。2008年，我们又成功举办"第三届世界比较教育论坛"。2011年金秋，"第四届世界比较教育论坛"在京圆满落幕，这

2005年第二届世界比较教育论坛，从左到右分别是美国比较教育学会前会长阿诺夫教授、欧洲比较教育学会前主席施瑞尔教授、中国比较教育学会理事长钟启泉教授、世界比较教育学会主席贝磊教授、顾明远先生、北京师范大学副校长董奇教授、教育部社政司副司长袁振国教授、世界比较教育学会联合会主席秘书长福克斯教授和日本比较教育学会会长望田研吾教授

次论坛不仅是以往论坛的延续,同时也是庆贺国际与比较教育研究院成立50周年。

我与世界比较教育学会联合会

1980年夏天,我应日本比较教育学会会长平冢益德教授的邀请,与中央教科所金世柏及我所苏真一起去日本埼玉县参加了世界比较教育学会联合会的第四次大会,并提出了中国比较教育学会加入世界比较教育学会联合会的申请。1984年在巴黎召开的第五次大会是由华东师大马骥雄教授和河北大学刘文修教授参加的。1987年在巴西里约热内卢召开第六次大会,中国比较教育研究会派出了金世柏、周南照、吴福生、孟宪德和我参加了大会。世界比较教育学会联合会的执行委员会正式批准中国比较教育学会成为该会的团体会员,并选举我为该会的副主席。我们在这次会上正式提交举办下一届大会的申请。但执委会考虑到时间太仓促,决定第七届大会由加拿大举办,为了

在1980年4月世界比较教育学会联合会第四次大会上,左二为顾明远

第三章　我与比较教育

1987年7月10日参加世界比较教育学会联合会第六届大会，后排正中者为顾明远

照顾中国的迫切要求，会期由三年缩短到两年，第七届提前到1989年举行，第八届大会在1991年由中国举办。

第七届世界比较教育大会如期于1989年7月在加拿大蒙特利尔举行。中国比较教育学会出席这次大会的有周南照、詹瑞令、吴福生、曹清阳、毕淑芝、王英杰和我，还有在北美留学的中国留学生等。当时适值国内发生过政治风波，西方国家对中国实行制裁。于是在世界比较教育学会联合会执委会上，对下一届大会能不能在中国举办展开了激烈的争论。我们坚持这是中国的内政，而且当时已经恢复正常秩序，世界比较教育学会联合会是一个学术团体，不应让政治问题干扰学术活动，中国完全有资格、有能力办好大会。执委会中有少数与我们友好的专家，如埃德蒙·金、梅斯曼以及苏联的马林科娃等支持我们的意见，但大多数委员有的由于自身的偏见，有的由于要与本国政府保持一致，反对在中国召开大会。会上的争论十分激烈，最后执委会还是决定第八届大会由捷克举办。关于决议草案如何拟定，又展开了一场辩论，我们坚决反对提及中国内政。最后达成协议，只提出"执委会鉴于广大学者对捷克斯洛伐克教育民主化进程感兴趣，下届大会在布拉格召开"，并议定第九届大会在中国举办。

1990年7月，我和周南照去马德里参加欧洲比较教育学会年会和世界比较

1989年7月参加世界比较教育学会联合会第七届大会，右二为顾明远

教育学会联合会执委会会议。在会上又一次对第九届大会能否在中国召开展开了激烈的争论。最后大多数执委都同意在中国北京召开。但是，本来应该谁家举办，谁家就担任联合会的主席。但一些执委仍然坚持让德国比较教育学家米特尔继续担任主席（上届也是他担任的主席），在金和梅斯曼等友好学者的支持下，由我担任合作主席，负责筹备1993年在北京举办第九届世界比较教育大会。

1991年7月在布拉格召开第八届世界比较教育大会。中国比较教育学会参加的有周南照、吴福生、詹瑞令和我四人。会议期间又商讨下届大会筹备的问题。

但是，一波未平，一波又起。第九届世界比较教育大会在北京的召开最终流产，后来改为于1994年在悉尼召开。（但第十六届世界比较教育大会于2016年8月在北京召开。）没能在北京办成第九届世界比较教育大会后，我国比较教育研究会一度不再参加世界比较教育学会联合会的一切活动，但联系一直没有中断，我仍然担任着执委会委员，不断收到他们寄来的文件。同时，我们学者间的个人交往不仅没有中断，而且有所加强。不仅前任联合会主席

第三章 我与比较教育

1990年7月顾明远先生参加欧洲比较教育学会年会期间与霍尔姆斯教授（右一）及加拿大教授参观西班牙塞戈维亚水渠

米特尔多次访华，后来继任的主席威尔逊、安娜·胡特逊等都曾来华参加我们在1998年举办的亚洲比较教育学会第二次年会。胡特逊还参加了2002年我校为建校一百周年举办的世界比较教育论坛。联合会秘书长、香港大学的马克·贝磊（后任联合会主席）更是中国比较教育学会的好朋友，经常来往于香港和内地之间。时任联合会主席的李荣安教授也给予了我们很多支持。其他世界著名比较教育学者也都与我国比较教育学者有频繁的交往。

1996年亚洲比较教育学会在日本成立，中国比较教育学会是发起单位之一，我参加了该会的筹备工作和第一次年会。亚洲比较教育学会在会上决定第二次亚洲比较教育年会于1998年在北京召开，由中国比较教育学会主办。1998年北京师范大学国际与比较教育研究所承办了这次以"文化传统与教育现代化"为主题的大会。这实际上是一次世界比较教育的会议。参加会议的各国比较教育专家有200余人，包括来自日本、韩国、印度、泰国、菲律宾、马来西亚、越南、伊朗等亚洲国家，以及美国、加拿大、墨西哥、澳大利亚、法国、德国和世界其他国家和地区的外籍专家70余人。我国香港特别行政区和台湾省比较教育学者（20余人）也参加了会议。会议取得了圆满成功，并在某种程度上弥补了未能在我国举办第九届世界比较教育大会的遗憾。

2013年6月，第15届世界比较教育大会在阿根廷首都布宜诺斯艾利斯举行。经多方努力，我院的王英杰教授和刘宝存教授代表中国教育学会比较教育分会参加了执委会会议。在执委会会议上，中国和英国两国学会提交了申办第16届世界比较教育大会的竞标书。经过激烈的讨论和投票表决，最终中国成功获得第16届世界比较教育大会的主办权，这也是世界比较教育学会联合会成立40多年来首次在中国召开世界比较教育大会。2016年8月26日，在我校师生的共同努力下，第16届世界比较教育大会终于在北京师范大学成功召开。来自世界70多个国家和地区的1 000余名专家和学者参与了本届盛会。我在开幕式致辞中回顾了历史，也感慨万分，这个大会我们足足等待了23年。十分遗憾的是我们许多老一辈的学者，如霍尔姆斯、埃德蒙·金、王承绪先生等，有的已经过世，有的已经退休，不能出席大会。我也没想到竟然在耄耋之年还能够参加这次在中国本土召开的大会，感到十分荣幸。会上，王英杰教授介绍了我们最新的研究成果《中国学校研究》，向国内外学者分享了中国教育特别是基础教育近些年发展取得的成就和面临的挑战，为国际社会更深入地理解中国教育打开了一扇窗。

我作为一名比较教育的老兵，回顾几十年来的历程，感慨万千。比较教育在我国可以说是从无到有，经过几代人的努力，现在已经发展壮大。现在全国已有博士授权点24个，硕士授权点数十个，20多年来培养了一大批人才，出版了无数专著。但是瞻望未来，比较教育的发展仍需我们努力。创业维艰，发展创新更难，年青一代比较教育学者任重道远。

我作为一名比较教育的老兵，回顾几十年来的历程，感慨万千。比较教育在我国可以说是从无到有，经过几代人的努力，现在已经发展壮大。现在全国已有博士授权点24个，硕士授权点数十个，20多年来培养了一大批人才，出版了无数专著。但是瞻望未来，比较教育的发展仍需我们努力。创业维艰，发展创新更难，年青一代比较教育学者任重道远。

第四章 我与新中国教育改革

第四章　我与新中国教育改革

教育的发展在于改革，
教育的改革在于创新，
教育的创新在于学习。

现代生产与现代教育

在1978年4月召开的第一次全国教育工作会议上，邓小平同志重新解释了教育与生产劳动相结合的含义。他说，教育与生产劳动相结合，更重要的是整个教育事业必须要和经济发展的需要相适应，为现代化建设服务。邓小平同志明确指出，为了培养社会主义建设需要的合格的人才，我们必须认真研究在新的条件下，如何更好地贯彻教育与生产劳动相结合的方针。此后，邓小平同志又强调指出，要做到在教育与生产劳动相结合上不断有新的发展。"各级各类学校对学生参加什么样的劳动，怎样下厂下乡，花多少时间，怎样同教学密切结合，都要有恰当的安排。更重要的是整个教育事业必须同国民经济发展的要求相适应。不然，学生学的和将来要从事的职业不相适应，学非所用，用非所学，岂不是从根本上破坏了教育与生产劳动相结合的方针？那又怎么可能调动学生学习和劳动的积极性，怎么可能满足新的历史时期向教育工作提出的巨大要求？"[1]

我就在思考，长期以来我国只提教育是阶级斗争的工具，教育是无产阶级专政的工具。教育有没有其他功能？教育与经济的关系是什么？过去我们把教育与生产劳动相结合只是简单看作学生参加生产劳动而已，根本不去思考如何结合的问题。1978年8月吉林人民出版社出版了东北师大（当时称吉林

---

[1] 邓小平：《在全国教育工作会议上的讲话（一九七八年四月二十二日）》，见《邓小平文选》第2卷，北京，人民出版社，1994。

师范学院）王桂、梁忠义同志等翻译的《日本的经济发展和教育》。该书论述了经济发展与教育的作用，日本教育的普及和社会、经济发展的关系。该书在日本于1963年出版，当时正是日本经济起飞的时期。该书激发了我的思路，我想从比较教育的视野论述教育对经济发展的重要性。

1979年3月23日到4月13日，教育部、中国社会科学院在北京召开第一次教育科学规划会议。我们外国教育研究所为这次会议准备了一篇文章，名为《工业化国家经济发展与教育》。这篇文章是外国教育研究所的同志集体创作的成果，大家收集资料，最后由我整理并写成文章。因为是大家的创作，所以并没有收录在我的文集中。但有些观点是我提出来的，特别是最后一段的几点启示。我在文章中写道："今天我们看一看工业化国家经济和教育发展的情况，给我们教育理论工作者打开了眼界。教育范畴有一部分是属于上层建筑，但它不完全是上层建筑，它与生产在许多方面有着直接的联系。在现代科技发展的时代里，劳动力的再生产要依靠教育，把科学技术的成果转移到生产过程中去要依靠教育。教育已经作为潜在生产力在起作用。"

在1979年掀起关于教育本质属性的讨论时，我没有写过文章。因为我没有把握，我拿不准。我总觉得教育是很复杂的社会现象，很难简单地用是"上层建筑"还是"生产力"来表述。但是我的态度早在上述文章中就明确表达了。

1980年夏天，北京市教育局和成立不久的中国教育学会为了普及教育科学理论，举办了一次为高等学校领导干部准备的高等教育讲座。这个任务落到了我们北师大教育系的身上。能举办这个讲座，我们觉得非常高兴，但又觉得难以胜任。我们过去长期只研究中小学教育，不研究高等教育，因此要由我们担任主讲，大家都感到很为难。当时任副校长的肖敬若同志就对我施加压力，说："你是系主任，你来带个头，讲第一讲！"我只好硬着头皮准备。我本来想结合在第一次教育科学规划会上的文章，讲一讲如何正确理解"教育与生产劳动相结合"的问题，但制订讲座计划的教育学教研室主任陈孝彬

第四章　我与新中国教育改革

同志却给我出了《现代生产与现代教育》这个题目。当时我正好招收了第一届硕士研究生，我上课时就布置他们为我的讲座写一个提纲，两个星期后交给我。谁知道两个星期以后，谁都没有交出提纲来。我只好亲自动手，查阅了许多资料。首先要弄清楚什么叫现代生产、现代生产有些什么特点这些问题。得益于我早期学习马克思的著作，我找到了现代生产的基本特征。马克思在《资本论》中说："现代工业从来不把某一生产过程的现存形式看成和当作最后的形式。因此，现代工业的技术基础是革命的，而所有以往的生产方式的技术基础本质上是保守的。"[①]我从工业化高度发达的国家的情况看，总结出现代生产五个新特征：第一，生产手段超过机械化时代，进入了"人化机械"时代；第二，工业生产由过去的粗放化转到集约化；第三，农业生产机械化；第四，经营管理现代化；第五，产生了新型工人。提纲写完，我觉得没有把握，便首先请当时的教育系副主任尹德新同志为我审阅提纲，他是研究中国教育史的。他首先对我的提法提出异议。他说："你的题目是现代生产，而你引用的是马克思的话，他说的是近代生产，近代和现代在历史学上是不同的时期。"原来，我一开始在提纲中引用马克思《资本论》的话来自旧的译本，1953年以前的译本把"现代"译为"近代"。在我引用的马克思的话中，马克思说的是"近代大工业和机器生产"。他的意见一下子把我给难住了。我只好去查阅了《资本论》的英文版和德文版。在这些外文版本中，关于"近代大工业生产"都用的是"modern"这个词；后来我找到了《资本论》的中文新译本（1975年版），这个版本中都已经改成了"现代大工业生产"了，这个难题终于解决了。但我还是不放心，又拿到中国人民大学工业经济系，请我童年的老同学沈思聪同志审阅，得到他的认可后，我才敢于走上讲台。这次讲座连续了好几讲，延续了半年的时间。除了我讲之外，黄济教授讲了教育的本质，迟恩莲讲了苏联教育，时任国务院经委主任的袁宝华

[①] 马克思：《资本论》第1卷，533页，北京，人民出版社，1975。

讲了德国的职业教育。

我在这次演讲中讲了两个观点,一是现代教育是现代生产的产物,二是教育与生产劳动相结合是现代教育的普遍规律。对第一个观点,没有人反对;对第二个观点,别人则为我捏了一把汗。我的讲稿分别由《红旗》《外国教育动态》《百科知识》摘要选登。在《百科知识》刊登时,编辑就有些顾虑,问我能否把"教育与生产劳动相结合是现代教育的普遍规律"删去,编辑吓唬我说:"怕你受到批判!"我说:"我不怕,'文化大革命'都过来了,还怕什么!"为什么这个问题有争议?因为长期以来,我们把教育与生产劳动相结合作为社会主义教育的基本特征。1958年时大家曾经认为教育与生产劳动相结合是社会主义教育与资本主义教育的分水岭,现在把它看作是现代教育的普遍规律,不就抹杀了教育的阶级性吗?论文发表以后倒是没有受到批判,毕竟大家在"文化大革命"后不随便挥舞棍子,但这个结论的确一直不被某些人承认。

1991年,我在一次座谈会上又提出教育与生产劳动相结合是现代教育的普遍规律,当场就有人批评我的观点。不久,1992年第1期的《清华大学教育研究》就发表了一篇文章,名为《略论教育与生产劳动相结合》,批评了我的观点。该文章尖锐地指出:"西方一些资产阶级学者,正是利用两种制度都注重教育与生产劳动相结合这一表面现象,得出21世纪将是'教育的世纪''学习化的社会'的结论。"同时文章还认为:"这不仅阉割马克思主义教育与生产劳动相结合的实质,而且成为资产阶级'和平演变'社会主义的烟幕。对此我们必须用阶级与阶级分析的态度相对待。"[1]

也是这一年夏天,我在一次报告中讲到关于教育发展史可以依据社会发展的五种形态分为五种教育,即原始社会教育、奴隶制教育、封建主义教育、资本主义教育和社会主义教育;也可以按照生产力发展水平划分为原始形态

---

[1] 张孟威、安洪溪、刘文渊:《略论教育与生产劳动相结合》,载《清华大学教育研究》,1992(1)。

第四章 我与新中国教育改革

教育、古代学校教育、现代教育。我还加了一句:"当然,现代教育有社会主义教育和资本主义教育两种完全不同性质的教育。"中央教育科学研究所的《教育文摘》小报摘录了我的这段讲话,没想到因此受到了某位领导的严厉批评,他在我文章上批道:"用生产力来划分教育的发展历史,如何体现教育的阶级性?马克思主义不是口头禅,要与实际相联系。"由于这位领导没有看到我的后一段话:"现代教育有社会主义教育和资本主义教育两种完全不同性质的教育。"所以他批评我把马克思主义当作口头禅,而不联系实际。这个批评意见是在中央教科所的领导中传阅的,但也传到我的耳中。我又不好去与领导辩解,出于无奈我只好请摘编我的文章的小报编辑部出来澄清,才算没有受到公开批判。

其实马克思在讲生产劳动与教育相结合时是从大工业生产的特性中提出来的,并没有规定这是社会主义教育的专利品。现实也告诉我们,现代生产必须有现代教育人力资源的支持,现代教育也只有适应现代生产发展的需要才能得到普及和发展。所以联合国教科文组织于1981年11月10日至19日在日内瓦召开的第38届国际教育大会(International Conference on Education)上专门讨论了"教育与生产劳动相结合"(The Interaction between Education and Productive Work)的问题,会议最终通过了决议,提出了8条重要原则,并倡议各国从教师培训、评价等各个方面强化教育与生产劳动的结合。我们外国教育研究所的符娟明教授参加了这次会议。

《现代生产与现代教育》报告的出炉受到了各界的重视,不仅像《红旗》和《百科知识》这样一些重要杂志刊登了主要内容,而且各地请我去开讲座。我仅在80年代那几年就以这个题目讲了约40场,听众有上万人。

学生是教育的主体

1980年,教育部师范司要为新恢复的中等师范教育编写教育学、心理学

1982年6月讨论中等师范教育学,前排左二为顾明远先生,左三为黄济先生

教材。这个任务就落到了北师大教育系和心理学系头上,心理学方面请心理学系系主任彭飞同志挂帅,教育学方面本来应该由教育学教研室的同志承担。但是,当时几位同志都不愿承担此任务,似乎觉得中等师范教育学是小儿科的东西,不值得搞。没有办法,我作为教育系系主任,只好自己承担起来。当时我找了靳希斌、赵敏成两位老师,成立了一个编写小组。虽然只是中等师范学校用的教育学教材,但我们认为不能掉以轻心,因为它将影响几百万名小学教师。而且这是"文化大革命"以后的第一本中师教育学教材,一定要把它编好。为了编好这本书,我们从调查研究着手,走访了北京的中师教育学的老师,又到全国调查,先到成都、重庆,经三峡到武汉、长沙,又到杭州、上海,走访了10多所中师,在这几个城市召开了老师的座谈会,收集了中师教育学老师和小学老师的意见。当时我们又参考了国内外教育学的教材,终于在1981年完成编写,并由人民教育出版社正式出版,此书一直用到20世纪90年代初,印刷10多次,印数上百万。这本书虽然没有摆脱凯洛夫教育学的影响,没有打破原来的体系,但是和旧版的教育学相比,还是有几个重要的创新。

第一,关于教育发展的分期,我们既根据社会发展的五种形态来划分,

第四章　我与新中国教育改革

又重视了生产力发展水平对教育的影响。因此，我们把教育发展分为：原始形态的教育；古代学校教育，其中又包括奴隶社会教育和封建社会教育，分析了它们的相同点和不同点，认为这两个社会的教育基本上是一个类型，都是为统治阶级服务，与生产劳动相分离，教育具有等级性；现代教育。在论述教育发展的历史时，我们强调了生产力的发展及我国四大发明对教育发展的影响。例如纸的生产、活字印刷的发明对教育发展的影响，这在过去的教材中是没有提到的。

1981年版中等师范学校专用的《教育学》（左）和1987年版的《中学实用教育学》（右）

第二，注意到教育与文化的关系。过去一般只讲到教育受政治经济制度的制约，又反过来作用于政治经济，不提教育与文化的关系。我们这本教育学中专门有一节讲到教育与文化的关系，虽然当时的认识还很肤浅，但毕竟提出来了。

第三，把教育与政治、经济、文化的关系，即教育的外部规律放到教材的最后一章讲，而把教师和学生放在全书的第二章、第三章讲，即一开始讲什么是教育，教育发展的历程，紧接着就讲教师，然后讲学生，也即把教育的主体放到前面来讲。这里还有一个考虑，就是中师学生刚从初中毕业，大约都只有十五六岁，一上来就给他们讲教育与政治经济的关系，他们哪里能理解？教育学这门课在中师有两年的课程，把这部分内容放在最后一章讲，学生到了高年级再学，此时理解能力已有所加强，比较容易接受。但是有些中师的教育学教师限于老习惯，认为还是先讲外部规律再讲内在规律比较顺当。因此第二版时又把这一章放到了前面作为第二章。但"教师""学生"这两章顺序不变,没有恢复到原来教育学的结构。同时在最后增加了"国际教育发展的趋势"一章,让师范生开阔眼界,了解国际教育的改革和发展。这也是旧版教材中所没有的。

第四,也是该书最重要的一点,就是我们在书中提出学生既是教育的对象,又是教育的主体。我们在"学生"一章中用了一节来论述这个问题,本来想用一章来论述,但在逻辑上不好安排,只好在"学生"一章中设一节。但在我的思想上是想把它作为全书的主线,贯彻到每一章中,当然由于当时对学生的主体性认识还不够充分,因此这个精神在全书中贯彻得并不彻底。

学生既是教育的对象,又是教育的主体。这个命题一提出来就被当时《江苏教育》杂志的总编辑看中了,被要求先在他主编的杂志上发表。于是《江苏教育》在1981年第10期上发表了《学生既是教育的客体,又是教育的主体》一文。谁知道,这个命题引起了教育界的一场争论。赞成者有之,反对者更多。反对者的论点大致有以下几种。

第一种意见认为,教育过程中教师应该是主体,学生只能是教育的对象、教育的客体。

第二种意见认为,教师要起主导作用。从教育过程看,教师是教育主体,学生只能是学习的主体。

第三种意见从哲学等方面来论述,认为在同一个事物中只能有一个主要矛盾,在一个矛盾中只能有一个主要方面。教育过程的师生关系中,教师是矛盾的主要方面,教学过程中不能有两个主体。

为此,1991年《华东师范大学学报》教育版的主编瞿葆奎教授约我写稿,我就以此做文章,写了《再论教师的主导作用与学生的主体作用的辩证关系》一文。文章避开了认定在教育过程中谁是主体的问题,只从教学层面来理解师生两者互为主体、互为客体的关系。我赞成在教育过程中提"教师的主导作用和学生的主体作用",但是"主体作用并非主体,主导作用更非主体,它只是表明教师和学生两者在教育过程中的相互关系"。"在教育过程中,学生

第四章　我与新中国教育改革

是教育的对象，教师起着主导作用……认识教师的主导作用，就在于教师起到引导和指导的作用。""我们强调在教育过程中要发挥学生的主体作用……指的是充分发挥学生的学习积极性和主动性，有主人翁感，使他主动地接受教师的指导。"现在，教师的主导作用、学生的主体作用似乎已经被广大教师接受，而且主体性教育的实验也开展得很热闹。今天大家都提学校要"以学生为本"，这与当时我说的学生是主体是一个意思。但我认为这个问题从理论上来讲，还有探讨的空间。

教育立法刻不容缓

改革开放以后，国家百废待兴。教育秩序得以恢复，教育事业正在发展。1980年12月3日，中共中央发出《关于普及小学教育若干问题的决定》(简称《决定》)。《决定》要求在80年代，全国应基本实现普及小学教育的历史任务，有条件的地区还可以进而普及初中教育。这揭开了我国普及教育的序幕。但是要在全国范围内普及教育，需要有财力和人员的保障，教育经费要落实，合格的教师队伍要到位。但是当时的现实状况是：对教育投入没有明确的规定，国拨教育经费有的被层层克扣，有的被挪作他用；校舍被机关、部队、工厂占用；教师队伍合格率极低且不稳定。因此，普及教育必须有法律保证。于是我在全国教育工会主办的杂志《教工月刊》1982年第1期上发表了一篇文章，名为《教育立法刻不容缓》，呼吁教育立法。

1985年中共中央、国务院做出了《关于教育体制改革的决定》，进一步提出要在全国范围内普及九年义务教育。中央在做出这个决定以前，曾经召开过多次座谈会，征求专家和有关教育部门的意见。关于实施普及九年义务教育，当时有两个问题引起争论。一是以我国当时经济发展水平和财政能力，要不要提普及九年义务教育？怕在15年内难以完成，还是先提普及小学教育较为稳妥。二是义务教育是不是必须免费？在第一个问题上，我比较保守，主张先扎扎实实地普及小学教育，在此基础上再提出普及初中教育，免得完不成又退回去，像我国邻国缅甸一样，影响反而不好。现在看来，这个顾虑是多余的，20世纪末我们基本上完成了普及九年义务教育的历史任务，即在85%地区和85%的人口中普及了九年义务教育。这

1995年国家教委副主任张天宝同志授予顾明远先生教育法起草证书

说明在我们社会主义国家，只要有决心，大家就能齐心协力去完成任务。普及九年义务教育的基本完成，不只是靠政府的投入，而且靠人民大众的努力，特别是农民大众的牺牲精神，他们出钱、出力修建校舍，普及九年义务教育才得以实现。

关于第二个问题，我坚决主张义务教育应该是免费的。因为义务是两方面的：一是国家有义务建设好学校，给每个学龄儿童提供上学的机会；二是家长有义务送孩子上学。但是如果不免费，有些贫困家庭就无法履行送孩子上学的义务。许多国家为了普及教育，不仅实行免费，而且提供校车接送，免费提供课本、午餐等。有些同志则坚持义务教育也可以收费，特别像我国正在发展中，经济还不发达，无法全部免费。后来在实施过程中是学费免收，只收杂费。但是只收杂费也会把学生拒在门外，特别是贫困山区，所以现在又提出免费问题。2006年《义务教育法》经过修订，规定实行全部免费。

中共中央、国务院《关于教育体制改革的决定》公布以后，教育立法更是刻不容缓。当时国家教委为了教育立法，委托北京师范大学对教育立法进行研究，包括各国教育立法的比较。我当时任北师大副校长，接下这个任务后就找了教育系的成有信和劳凯声，加上外国教育研究所的同志，成立了一

第四章　我与新中国教育改革

个立法研究小组。当时主要要立三个法：教育基本法、高等教育法、教师法。教师法我们请我校教科所汪兆悌同志组织人研究，最后写出了一个初稿。外国教育研究所收集了各国教育法的文献。而教育基本法和高等教育法，我们也曾拟出一个初稿。后来，国家教委成立了教育法规司，立法起草工作主要由他们会同有关司局负责，我们主要参加了初稿的讨论。现在已经记不清楚参加了多少次，只记得高等教育法就讨论过八稿。

关于高等教育法的讨论主要集中在两个问题上。一是高等学校是不是法人单位？当时对高等学校要有办学自主权的呼声很高，因而多数同志同意高等学校应是法人单位，校长应是法人代表。二是高等学校的领导体制问题。我国历史上高等学校实行过校长负责制、党委负责制、党委领导下的校长负责制、党委领导下的校务委员会负责制等。西方国家大多实行董事会或理事会领导下的校长负责制。我国到底实行什么体制，大家意见很不一致。教育部曾一度提出实行校长负责制的试点，当时北京师范大学、辽宁大学等少数

1994年1月高等教育法起草工作第一次咨询会议在成都召开，第一排右一为顾明远先生

几所学校为试点学校，但并未认真总结。最后根据我国的国情，通过的高等教育法中规定的高等学校领导体制是党委领导下的校长负责制。

20世纪90年代初，我又参加了学位法的起草研究工作。1980年2月12日全国人大常务委员会通过了《中华人民共和国学位条例》。实行十几年以后，感到情况已有很大变化，学位条例需要修改，并上升为法律。国务院学位委员会学位办公室组织了十几所大学的研究生院院长或副院长，组成了一个专家班子，开了多次会议，但在90年代末又停了下来，不知道是什么原因。

我国教育法制建设正在完善中。但有的法律已经过10多年的实践，亟须进行修改。特别是像高等教育法、教师法等，现在的实际情况已与立法时有很大不同，法律需要做出相应调整。

关于学制问题的讨论

"文化大革命"期间根据毛泽东主席的"教育要改革，学制要缩短"的指示，小学学制缩短到5年，中学学制把初高中并在一起，缩短到4年。要用9年的时间完成过去中小学阶段12年的课程简直是梦想。同时，为了贯彻教育与生产劳动相结合，中学取消分科教学，把原本是分科的理科课程缩编为"三机一泵"的内容，所谓"三机"是指拖拉机、柴油机、电动机，"泵"是指水泵。学生还要学工、学农、学军，学习的时间没有多少，因而中学毕业生的素质严重下降。"文化大革命"以后要恢复学校的正常教学秩序，提高教育质量是刻不容缓的事情。要提高教育质量必须延长学制。但是当时还有一部分人有顾虑，认为毛主席提倡学制要缩短，因而只是小心地把中学学制延长为5年。我认为，中小学学制是建立一个国家教育制度的大事，需要从学理上认真研究，多长的学制、什么样的结构是合理的，需要根据中小学生生长发育的规律、教育现代化的要求和各国的传统来制定。于是，1979年我在《文汇报》和《中国教育报》上发表了《各国中小学学制的比较——兼谈我国学制

第四章　我与新中国教育改革

改革中的几个问题》，此文后来收录在人民教育出版社1980年出版的"外国教育丛书"的《中等教育结构改革》一书中。

我认为学制的制定不是随意的，是有规律的。首先，要考虑儿童青少年的生长发育规律，早在17世纪捷克的教育家夸美纽斯就提出教育要遵循自然的法则。他提出自然万物都是有一定秩序的，教育要模仿自然，要遵循自然的秩序，即遵循孩子身心发展的秩序。其次，学制要考虑各国的传统，有的国家入学年龄小，有的国家入学年龄大；有的国家初等教育时间长，有的国家初等教育时间短。但是总的基础教育时间大体上是一致的，都在10~12年。最后，中等教育的学制还要与高等教育制度联系起来考虑。例如苏联中小学只有10年，但高等教育的年限较长，大都在5年以上，所以中小学教育的年限就短一些。

经过讨论，大家认为，毛泽东讲学制要缩短是对的，但是把中小学学制改为9年是完全不够的，因而20世纪80年代初我国中小学学制逐步改为"五五"制，即小学5年，中学5年（初中3年，高中2年），后来又改为"五三三"制、"六三三"制。

学制改革的讨论还涉及我国的学制是恢复"文化大革命"前的"六三三"制还是改为"五四三"制。当时的教育部副部长、中国教育学会会长董纯才同志是主张"五四三"制的，我也同意"五四三"制。1983年我们北京师范大学在当时的副校长肖敬若同志的领导下，师大附属实验小学和师大二附中开始"五四三"学制的试验。我在1984年接任师大副校长一职后，接过了这个试验。

我为什么赞成"五四三"学制而不是"六三三"学制，有以下几点理由。

第一，我认为小学生的潜能很大，过去小学6年的课程内容完全可以在5年内完成，这在苏联赞科夫的小学教育科学实验中已经得到了证明，在北师大实验小学30年的试验中也得到了证明。

第二，初中开始分科教学，科目骤然增多，学生负担过重，初中

4年可以缓解学生的学习压力。在教育现实中，初中的分化最为严重，延长年限也有利于缓解两极分化。

第三，当时初中学生毕业以后，大多要进入社会，特别是在农村。初中应该加强职业教育，使他们掌握一技之长，以适应毕业后就业的需要。这就需要有一定的时间保证，初中4年可以做到兼顾职业教育。

其实我校实验小学从1958年创办以来就在坚持五年制的试验。当时教育系派去了一部分教师，在毕业生中留下一大批学生到实验小学当教师来试验五年制小学。他们自编教材，力行改革创新，在"文化大革命"前名扬全国。可惜"文化大革命"中，实验小学划给地方管理，大批教师流失。"文化大革命"以后，我任教育系主任时北师大加强了对实验小学的领导，继续五年制试验，与北京景山学校同时使用了自编教材，特别是由周玉仁教授主编的小学数学教材，别具特色。可惜的是，由于当时北京市实行小学升初中的统一考试，学生不能仅使用实验教材，还要照顾统编教材，学生负担过重。坚持了好几年，到1988年学校迫于种种压力而不得不停止了30年的教改试验。当时的校长尤素湘含着眼泪向我诉说她的无奈，我也感到万分惆怅。

小学的五年制试验停下来了，但是北师大关于"五四"学制的试验并没有停止。我在担任副校长期间，继续批准这项改革试验。我认为这项试验在城市难以推行，因为当时城市小学都已改为6年，而且升学要考试，在农村则更有意义，因为农村更需要有时间进行职业方面的训练。因此我们把这个试验扩大到农村地区。为了加强试验的领导，我把师大各系教材教法的教师集中起来，首先成立了中学教育研究中心，1989年把它与教科所合并，以"五四"学制教材的编写和试验为契机，加强了北师大学科教学论的队伍建设。

1986年，当时国家教委提出教学改革的思想，提倡"一纲多本"，即一个教学大纲，多种教材。于是全国出现了8套教材，我校"五四"学制教材就是其中重要的一套。

第四章　我与新中国教育改革

此项试验以北京师范大学中学教育研究中心、教科所所长阎金铎教授和师大普教处处长陶卫为首，在山东诸城、烟台，黑龙江密山，湖北沙市（当时为省辖市，现为荆州市中心城区——编者注）、荆州等地区，进行了10多年的试验。参加的学校达千所，学生40余万人。此项试验直到这次新一轮的课程改革开始才停止。应该说试验是成功的，因为这些地区的"五四"学制并没有影响学生升入高中，也没有影响到他们成功地走向社会。

参加学位委员会学科评议组工作

1980年2月12日第五届全国人大常委会第十三次会议通过了《中华人民共和国学位条例》，我国开始建立研究生教育和学位制度。为了评议学位授权单位和遴选博士研究生导师，学位委员会成立了学科评议组。评议组成员一届参加两次评议，一般是4年，但后来评议有时间隔3年，因此一届有时要延续5～6年。第一届学位分10个门类授予（第二届增加军事学门类，第四届增加管理学门类，2010年又增加了艺术类，共13个门类），第一届评议组分为84个分组（每届都有调整），教育学和心理学合为一组，由著名心理学家陈立教授和刘佛年教授担任召集人，成员有张敷荣、高觉敷、王焕勋、陈元晖等。第一届第二次评议组会议于1983年6月在北京召开，增补我为评议组成员，并邀请潘懋元、朱曼殊为评议员，参加评议工作。

这次会议评议通过了北京师范大学比较教育学科、杭州大学比较教育学科、华东师范大学中国教育史学科、西南师范大学（今西南大学）教学论学科的博士授权点。当时北京师范学院（首都师范大学前身）申报教材教法研究硕士点，数学教材教法研究送到了数学评议组，地理教材教法研究送到了地理评议组，他们认为无法评议，退回到学位办公室。刘佛年同志就建议，各科教材教法虽然有各学科的专业问题，但毕竟是属于中小学教育，我们教育组应该承担评议的任务。刘佛年同志还说，教材教法研究首先应该在北京

1986年5月25日到6月2日国务院学位委员会学科评议组第三次会议教育心理组成员合影，前排右二为刘佛年教授，后排左三为顾明远先生

师范大学和华东师范大学设点，因为这两所学校的教材教法研究是最强的，也是学科最全的。在刘佛年教授的建议下，会议通过了北京师范大学、华东师范大学、东北师范大学、北京师范学院教材教法研究学科的硕士授权点，而且是全学科的；同时通过了华南师范大学教材教法研究（物理单科）学科硕士授权点。我当时建议，把教材教法研究更名为学科教学论。因为教材教法研究的名称只反映课程教材和教学方法的研究，没有反映学科教学的理论问题，名称改变有助于这门学科的理论建设。学科评议组的成员都同意我的意见。后来第二届学科评议组在学科、专业目录调整时采纳了我的意见，教材教法研究学科更名为学科教学论学科。1997年学科、专业目录进一步调整，合并一些学科、专业，学科教学论又与教学论合并为课程与教学论学科。

第二届教育学科评议组由刘佛年、陈元晖和我担任召集人；第三届教育学科评议组与心理学分开，由潘懋元和我担任召集人；第四届由我和叶澜担任召集人。直到2003年，我担任了三届半的学科评议组成员。在这几届中，学科、专业目录经过两次大的调整。第一次和第二次博士、硕士授权点评议时，大家都没有经验，学科、专业的设置不太全面，也不太规范。1986年开

第四章 我与新中国教育改革

始调整学科、专业目录，教育学科就比较规范了。当时增加的重要学科有教育技术学、职业技术教育学。20世纪80年代关于教育技术学的名称在电化教育界争议得很激烈，一部分老电教工作者赞成叫电化教育学；另一部分专家认为电化教育的名称已旧，不能适应现代技术发展的要求，应该称为教育技术学。但在学位委员会学科评议组成员内部却没有什么争议，一致同意应称教育技术学，而且增加到博士、硕士学位学科专业目录中。

在学科评议中值得一提的是华中师范大学教育学原理的博士授权点的问题。华中师范大学在教育学科建设中是很有实力的。"文化大革命"之前他们就编写了高师用的教育学教科书，"文化大革命"结束以后在杨葆焜教授的领导下，首先开展了教育经济学的研究，并出版了我国第一部教育经济学专著。在教学论方面他们也很有研究，有一批著名学者，如杨葆焜、王道俊、肖宗六、任钟印等都是非常有水平的，在教育理论界也很有声望。但他们的博士点迟迟拿不下来，原因是申报中出了不少差错。我记得很清楚，在第三次申报时，杨葆焜教授领衔申报教育学原理博士点，但他送交的学术专著却是《陶行知全集》，评议组成员认为送审专著与申报的学科内容不符，未能通过。第四次申请时，杨葆焜教授领衔申报教育经济学博士点，送审的专著也符合。但在评议时，有位心理学家提出，教育经济学本身尚是一个不成熟的学科，怎么能培养博士生？当时教育学和心理学合为一组，虽然我们几个教育学的成员认为教育经济学在国外已很成熟，我国虽然研究者尚少，但已有不少成果，而且这门学科亟须发展。但那位心理学专家的话还是影响了投票的结果，又未通过。等第五次、第六次申报时，杨葆焜教授已超过年龄，未能申报，新申报的学者也因为送审的材料与申报的学科不符而未获通过。直到第七次评议，这个问题才作为第六次评议的遗留问题而被通过，但许多著名学者已经退休。这是我感到十分遗憾的一件事。遗憾的还有我校的学前教育学。我校学前教育专业也是有历史、有影响的，但因为每次评议博士点时都有名额限制，直到我校教育学获得一级学科授权后才得到博士授权点，这时许多老教师都退休了，未能培养博士研究生，这无疑是一个损失。

由此可以看出，这种评议的办法虽然总体上保证了博士生导师的质量，但也有许多不足，使一部分有水平的学者失去了培养博士研究生的机会，对学科的发展来说也是一种损失。第六次评议工作开始实施有些学校自评博士生导师的办法，弥补了上述办法的某些不足。

自第七次评审博士点开始，学位委员会鼓励通过一级学科。目的是拓宽博士生培养的基础，鼓励在一级学科内跨学科培养。第一批获得教育学一级学科博士授权点的有北京师范大学和华东师范大学，第二批有南京师范大学，后来又有几所学校。但我觉得各校在理解一级学科授权方面有差异。有些学校单纯地把它当作博士点的增加，因而不顾条件是否成熟，让一级学科中的所有二级学科都招收博士研究生；有的学校又过于保守，如我校，有一级学科博士授权的二级学科还要层层申报才能招收博士研究生，学校学位委员会还控制得过于严格，使得有些二级学科迟迟不能得到很好的发展。

我在教育学科评议组做的另一件事是促进教育硕士专业学位的诞生，这在另一篇中将谈到，这里就不多讲了。

中小学教材审定工作

1986年9月22日国家教委成立全国中小学教材审定委员会和各学科教材审查委员会，提出今后编写教材实行"一纲多本"和"编审分开"的新体制，这是我国教材建设的一次重大改革。为什么说它是一次重大改革呢？可以回顾一下新中国成立以来中小学教材编写的历史。新中国成立以后，我国中小学教材一直实行全国统一编写教材，统一使用一套教材，所谓"一纲一本"。新中国成立初期是由中小学教材编审委员会编写和审定教材。1950年人民教育出版社成立以后，就由教育部制定教学计划和教学大纲，教材则由人民教育出版社编写、审定、出版，通行全国。现在要实行"一纲多本"，就是教学

第四章　我与新中国教育改革

计划和教学大纲由国家教委聘请专家编写，经全国中小学教材审定委员会审查通过后公布，全国是统一的，然后各出版社、各大学或教育机构甚至个人都可以申请编写教材，经过审定委员会通过后在全国发行。过去教材的编写和审查是不分家的，现在要实行"编审分开"，就是说要打破过去既当运动员又当裁判员的制度，把编者和审者分开，以保证"一纲多本"的质量，所以专门成立了中小学教材审定委员会。

其实，说过去就是"一纲一本"也不太确切。因为有些实验学校都使用自编教材，如北师大实验小学和北京景山学校就是使用"五四"学制的自编教材。因此说"一纲一本"是就全国范围而言，不排除有个别现象。

全国中小学教材审定委员会由20人组成，由何东昌任主任，副主任有沈克琦、邢家鲤、柳斌、王明达和我，各科审查委员有111人。参加审定委员会的还有我校丁尔陞教授和钟善基教授。我校19位学科教学论的教师参加了审查委员会，是各科审查委员会中的骨干力量。

在成立大会上，何东昌代表国家教委讲话，强调编写教材要把教育的实际效果放在第一位，编写出高质量的教材，使大多数学生经过努力能够学得好，大多数教师经过努力能够教得了。这就意味着新编教材要比过去的教材适当降低程度，不要偏难、偏深。但这个问题引起了争议。有的专家认为，程度不能降低，否则会影响高等教育生源的质量，不利于天资优异人才的发展；有的专家甚至说，会贻误一代青年。我不同意这种观点。我认为，义务教育阶段是面向全体适龄儿童的，是普及教育，不是面向天资好的学生的精英教育。同时根据我国当时的师资状况，适当降低一些程度，有利于教师教得了、学生学得好；过深过难，教师教不了，学生学不好，反而不利于质量的提高。在普及的基础上，对于天资好的学生可以另设一些选修课，或用课外小组活动来弥补。后来我写了一篇小杂文《让胃口小的吃饱胃口大的吃好》就是反映了我这个思想。我在杂文中引用了吕型伟同志一个形象的比喻，他说，现在的教材太难，一部分学生消化不良，一部分学生没有胃口再吃些喜欢吃的东西；适当降低程度，可以使胃口小的学生消化得好一些，让胃口大的学生吃点自己喜欢吃的东西，即有时间学习他感兴趣的东西，这样才真正有利于人才的成长。

全国中小学教材审定委员会和审查委员会在当年11月审定通过修改后的中小学18个学科的教学大纲，由国家教委于1987年1月发布执行。80年代末又启动义务教育大纲的修订工作。经过多年努力，义务教育各科教学大纲于1992年4月经过全国中小学教材审定委员会审查通过。1992年8月国家教委下发了《关于印发〈九年义务教育全日制小学、初级中学课程计划（试行）和24个学科教学大纲（试用）通知〉》。

审定委员会和审查委员会换了三届，我都任审定委员会的副主任。审查委员会每年都要开会审查教材。审定委员大多兼任审查委员，我们几位副主任并无明确分工。何东昌、柳斌、王明达都是国家教委的领导，不可能具体负责教材审查。沈克琦是物理学专家，他关注理科教材的审查；邢家鲤虽然专业是工科，但他关心思想政治教育和历史教学，因此他常常参加这两门学科教材的审查；我则没有具体专业学科的背景，我特别关注小学教育，所以就参加小学各科教材的审查，特别是小学语文教材的审查。

当时承担教材编写的有许多单位，俗称有8套半教材。即人民教育出版社承担的"六三"学制和"五四"学制两套教材，北京师范大学的"五四"学制教材，上海市教委组织编写的"发达地区城市版"教材，浙江省的"发达地区农村版"综合课教材，四川省教委和西南师大联合编写的"内地版"教材，广东省教育厅、福建省教委、海南省教育厅、华南师大联合编写"沿海版"教材，八所高师联合编写的"高起点"教材，共8套。还有半套是河北省教委编写的小学复式班教材，因只有小学，所以称半套。但后来，八所高师编的"高起点"版、四川的"内地版"和广东的"沿海版"都半途就停止了。实际上各地竞争，编写的教材远不止这8套半，还有个别老师编写后请求审查的，例如广东丁有宽的语文教材等。到1993年秋天，全国中小学都统一使用

第四章　我与新中国教育改革

1990年小学语文审查委员会委员合影，第一排左一为斯霞老师，左二为霍懋征老师，右二为顾明远先生

审查过的新教材。

教材的审查工作是很繁重的。每一套都有十几门课，都有几个年级，所以课本的总量是极为可观的。每一个课本，包括挂图，都要经过审查，所以审查的任务十分繁重。1992年至1999年审查的义务教育教材大致有三类：一是前面提到的规划内的教材；二是各省市自己规划的成套教材；三是大量的单科教材，例如小学数学、小学语文就有近20种，中学语文有14种等。审查委员会审查了近80家编写单位送审的必修课教材（包括学生用课本、教学挂图、图册）共2 400余册；同时还审查了15门学科的录音带、录像带260余盘，投影片6 000余片，VCD和CD60余套，计算机教学软件近20套。

审查委员会每年都要开一次审查工作会，有时各科委员会合起来同时开，有时分学科召开。审查委员都是各学科的专家，有不少特级教师。有的年事已高，如小学语文教材审查委员会中就有斯霞老师，当时已年逾80，霍懋征老师、袁镕老师当时也都在古稀之年。但是审查时，她们特别认真，一字一句都不放过，连插图中的细节都会被挑出毛病。她们都说，教材是马虎不得的，它要影响孩子一辈子。参加审查委员会我学习了许多东西，不仅学习到学科知识，更重要的是学习到老师们那种对教育事业的忠诚、对工作认真负责的精神。

我与教育技术学

1977年12月，当时的国家科委编制了《1978—1985年全国科学技术发展规划纲要》，教育部要我校派人参与教育方面科技课题的起草工作。我当时正在教务处工作，意识到随着电视、卫星和计算机的发展，这些新的技术一定会在教育中发挥重要作用，因而竭力主张开展教育技术方面的研究，于是就请我校物理系副主任尹俊华同志去参加那次会议的筹备工作，接着尹俊华同志又参加了于1978年年初召开的科技发展规划会议。规划中正式列出了开展现代教育技术手段的研究课题，即规划第75项："研究现代教育的新技术、新设备。"教育技术的名称也从那时开始使用。1983年国务院学位委员会调整规范研究生教育专业目录，我作为学位委员会教育学科评议组成员参加了这个工作，教育学一级学科下设12个二级学科，其中就有教育技术学。

1991年，我刚从学校副校长的岗位上退下来，当时国家教委电化教育司司长邢纯洁同志就来找我，要我参加国家教委电化教育（教育技术）专业教材委员会的工作，并担任该委员会的主任委员。当时我觉得难以胜任，因为我只是教育技术的支持者，我本人对教育技术却一窍不通。但是，邢纯洁司长认为，过去从事电化教育的大多只具有技术背景，需要有教育理论背景的人参加，因为电化教育也好，教育技术也好，都属于教育领域，是培养人才的工作。我在他的劝说下，只好参加了这项工作。后来这个委员会又改名为国家教委高等师范电化教育专业教学指导委员会，仍由我任主任委员。但我一直以外行自居，虚心请教从事电化教育的老学者、老电教工作者。

委员会的第一次会议于1991年夏天在北京师范大学召开，遇到的第一个

第四章　我与新中国教育改革

问题就是学科的名称。在20世纪80年代对这个问题就争论了好几年。一种意见认为就叫电化教育学，因为电化教育这个名称自30年代以来已经用了几十年，大家都习惯了，而且具有鲜明的民族性，体现了我国视听教育的特色。另一种意见认为，正式学科的名称应该叫教育技术学，因为电化教育的着重点是研究媒体在教育领域的使用，而教育技术作为优化教育的手段来讲，已经不限于教育媒体的运用，还包含了教育设计和评价，而且使用"电化教育"则难以在国际上交流。我是赞成第二种意见的，但是我认为，"电化教育"这个名称始用于20世纪30年代，如果我没有记错的话，是陈友松先生最先翻译使用的，使用了约70年，已经约定俗成，为大众所接受和使用，一下子抛弃它也是不可能的；同时为了大家团结，不应纠缠在名称问题上。因此我主张两种名称并用，对国内仍称电化教育学，对国外称教育技术学，专业名称就为电化教育（教育技术）学，但学科的性质和内涵要认真地讨论研究，统一认识。问题就此迎刃而解。后来在实践过程中，对这个专业的定义和研究内涵的意见逐渐统一，特别是大家对美国教育传播与技术协会（AECT）1994年所描述的教育技术定义和范畴的认同，使得教育技术学的名称普遍使用起来。

20世纪90年代我曾多次参加国家教委组织的电化教育教具的评选活动，又担任了由当时新闻出版署组织的优秀教育音像制品评选委员会的四届主任委员。参加这些评选活动使我受到很大的教育，我对教育技术有了进一步的认识，因而写了几篇文章。一篇是《我对电化教育的认识》，发表在《电化教育研究》1992年第2期上；另一篇是《教育技术学和二十一世纪的教育》，发表在《中国电化教育》1995年第8期上。我总的观点是，信息技术在教育领域中的应用，将给教育带来深刻的革命，它将改变教学过程，包括某些教学原则、教学方法、评价方式、师生关系、教师角色。对于这门学科，我认为，教育技术学是教育科学群体中的一门新学科，它是以教育学的理论为基础，运用现代科学技术成果和系统科学的观点与方法，探究提高教学效果的技术手段和教学过程优化的理论和方法。教育技术所要解决的问题涉及教育的各个领域，包括教育规划、课程开发、教学设计和教学评价等方面。90年代国际互联网的发展，更是给传统教育带来新的冲击，也带来许多新的课题，不仅需要从教学方法上加以研究，更需要从文化学的角度去研究网络文化对教育的影响。

背景材料：美国教育传播和技术协会（AECT）关于教学技术的定义是："教学技术是为了促进学习，对有关的过程和资源进行设计、开发、利用、管理和评价的理论与实践。"（摘自[美]巴巴拉·西尔斯、丽塔·里齐著，乌美娜、刘雍潜等译：《教学技术：领域的定义和范畴》，北京，中央广播电视大学出版社，1999。）

但我始终认为我对教育技术学是外行，只是从教育学的角度看到它对教育的影响，对教育技术学一直采取支持的态度。至于我自己则是电子计算机的"文盲"。我想我这一辈子不可能再去摆弄电脑了。虽然1993年教育技术专业教材委员会的乌美娜同志为了鼓励我学电脑，借给我一台手提电脑，但是用起来很不方便，写文章还不如我手写得快，所以不爱用它。直到1999年，我女儿出国，说用电子邮件联系最方便，也最省钱，这才下决心购买一台电脑，开始学起来。这时电脑的性能发展很快，界面已经非常人性化，学起来也就容易多了。因此我说我70岁才学电脑，现在还在不断学习，真正活到老学到老，现在似乎写文章已经离不开电脑了。可见教育技术不仅对学校教育有影响，而且是终身教育的最有效的手段。

关于教育现代化的讨论

1993年中共中央、国务院发布的《中国教育改革和发展纲要》（简称《纲要》）第一次提出要实现教育现代化的问题。《纲要》是这样提的："根据我国社会主义现代化建设'三步走'的战略部署，到本世纪末，我国教育发展的总目标是：全民受教育水平有明显提高；城乡劳动者的职前、职后教育有

第四章　我与新中国教育改革

较大发展；各类专门人才的拥有量基本满足现代化建设的需要；形成具有中国特色的、面向21世纪社会主义教育体系的基本框架。再经过几十年的努力，建立起比较成熟和完善的社会主义教育体系，实现教育的现代化。"政策本意是按照社会主义现代化建设"三步走"的战略部署，要到21世纪中期才实现教育现代化，但许多地方已经迫不及待地提出要率先实现教育现代化。首先是在珠江三角洲发动起来，华南师大冯增俊教授在广东中山、顺德、江门搞了一系列教育现代化的研讨会、座谈会，还出版了当地各个市县教育现代化的专辑。紧接着江苏省举办了教育现代化专家论证会，上海市举办了一流城市一流教育专家论证会。这些会议我都参加了。教育现代化的呼声越来越高，为什么会出现这种现象？因为珠江三角洲和长江三角洲地区是我国经济最发达的地区。那里在20世纪90年代初就已经普及九年义务教育。义务教育普及了，进一步怎么办？是停步不前呢，还是进一步发展？江苏的同志就提出这个问题，认为应该提出新的目标，因此提出率先或者提前实现教育现代化。这是符合社会主义现代化"三步走"的要求的。因为我国地域广阔，发展不平衡，东部地区应该率先进入现代化，这样全国才能在21世纪中期进入中等发达国家的行列。

但是，什么是教育现代化？大家并不太清楚。为了弄清什么是教育现代化，首先要弄清什么是现代化。早在20世纪50年代末，在西方就出现过一种"现代化理论"，企图论证西方社会制度的优越性和合理性，并为战后发展中国家的社会发展提供理论指导和政策依据。这种理论认为，非西方的发展中国家与西方发达国家的发展历程是一致的，非西方的发展中国家要想实现现代化，唯一的途径就是西方化和照搬西方的模式，只有靠西方文明的传播，靠输入西方社会的现代化因素才有可能。这种现代化理论早在60年代末就遭到许多学者的批判。这种理论代表了西方中心主义的观点。事实上，世界文明并非以西方文明为中心，西方文明只是人类众多文明中的一种，而且"现代化理论"并没有给发展中国家带来真正的发展，因此需要对现代化进行重新解释。

早在20世纪80年代初我在研究现代生产和现代教育时,就对现代化的概念和特征做了一些研究。我总认为,现代化是一个过程,是向现代性发展的过程,最基本的特征是科学技术与生产的结合,从而引起不断变革。这在我1980年写的《现代生产与现代教育》论文中已经提到。后来我在给高等教育硕士研究生班讲课时给出了一个定义:"所谓现代化是一个历史过程,反映人类控制自然的能力空前提高,以及由此引起的在政治上、经济上、思想观念上的一系列的变革。"90年代中期这场全国性的讨论,促使我进一步思考这个问题。于是我在1995年和高益民合写的《现代化与中国文化传统教育》一文中,重新对现代化的概念做了描述。我在书中是这样写的:"所谓现代化,是指人类认识自然、利用自然和控制自然(包括人类自身)的能力空前提高的历史过程,以及由此而引起的在政治、经济、文化等社会各领域广泛而深刻的变革,其目标是创造高度的物质文明和精神文明。"其中最后一句"其目标是创造高度的物质文明和精神文明"是高益民加上去的,我认为加得很好。

1997年在全国热烈讨论教育现代化的热潮中,中国教育学会在无锡召开了第十一次年会,专门讨论了教育现代化问题。我写了《关于教育现代化的几个问题》一文,并在会上做了主题发言。除了重申关于现代化的上述概括外,提出了现代教育的八个特征:(1)受教育者的广泛性和平等性;(2)教育的终身性和全时空性;(3)教育的生产性和社会性;(4)教育的个性性;(5)教育的多样性;(6)教育的变革性;(7)教育的国际性和开放性;(8)教育的科学性,即教育对教育科学研究的依赖性。此外,我还特别强调,从教育观念来讲,教育现代化首先要求教育思想的现代转化,包括人才观、教育价值观、教学观、师生观。而现代教育思想具有以下几点特征:教育价值的全面性、教育观念的开放性、教育观念的民主性和教育观念的未来性。我的意思是想说明,教育现代化不是像有些人所想象的有一些指标,有了现代化的校舍、设备,受教育达到较高的水平就算实现了,而是有一系列特征要求的，特别是教育思想观念要现代化。当然教育现代化也需要有一些可以操作的指标，但这些指标不只是硬件的，更重要的是软件，是全社会对教育的认识，特别是教师队伍的思想建设和业务能力的提高。

我与中国教育学会

"文化大革命"结束以后大家都感到教育的重要性、科学研究的重要性。1977年5月中国社会科学院成立，时任中国社会科学院副院长的于光远同志特别重视教育。在一次教育座谈会上他提出，教育不完全是上层建筑。一石激起千层浪，教育本质属性的讨论就此开始。于光远同志以及社科院哲学所的陈元晖研究员在1978年开过多次座谈会，在一次座谈会上我就提议应该建立教育科学研究所和教育学会。我说，我国养猪有畜牧研究所，香烟有烟草研究所，钓鱼有钓鱼协会，为什么教育就没有教育研究所，就没有教育学会？应该呼吁成立中国教育学会。陈元晖认为我的呼吁很重要，于是让我在1978年秋天在公安部礼堂召开的一次有上千人参加的教育工作者大会上发言，我的观点获得与会同人的赞同。同时教育部在董纯才同志的带领下，也在奔走呼吁恢复中央教育科学研究所，成立中国教育学会。终于在1978年7月，中央教育科学研究所恢复，并经邓小平同志批准，在1979年4月第一次全国教育科学规划会议期间成立了中国教育学会，由董纯才担任会长，杨秀峰、成仿吾、陈鹤琴任名誉会长，可能因为我曾积极呼吁成立教育学会，也因为我当时担任北京师范大学教育系系主任，我被选为常务理事，是常务理事会中最年轻的一名。我校参加常务理事的还有王焕勋教授。1983年换届，因为北京师范大学副校长王于畊同志进入中国教育学会任副会长，我就被选入新成立的高等教育学会理事会，但仍然在中国教育学会担任学术委员会委员，在张承先会长的领导下开展学会的学术活动。

1987年和1991年的第三、第四届理事会上，我都当选为学会的副会长。

2000年第五届理事会后任会长。在2000年理事会换届的两年前，会长张承先就提议让我担任会长，但我一直没有答应。我列举了一些理由：第一，我没有董纯才、张承先两位会长的威望，中国教育学会是中国教育界最大的民间学术团体，只有董纯才、张承先这样有威望的老教育家才能担任会长的职务；第二，我在学术上也缺乏威望，在我同辈学者中，在学术上比我有成就的也有的是，我担任会长会有失学术界的期望；第三，我没有在教育部担任过任何职务，与部里领导极少接触，不容易更好地获得部里领导的帮助。承先同志认为，我说的有一定道理。因此就决定再物色其他人选。可是经过两年的酝酿，比较合适的人选都有其他职务，承先同志又把目光集中在我身上，经过承先同志的劝说，陈至立部长认可并说："有事可以找我嘛！"话说到这个份上，我也只好接受下来。我想，只要依靠教育部领导，同时团结理事会和广大会员，总能把工作做好。

2006年4月15日，中国教育学会召开了第六次代表大会，我再一次被选为会长。这次会议开得很隆重，国务委员陈至立发来了贺信，副委员长许嘉璐、政协副主席张怀西出席了会议。副委员长许嘉璐还发表了长篇讲话。教育部部长周济到会做了报告，副部长陈小娅也出席了会议。会议总结前五年的工作，明确会后的任务，即要建设现代国民教育体系，推进素质教育服务。

2000年我担任会长以来，学会主要做了以下几项工作。

第一，尽量配合教育部的工作，与教育部有关司局联合召开几次论坛，如与基础教育司联合举办了两次基础教育论坛，与师范司联合举办了师德论坛等。反映广大教师和学会对教育问题的心声，为我国基础教育的改革和发展服务。

第二，结合教育的热点问题开展高层次的论坛，例如与北京师范大学联合举办了教育现代化论坛，与苏州市政府联合举办的教育论坛。这些论坛在社会上引起了较大的反响。

第三，提高学术年会及学术活动的学术质量和提升学会的品牌。2004年，

第四章　我与新中国教育改革

我会与北京师范大学联合举办了首届中国中学校长大会，参加的校长达600余人。2005年又举办了首届中国小学校长大会。

第四，制定了"十五""十一五"科研规划。各地会员申报特别踊跃。2007年和2010年又分别召开了第二届、第三届中学校长大会，2008年召开了第二届小学校长大会。虽然我们没有经费支持，但许多项目做得非常认真，取得了很好的成果。如陶西平、梅汝莉主持的"借鉴多元智能，促进素质教育的研究"，全国10多个省几十所学校参加了这项研究，已连续两年举办了国际研讨会，在国内外都产生了积极的影响。

第五，开展教育试验，在全国设立了20多个以区域（县区）为单位的试验区，探索区域性的教育改革。这是继承老会长张承先同志搞教育试验区的经验，他曾经在山东烟台市开展教改试验，后来全国在烟台召开了现场会，影响很大。第五届理事会成立以后，我们认为一定要把这种教育试验继承下去。我们每年都召开了试验区工作年会，不但提升试验区的研究水平和教育质量，而且正在进一步扩大试验区。

第六，调整和改革《中国教育学刊》的编辑工作，坚持为基础教育服务的方针，加强与基层一线教师的联系，2002年从双月刊改为月刊，2005年第7期开始又增加篇幅到80个页面，2009年又增加到96页。改版以后的刊物受到各地第一线教师的欢迎。

第七，参加了《国家中长期教育改革和发展规划纲要（2010—2020年）》（简称《教育规划纲要》）的调研和制订工作。学会多位领导直接主持了几个专题调查的工作。学会还直接向领导小组提供了《办好每一所学校，教好每一个学生》的报告。

学会的工作是大家做的，在全体会员的支持下，这几年学会工作欣欣向荣，工作有了较大的发展。我个人只是做了一些协调工作，但因为从学会成立至今一直在学会承担这样那样的工作，对学会是有感情的，看到学会的发展，我由衷地高兴。

教师要具有不可替代性

教育是受到"文化大革命"破坏最严重的一个领域。"文化大革命"结束以后，教育事业在邓小平同志的指示下很快恢复，但是教师队伍却不是立刻就能恢复的，合格的教师奇缺。同时由于受到"文化大革命"的冲击，教师的社会地位很低，物质待遇很低。20世纪80年代，优秀青年都不愿意报考师范院校。很多师范院校招生录取第一志愿的学生竟然到不了10名。因此各界有识之士都呼吁全社会都应该重视教育和尊重教师。1985年，我曾经和时任教育工会主席的方明同志在《光明日报》发表了尊师重教的倡议。方明同志、我校王梓坤同志等都呼吁要建立教师节。但是我认为，一方面要大力呼吁社会尊师重教，另一方面，教师自身也要提高专业水平，值得让社会尊重。于是1989年5月我在《瞭望周刊》上发表了《必须使教师职业具有不可替代性》的文章，提出了教师要具有不可替代性的观点。我认为任何一个社会职业，只有具有不可替代性，这个职业才能有社会地位，才能受到社会的尊重。如果一个职业是任何人都能担任的，则这个职业不可能有较高的社会和经济地位。我认为这是社会的一条铁的规律。

为什么得出这样的结论呢？因为有一件事情刺激了我。1980年我为了编写中师学生用的《教育学》教材，和靳希斌、赵敏成同志到四川、湖北、湖南、浙江、上海等地调查。在湖北武汉时住在省委招待所，同屋住的是一位劳动人事部的干部。我们茶余饭后闲聊时就讲到知识分子的待遇太低，体脑倒挂，我说我们教师的待遇也很低，特别是农村小学教师的待遇太低。他忽然说："小学教师怎么能算是知识分子？"我说："小学教师是教书的，有知识的人，怎么就不是知识分子呢？"他说："你没有看到吗？农村小学教师大多是半文盲，怎么能称为知识分子呢？"这句话对我的刺激很大。的确，经过"文化大革命"的破坏，教师队伍中充斥了许多不合格的人。不是有这样的笑话嘛，有一个村干部对小学教师说："你好好干，干好了我提拔你去当合

第四章 我与新中国教育改革

作社售货员！"可见小学教师的地位竟然不如售货员！怎么才能让社会尊重教师呢？我想首先要使我们的教师提高自己的业务水平，值得人们尊敬。

为此，我从20世纪90年代初开始着力为教师创造进修和提高的条件。80年代初到90年代初是我国教育的恢复期，各级教育的教师队伍都是在低水平上。由于高等教育的发展，高校教师也不足。我们北师大80年代的毕业生大部分都被分配到高校去当教师，但是他们都没有研究生学历。为了提高他们的业务水平，教育部于1985年成立了高等学校师资培训中心。全国有两个中心，一个是北京中心，设在我们北师大；另外一个是武汉中心，设在武汉大学。中心设有分工，武汉中心负责全国普通高校师资培训，北京中心则负责全国高等师范院校的师资培养。后来还在全国设立了六个分中心，各省的省级师范大学也设立了师资培训中心，形成了全国高师教师培训进修的网络。师资培训中心主要是设立助教进修班、访问学者来提升高校教师的学历层次和业务水平。90年代初，学位委员会办公室和我商量，想为高校的教师设立专业学位。当时受到一些专家的反对，认为高校教师还是应该走学术性学位的路子；同时随着研究生教育的发展，高校教师中研究生的比例也在逐年增加，因此在高校教师中设立专业学位似乎已经没有必要了。但是对中学教师来讲，设立教育硕士专业学位却是一个进修提高的最佳途径。于是我在当时学位办的领导下着手筹备为中学教师设置教育硕士专业学位，经过多年的努力，终于在1996年获得国务院学位委员会第十四次会议的通过。我们立刻着手筹备，首先成立专家委员会，学位办公室聘我担任主任委员。第一次委员会会议于1996年9月在东北师大召开。1997年教育硕士学位开始招生，参加招生的有北京师范大学、华东师范大学、东北师范大学等19所师范大学。但是由于计划内名额有限，又是全国统一考试，因此第一年只录取了177人。这样一个数字对于我国1 000多万名中小学教师来讲，别说是杯水车薪，完全可以说是"滴水车薪"！于是，专家委员会1997年在天津召开第二次会议时，当时任学位办副主任的谢桂华同志提议，我们可以走工商管理硕士那条路，绕

2002年4月23日全国教育硕士专业学位教育指导委员会第四次会议暨第二次扩大会议，主席台右六为顾明远先生

开计划，采取在职申请的办法。但是只能授予学位，不能授予学历。考试采取招生高校联考，联合出题。这可以说是一次创新。第二年采取这个办法，招生就猛增至1 400多人，1999年增至2 000多人，2002年则招收8 000人，到2002年全国已有8 160名教师在读，共有29所师范大学设立了此专业，2004年增加到41所师范大学。1999年成立了教育硕士专业学位教育指导委员会，仍聘我为指导委员会主任委员。

为中小学老师设立教育硕士学位的必要性在哪里？我认为有下列几点。

第一，从根本上提高教师教书育人的业务能力，实现教育专业化。建国大计，教育为本；教育大计，教师为本。只有高水平的教师，才能培养出人才。俗话说："名师出高徒。"当今时代是科学技术突飞猛进的时代、创新的时代。提高教师的素质和业务能力，是时代的迫切需要。现在和几十年以前不一样了。过去教师只要把书本上的现存知识教给学生就可以了。现在教师

第四章　我与新中国教育改革

2005年8月江西南昌全国教育硕士专业学位教育指导委员会工作会议，第一排右五为顾明远先生

要把日新月异的新知识教给学生，还要培养学生自己获取知识的能力。教师不能"以其昏昏，使人昭昭"。

第二，实现教师的专业化，有利于提高教师的社会地位。前面已经讲到，社会上任何一个职业，只有专业化，才能有社会地位。现代社会是一个重学历的社会，学历越高越受到社会的尊重。教师如能取得硕士学位，必然会提高自己的声誉。

第三，有利于吸引优秀青年从事教师职业。青年总是求上进的，总希望在工作之后有进修提高的机会。教育硕士专业学位的设立，为青年教师进修提高提供了最有效的途径。

但是，教师是否是一个专业化的职业？如何专业化？这些是有争议的。一种意见认为，教师并非是专业化的职业，只能称半专业化，有学识的人就可以当教师，并不要多少专业化的知识。另有一种意见是，教育硕士专业学位的培养，主要是加深教师所教学科的知识，不需要教育方面的知识。他们同样不把教师看作是专业化的职业。我认为，教师不仅要精通自己所教学科，更重要的是要有正确的教育理念、精湛的教学能力、高尚的道德品质。教师要教书育人，不能只做教书匠。教育是一门科学，人的发展是有规律的，教育也是有规律的。教师要懂得教育规律，就要学习教育理论、心理学理论，并在实际中应用。教育又是一门艺术，教师教书育人是要讲策略、讲技巧的，教师尤其要以自己的人格魅力感染学生。因此我曾说，教师是知识的传播者、智慧的启迪者、情操的陶冶者、心灵的铸造者。

教育硕士专业学位的设立是我国教育史上的一个里程碑，为此我在《中国教育报》上发表的《中国教育发展史上的里程碑——谈教育硕士专业学位》一文。文章对教育硕士专业学位的性质、宗旨、特点做了详细的说明和论述。

我与《教育大辞典》

1986年11月5日至9日，中国教育学会在武汉召开第二次年会。期间张承先会长、吕型伟副会长找我，他们两位建议为中学教师编一部《教育大辞典》，以提高教师的业务水平。这件事情本来早在1984年郭永福同志就和我提过，那时郭永福同志是张承先同志的秘书，他说承先同志想为教师编一部教育辞典，希望我能参加。我原来以为要我帮助承先同志来编写这本书，但是这次谈话却是要我来主持这项工程。我觉得自己不能胜任，建议还是请张承先同志任主编，我来协助。11月9日，上海教育出版社陈义君社长、曹余章主编从上海赶过来，晚上讨论编写《教育大辞典》的事情。他们一致要我直接任主编，主持全部的编纂工作。我当时坚持不答应，希望承先同志亲自任主编或者由刘佛年教授任主编，我一定全力协助。但是承先同志和佛年教授都坚持认为我可以胜任，说这项工程浩大，不是一年两年能完成的，他们年事已高，精力不如我，而且认为我是北师大的副校长，可以调动

第四章　我与新中国教育改革

教师的力量。为谁做主编这个问题一直讨论到凌晨1点多钟，话都说到这个份上，我就不能再坚持自己的意见了。考虑到有老一辈如承先、型伟、佛年等同志的支持，依靠教育界的同人，我做一些组织工作可能还是能够完成的，于是我就答应下来了。会上又初步讨论了编纂这部大辞典的基本方针，认为这是新中国第一部大型教育专科辞典，应该体现出大、齐、新的特点，尽量反映当代教育科学发展的新成果和新中国教育改革及发展的成就。

会后我就积极筹备，初步组成了编纂处。1986年4月底在北京师范大学召开第一次编纂工作会议。时任中国教育学会会长、《教育大辞典》领导小组组长的张承先同志出席了会议。他在会上说明了编纂这部大辞典的目的和方针。他说："我们历来把教师队伍的建设、教材的建设和设备的建设视为提高教育质量的三项基本建设。在教育工作中要办实事，就应该在这三项基本建设方面狠下功夫。我们发起编纂一部《教育大辞典》，其目的正是要为这三项基本建设做一点切实的贡献。为迫切要求学习业务、提高教育科学水平的广大教师提供一部学习工具书。"他为辞典的编纂确定了方针，要求"一大、二齐、三新，内容要求包括古今中外，要把国内外教育科学研究的新成果、新理论、新兴学科都尽可能收集进去"。这样，《教育大辞典》的编纂方针就确定下来了。第一次编委会确定了编纂方针，制定了编纂框架，确定了编委会和分册主编的名单。根据大会所制定的方针，初步拟订了以下分册：教育总论、课程与教学论、教育哲学、教育经济学、教育社会学、教育心理学、教育测量与统计、教育管理学、学前教育、中小学教育、师范教育、职业技术教育、高等教育、成人教育、中国教育史、外国教育史、比较教育等17分册，计划是600万字。

1987年2月在上海召开第二次编委会，主要是讨论编辑条目。在讨论过程中，又增加了少数民族教育、军事教育、港澳台教育、教育边缘学科。少数民族教育、军事教育是过去任何教育辞典所没有的，体现了大、齐、新的要求。条目初步确定以后，编委就开始撰稿、审稿。1990年教育理论卷、心理

1990年8月22日，在北京人民大会堂举行《教育大辞典》首发式

学卷，也就是第1卷和第5卷首先出版。1990年8月22日在北京人民大会堂举行首发仪式，参加首发仪式的有雷洁琼副委员长、北京市委副书记徐维诚同志、国防大学副校长黄玉章将军、原教育部副部长周林等同志，当然还有张承先会长和吕型伟副会长。国家教委主任李铁映同志到编委会看望了全体同志。

整个系列出齐，已是1992年秋天了。全书包括教育学、课程和各科教学、中小学校、师范教育、幼儿教育、特殊教育、高等教育、职业技术教育、成人教育、军事教育、民族教育、华侨华文教育、港澳教育、教育心理学、教育哲学、教育经济学、教育社会学、教育边缘学科、教育技术学、教育统计与测量、教育管理学、中国古代教育史、中国近现代教育史、外国教育史和比较教育等各个领域的基础知识和国内外教育科研成果。总计收词2.5万余条，约800万字，分成12卷出版，于1992年8月出齐。根据原来的计划，分卷出版后再出合卷本，于是我们马不停蹄地开始筹备合卷本。为了提高合卷本的权威性，我们请了教育界知名专家组成了专门的编委会。1997年编委会在呼和浩特召开了合卷本第一次编委会，会上讨论了合卷本的编纂方针。编委

第四章　我与新中国教育改革

顾明远先生在《教育大辞典》首发式上

1998年出版的《教育大辞典·增订合编本（下）》

会一致认为合卷本不是简单地把分卷本合起来，而是要精益求精。按照张承先同志的意见，就是要"再创造，高质量"。合卷本是按照编写辞典的惯例，以字母或者笔画编排，而分卷本是按照学科体系来编排的，所以造成了很多重复的条目，经编委会审查发现3 000余条词目重复。例如，"孔子"这一条，教育哲学卷有，中国教育史卷也有；"哈佛大学"这一条，外国教育史卷有，比较教育卷也有。而且有些条目虽然名词一样，但是撰写角度不同，内容就有所差别。同时，从一开始出版分册到合卷本编委会成立，已经过了6年的时间，有些内容已经陈旧，教育又出现了许多新的理论和名词，需要增加。因此，大家都认为，合卷本不能简单地把各分册打乱再组合起来，而是要重新修订，可增可删可修改。因此"合卷本"这个名称也就不合适了，大家经过讨论，认为应该叫"增订合编本"。

方针确定以后，各分卷对照方针自行调整、修改。此项工作又经过了6年的时间，最后到1998年完成了《教育大辞典》的修改合编工作。人称"十年磨一剑"，而我们这部大辞典整整编了12年！而身为《教育大辞典》的副主编，上海教育出版社的总编曹余章同志竟然没有能够见到这部他所策划的、在分卷本时付出心血的辞典的合编本面世就溘然离去。

作为这部大辞典的主编，我在编纂这部大辞典中尝到了各种酸甜苦辣的滋味。在《教育大辞典》于1987年召开第二次编委会时，我们请《辞海》的老编辑严其龙同志来做指导，他就说："曾经有人说过，如果想要惩罚别人，就让他去编辞典吧！"这12年真是体现了他所说的这句话。

1998年，我曾经写了《一项教育研究的系统工程》一文发表在《图书》杂志上。我认为，许多学者看不起编辞典，认为编辞典是抄袭别人的成果，没有什么创新。辞典一般也不算是科研成果，被认为不过是一部工具书。但是我在编辞典的过程中发现，编辞典可真的不是一件容易的事情。一个教育名词，本来看起来是很平常的，我们也经常在口头上讲，但是真要给它一个科学的明确定义可不那么容易。辞典也不能像文章那样天马行空，任你自由发挥，而是要准确精练。释文不但要科学，而且要有知识性、可查性、准确性、权威性，同时还要简练，要做到多一个字则厌多，少一个字则厌少，才能成为典范。因此，编写辞典的工作是非常严肃细致的，是十分繁重的工作。我在这项工程中也得到很大的锻炼。

背景资料： 1928年，中华书局出版《中国教育辞典》，由余家菊、邱椿、陈启天、陈东原、舒新城等21人编著。这是中国现代第一部教育辞典。收入词目2 000余条，以教育方法、教育原理、教育行政、教育史为主，酌收心理学、伦理学、社会学、生理学，以及哲学、生物学词目；书末附录"四千年中国教育大事年表"和"中西名词对照表"。

商务印书馆于1930年出版《教育大辞书》，原分上下册；1933年缩印为全一册，收入词目3 000余条。凡教育原理、教育史、教学法、教育制度、教育行政、教育心理学、教育统计、著名教育学术机构或团体，以及与教育有关的诸学科均收入。编著工作始自1922年春，初以唐钺为主编，1926年朱经农、1927年高觉敷相继担任。（1963年台湾师范大学教授孙邦正应台湾商务印书馆

第四章　我与新中国教育改革

之约,对《教育大辞书》做了修订,1974年印行修订第二版。)

此后的半个多世纪中,再没有出版过大型的教育辞书。直到1990年,上海教育出版社开始出版《教育大辞典》。此书被列为"七五"国家教育科研的重点项目,并列为1988—2000年全国辞书编写出版规划的重点项目。1992年起,《教育大辞典》在分卷本的基础上,经6年时间的潜心修订,增加1 700余条新的条目,修正了某些错误或欠妥之处,1998年正式出版《教育大辞典》(增订合编本)。它收录教育类词条2.3万余条,其中重要词条收至1996—1997年,与分卷本相比,修订词条达30%以上。1999年,又出版《教育大辞典》(简编本)。《教育大辞典》1998年11月14日在北京通过国家级鉴定。有关专家认为,这是新中国成立以后我国第一部教育学方面的大型百科辞书,充分反映了最新教育科研成果,是教育辞书的集大成者。

这部《教育大辞典》之所以能顺利地完成,应该归功于老一辈教育专家的指导和支持。几乎全国老一辈教育家都担任了这部书的顾问,像滕大春这样著名的老教育家还担任了外国教育史分册的主编,黄济同志担任了教育哲学分册的主编,他们都亲自主持选词、释义、修改等工作,真是对我莫大的支持。总顾问刘佛年多次给编纂工作提出宝贵意见。辞典编纂领导小组组长张承先同志多次亲自出席编委会,对编纂工作的方针做出了明确的指示。吕型伟同志更是时时关心指导,参加历次编委会,提出许多宝贵的意见,帮我们出了许多好点子。我们戏称他为"点子公司"。

编纂这部《教育大辞典》,凝聚了上千名老中青学者的辛勤劳动。许多同志为此废寝忘食,特别是各分册主编和副主编,不仅要组织稿件,而且亲自动手修改、重写、找资料。许多稿件因为要弄清楚准确几个数据、名词、出处,曾几次退回给他们,他们总是不厌其烦地查阅资料,认真修改,毫无怨言。这次大辞典的编纂工作也培养了一大批中青年学者,他们在老学者的指导下知道了怎么严谨地治学。同时,还应该提到几位值得我们纪念的同志。

一位是《教育大辞典》的副主编、上海教育出版社的总编曹余章同志,

《教育大辞典》编委会主要负责人（左二为吕型伟，左四为副主编曹余章，右一为顾明远先生）

应该说这部大辞典是他策划的。他担任这部书的副主编，同时他又从上海教育出版社的角度进行编辑把关。《教育大辞典》全书12卷，800多万字，他几乎字字过目，精心修改，最后定稿。我当时任主编，也看书稿，但是只从词条释义的内容及科学性方面把关，而他则是从编辑的角度精雕细刻，所下的功夫是常人所无法想象的。他因为积劳成疾，肝疾发作，卧床不起。即使在病榻上，他仍然念念不忘辞典的修订工作，直到生命的最后一刻。他这种对工作认真严谨的态度使我十分感动。我们经常通信，讨论辞典中的问题，也讨论工作中的问题。他也认为我是一个能够合作的伙伴，可以说我们谈话都很投机。《教育大辞典》之所以能够顺利出版，他的贡献是最大的。

另外一位是副主编季啸风同志。他从教育部社科司离休以后，就积极参与到《教育大辞典》的编纂工作中，他工作热情，思路开阔。大辞典中的少数民族教育卷、军事教育卷都是他建议收录的。他还积极与教育部联系，确定教育部的经费支持。没有他的努力，《教育大辞典》难以完成，可惜他在不久前也离开我们了。可以说他把最后的余热都用在了《教育大辞典》的编纂工作中。

另外还有《教育大辞典》编委会的很多同志，如魏一樵、连健生、胡守律等同志都为大辞典的编纂工作做出了贡献。我不能忘记他们对我的支持和鼓励。

当时编纂这部大辞典也受到来自某些方面的压力。有的同志怕我们编不好，出错误。有一位同志来看我们，一进门就说："我是来挑毛病的。"接着翻开我们的第一卷，说了一句："呵！还是注意阶级观点的。"

这部辞典应该说还是受到广大教育工作者欢迎的，第一卷出版以后，第一次发行量就达到5万余册。现在许多博士硕士论文在教育名词的解释上也常常引用这部辞典。为此辞典获得多种奖励，如获得了中国教育科学第二届优秀成果奖一等奖、第三届国家图书提名奖、第三届吴玉章奖一等奖。

我与《中国教育大百科全书》

20世纪末，我们用了12年的时间于1998年完成了《教育大辞典》增订合编本的编纂工作，但是感到《教育大辞典》虽然收辞很全面，但释文过于简略，不能完全反映学科发展的过程和内容。同时，21世纪初是我国教育发展最佳的时期：我们全面普及了九年义务教育；实施了新一轮的基础教育课程改革；高等教育实现了跨越式发展，进入了高等教育大众化阶段；职业技术教育有了较大的发展；教育信息化、国际化程度进一步加深；教育体制机制改革进一步深化；教育科学研究日益繁荣。进入21世纪以后，无论是世界的政治格局，还是各国的教育改革，均有变化和进展。在这个背景下，我们觉得有必要编纂一部大型的反映教育学科全貌的百科全书。

编纂专业性的教育大百科全书，展现着一个国家教育发展和教育科研的水平。世界发达国家都编有教育大百科全书。新中国成立以来，我国教育发展取得了举世瞩目的成绩，积累了教育改革和发展的丰富经验，中国特色社会主义现代教育体系已经初步形成。我们有必要有一部自己编写的《中国教育大百科全书》，向世人展示我们的成绩和经验。我们的想法得到北京师范大学、教育规划办和原新闻出版广电总局的支持，并被列为"十五"教育规划教育部重点课题和国家重点图书，编纂工作于2001年正式启动。

刚启动的时候，我们想得比较简单，认为有《教育大辞典》的基础，大百科释文要求又比较自由，以学科研究为基础，很快就能完成。然而做起来却极不容易：不仅要精选学科发展的核心内容，又要十分规范、精练，不能像一般学术论文那样自由发挥。全书分了25卷，参加编写的人员近600人。虽然分卷主编都是该学科的带头人或学术权威，但编者中年轻学者较多，每个人的写作风格各异，要把几千个条目释文融为一体，确实是十分艰难的工作。于是经过12年的调整磨合，《中国教育大百科全书》才终于在2012年12月正式出版。

可以说，《中国教育大百科全书》和《教育大辞典》构成了完整的姊妹篇，可以相互参照、相互补充。《中国教育大百科全书》内容参照《教育大辞典》的框架结构，同时为了不与之重复，着重于学科的基本理论阐释；同样本着大、齐、新的编写原则，重视内容的综合性、学术性、系统性、时代性。全书共收词1 100多条，约700万字，比较完整地反映了我国教育科学研究的新成果和中外教育发展的新理论、新经验。

《中国教育大百科全书》有以下一些特点。

第一，这是我国教育发展史上第一部大型的教育专业百科全书。虽然1985年出版的《中国大百科全书》第一版含有教育卷，但其内容比较简单，收录的学科也不齐全，内容已较陈旧；2009年第二版也有教育卷，但内容缩减了三分之二，主要对象定为中等教育水平的读者，所以内容属于普及性的知识。先后两版的编纂工作我都参加了，但觉得它们不能满足教育工作者的专

第四章　我与新中国教育改革

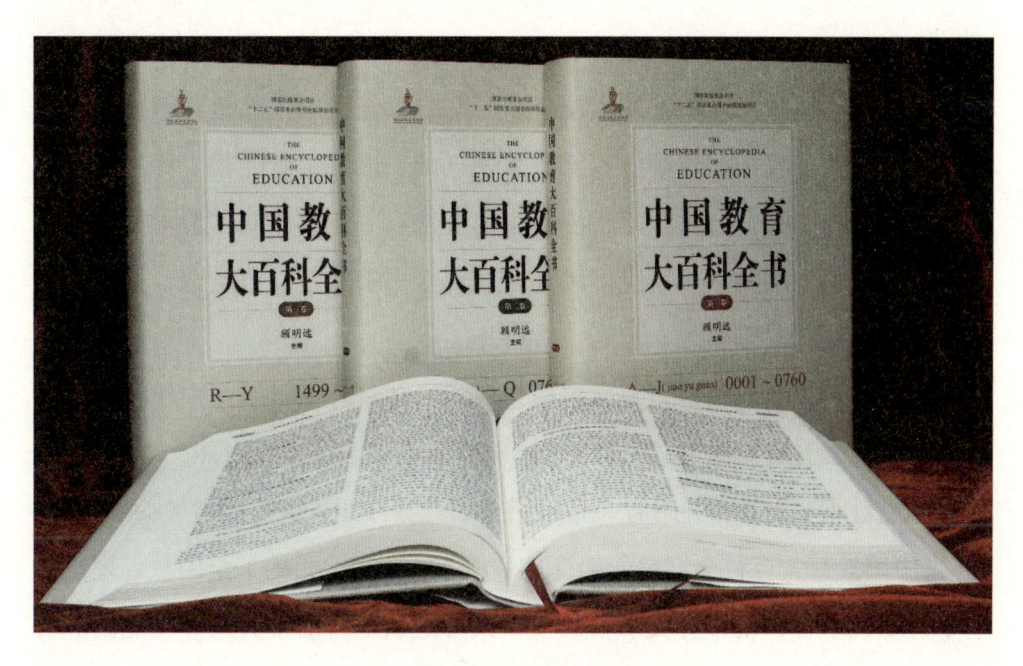

中国教育大百科全书

业要求，应该有一部比较齐全的、反映教育学科发展的教育专业性百科全书。

第二，《中国教育大百科全书》本着大、齐、新的原则，收录了古今中外教育学科发展和研究的主要成果，收录的学科比较齐全。教育学作为一个学科群，涵盖了许多交叉学科。纵向有各级各类的教育，横向有教育哲学、教育经济学、教育社会学、教育心理学、教育技术学、教育法学、课程论、教学论、中外教育史和比较教育等。此书除了收录比较成熟的老学科外，还收录了一些新兴学科的条目，如教育生物学、教育生态学、教育人口学等。

第三，这是一部专业性的学术研究著作，它不是简单的有关教育知识的汇集，它反映了我国改革开放以来教育科学领域研究的新成果。本书为了区别于《教育大辞典》，没有设人物、学校、事件等条目，以综合性条目为主。全书设条目共1 100多条，20%是长条，每条都在1万字以上；50%是中条，每条6 000字左右。因此，每条释文都堪称是一篇学术论文，具有一定的理论深度和学术价值，适合教育工作者进行主题阅读和研讨，同时也为建设中国特色社会主义教育理论体系奠定了一定的基础。

第四，这部全书反映了20世纪下半叶和21世纪初国内外教育研究的新成果，特别反映了我国改革开放以来教育发展的新成果、新经验。释文内容体现"百家争鸣"的方针，虽然根据辞书的要求有一定的体例，但不拘泥于格式，尽力收集不同的学术观点。因此，这部全书资料新、信息全，不仅内容丰富，而且充满时代气息。

第五，此书附录包含教育学科框架目录、条目外文索引、中外教育大事年表、内容索引及其在正文中的提示、外国人名译名的双重对照（中文外文、外文中文对照）表等，并附有一张索引检索光盘，便于读者检索、参考。

《中国教育大百科全书》的编纂是一项系统工程，集中了全国教育理论界老中青三代学者，每个分支学科的负责人都是该学科的带头人，在他们的引领下，老中青三代结合，加上上海教育出版社的编辑同志们的辛勤劳动，经过12年的潜心努力，这部全书终于成书出版，可以说是集体研究的结晶。我可以保证，我绝没有当这部全书的挂名主编，我曾竭尽全力审阅和修改了几乎所有的条目，可惜限于自身水平，未能达到高标准的要求。我们的编委和作者都认真负责，不厌其烦地修改，几易其稿。鲁洁老师、王炳照老师都带病审稿，吴式颖老师春节期间都在修改、完善稿子，他们的精神值得我们学习。上海教育出版社的同志也非常辛苦，出版社的社长、书记亲自指挥，调集了最有经验的编辑，集中突击最后的审稿定稿工作。特别是在最后一年多的时间里，他们夜以继日地工作，节假日包括春节都没有休息。他们认真负责，一丝不苟，保证了本书的质量。我在这里要特别感谢他们。俗话说"十年磨一剑"，我们虽然力求高质量，但仍然感到时间仓促，难免有遗漏、差错和不妥之处，希望读者批评指正。全书出版后受到领导的重视，时任国务院副总理的刘延东同志还写信来表示祝贺。

第四章　我与新中国教育改革

我为什么呼吁废除"三好学生"的评比

2004年5月20日我在上海教育论坛上提出废除评选"三好学生"的建议，引起了各界的关注。赞成者有之，反对者有之。许多媒体也很关注，约我访谈。大家都问我为什么要提出这个建议。

其实这个建议并非今天提出来的。早在1998年我曾经写过一篇短文，名叫《不要把学生分成三六九等》，最初发表在上海《教育参考》1998年第6期上。2000年我又在中央人民广播电台《中午一小时》节目中与一位"三好学生"和她的班主任一起座谈过。我的观点是：评选"三好学生"不符合青少年儿童发展的规律，也许过去曾经起过鼓励优秀的作用，但是近些年来已流于形式，而且把它与升学联系起来，不仅失去了鼓励先进的作用，还产生了许多弊端，不利于学生身心健康的发展。

起因还在这之前。十多年以前，有一位老朋友对我说，他的孙女刚上小学一年级，没过两个星期，孙女回家对他说："爷爷，我是班上第二号种子。"爷爷不明白是怎么回事。她就说："我们班老师给我们排队，谁最聪明谁排第一。我是第二名，所以是第二号种子。"过了约一个学期，他的孙女又回家告诉他说："我们班上有八个笨蛋。"爷爷又不明白。她解释说："今天下午开班会，老师问，谁是笨蛋？站起来。班上八个同学站了起来。"这位老朋友叹一口气："怎么现在还会有这样的老师？"我作为一名老教育工作者，听了感到十分悲哀。无独有偶，有一次我参观一所小学，看到光荣榜上公布着"十佳少年"的照片，但是其中只有一名是男生，九名都是女生。我觉得评价标准可能有问题，这样的评比起不了什么好作用。

现在既然提出了这个建议，总要说出点儿道理来。

先要从基础教育的任务说起。什么叫基础教育？基础教育就是为人一生的发展打基础的教育。基础教育对于个体的发展来说有如楼宇的基础，打得坚实，楼宇就能盖得高大。个体的基础打好了，他将来的发展空间就大。基

2000年11月面向21世纪"新基础教育研究"现场研讨会，第一排左八为顾明远先生

础教育要打好什么基础，我认为主要是打好三方面的基础，一是少年儿童身心健康发展的基础，二是终身学习的基础，三是走向社会的基础。

打好少年儿童身心健康发展的基础是基础教育中最重要的任务，是基础的基础。没有这个基础，终身学习和走向社会都不可能发生。但是，在现实生活中，家庭和学校往往只重视少年儿童的身体发育，不大重视他们心理的健康发展。有时甚至会有意无意地伤害他们的心理。把学生分成三六九等就是对少年儿童的一种伤害。少年儿童的心理是非常脆弱的，需要家长和老师的悉心呵护，当然也需要锻炼，使他们将来经得起风浪。

我在《不要把学生分成三六九等》的短文中写过："自尊心是一个人的基本品质，丧失了自尊心，也就丧失了人格。而自尊心是要通过老师和家长从小对孩子的尊重而培养起来的。"我又写过："自尊心又是和自信心连接在一起的。有了自尊心就会建立起自信心；反过来，有了自信心就会促进自尊心的确立。因此，对于中小学生来说，自尊心和自信心是一种巨大的教育力量，有了它们，学生就能够自己教育自己。因此，每个老师都要重视它们，从小

第四章　我与新中国教育改革

培养学生的自尊心和自信心。"

评选"三好学生"是把成人中的评先进的办法运用到少年儿童身上，这是不符合教育规律的。少年儿童处在成长过程中，一切还没定型，不能说哪个学生优秀，哪个学生不优秀。他们正在变化中，他们的发展不是线性的，有时会犯这样那样的错误。如果不从发展的观点来看待学生，总认为好学生永远是好学生，坏学生永远是坏学生，那样就既不符合学生发展的规律，也不利于培养学生成才。

把成人评先进的办法运用于少年儿童，恐怕是中国文化的特色，西方国家就没有这种观念。我看见《报刊文摘》有一期上刊登了一篇小短文，大意是讲在美国盐湖城召开冬奥会期间，我国奥委会代表团参观一所学校时带去了两个熊猫玩具。团长对校长说，一个送给你们学校最优秀的男生，一个送给你们学校最优秀的女生。这一下难住了校长。校长说，我们学校个个学生都是优秀的，没有最优秀的。有的学生学习优秀，有的学生运动优秀，有的学生做义工优秀。最后校长只好把两个熊猫玩具陈列在学校的展览柜里，写上"送给最优秀的学生们！"供所有学生欣赏。他们的教育也许很多方面不如中国，但平等地对待每个学生这一点，不是值得我们借鉴吗？

评选"三好学生"，一小部分学生受到鼓励，但会伤害大多数学生。当然，也会有一部分学生受到刺激，以"三好学生"为榜样，争取也能当上"三好学生"。但"三好学生"的名额是极少的，因此对大多数学生来说可望而不可即，其实是起不到激励作用的；相反，对培养他们的自信心和自尊心是不利的。

再从我国的教育方针上来讲。我国的教育方针是使学生在德、智、体、美等方面都得到发展，成为社会主义事业的建设者和接班人。教育方针是要求每个学生都是全面发展的。那么，为什么只有极少数学生是"三好"呢？因此，评选"三好学生"显然与教育方针相悖。如果真要评选"三好学生"，那么，应该百分之九十以上的学生都是"三好学生"。这才说明我们认真地贯彻了教育方针，我们的教育是有成效的、是成功的。的确，"三好学生"曾经激励过一部分优秀学生，恐怕当前各条战线的骨干都曾经是"三好学生"。但是，从教育工作者的角度来讲，我们最重要的信条是相信每个学生都能成才，我们面对的是每一个学生，而不是一部分学生。

评选"三好学生"的制度，最初的用意是好的，也曾经起过一些激励的作用，但是近些年来越来越片面化。首先，评选的标准从"三好"变成了"一好"，主要是学习成绩要好。或者有些老师认为思想好就是"听话"。其次，不少地区对"三好学生"给予升学的优惠，或者作为保送上高一级重点学校的条件，或者直接加分。把评选"三好学生"纳入到应试教育的轨道。争"三好"已经不是争优秀，而是争升学，于是各种弊端应运而生。为了争"三好"，向老师送礼者有之，向老师施加压力者有之，与同学讲关系者有之。成人社会中的一些腐败恶俗侵蚀着学生幼小纯洁的心灵。面对这种对学生心灵的伤害，作为一名教育工作者，能听之任之吗？

有人说，孩子是需要激励的，评选"三好学生"是对学生的一种激励，不能因为现在出现一些弊端而废之，不要"因噎废食"。"孩子是需要激励的"，这句话千真万确。问题是，"三好学生"到底能激励多少孩子？对多少孩子有伤害？有没有别的激励办法？任何一个制度都不是永远不变的。所谓与时俱进，就是当一种制度不能适应时代的需要时就进行变革。教育制度也是如此。有没有别的激励办法？当然有，而且可以有很多办法。只要我们的思想从传统教育思想中解放出来，每个学校、每位老师都会想出许多办法。我曾经在七八年前参观过广东省中山市一所初级中学，叫杨仙逸中学。这是一所薄弱校，拿校长的话来说，别的中学不要的学生都进入了这所中学，生源之差可想而知。但学校没有嫌弃他们，而是开展"激励教育"，激励每个学生。他们设立了许多奖项，有"学习进步奖"，只要这次考试比上一次考试有进步，就可以获得"学习进步奖"；有"学雷锋精神奖"，只要做一点好事，就可以获得"学雷锋精神奖"；还有其他各种奖，每个月发一次。优秀的学生

第四章　我与新中国教育改革

一年最多可以获得十个奖,差的学生每年也能获得两三个奖。有一个所谓差生,从小就没有人夸过他,有的总是批评、呵责,到这所学校以后居然也能得到奖。他拿到奖的时候的激动心情是难以形容的,并从此走上进步之路。有的家长也反映,自己的孩子进了这所学校以后变了,变得懂事了。这所学校的"激励教育"不是值得推广吗?其实各地还有许多激励学生的经验,因此,评选"三好学生"的制度是可以有许多更好的办法替代的,激励学生的方法是很多的。我们要有一个信念,即每个学生都是能够成才的,没有教不好的学生,只有不会教的老师。表现差的学生是教育不当的结果,他们更需要老师的呵护和激励。

从经济学的观点来讲,任何改革都是需要付出成本的,制度的改革是一种利益的再分配,教育改革也不例外。废除"三好学生"的评选,也是一种教育制度的改革,也需要付出成本。有些人赞成,有些人反对,这是不足为奇的。我作为一名教育界的老兵,提出这个建议,并非心血来潮,也不是为了新闻炒作,而是出于对教育的忠诚,对少年儿童的爱护。当然,我这也只是一家之言,要取得一致的认识,恐怕还要时日。

背景资料:2004年5月20日,中国教育学会会长、北京师范大学教授顾明远先生在上海教育论坛上呼吁废除"三好学生"的评选制度。他认为目前"三好学生"的评选常常依据的是"一好"(成绩好或听话),无论从理论上、实际上还是心理学上讲,都没有继续推行的必要。从理论上讲,"三好学生"的评选与我国的教育方针不合,与教育的民主性不符;从心理学上讲,它给学生造成了分等级的压力,这是最伤害学生的,可能影响到孩子们今后的人生之路。一石激起千层浪,一时间街坊巷陌议论纷纷。上海当地的报纸,如《新闻晨报》《新闻晚报》《东方早报》等纷纷刊登读者的热烈讨论,而京城媒体新贵《新京报》更是连续三天刊载了来自不同背景读者的观点交锋。全国各地的媒体更是闻风而动,北京的《中国青年报》、广州的《羊城晚报》、厦门的《厦门晚报》、成都的《天府早报》和《成都晚报》、南京的《江南时

关怀

报》、郑州的《大河报》和哈尔滨的《新晚报》等都不吝笔墨地刊登不同人士所持的针锋相对的观点。连中央电视台新闻频道的《小崔说事》栏目也不失时机地弄了一期《三好学生》,直接抓住观众的眼球。媒体先锋凤凰卫视更是不甘落后,在《时事辩论会》栏目力邀众嘉宾唇枪舌剑了一番。而在网上的论坛上早就是吵开了锅,口诛笔伐的有之,义愤填膺的有之,更不乏对中国教育"指点江山,激扬文字"的众多"愤青"。

"三好学生"这个问题属于旧话重提,为何在今天却像一个重磅炸弹一样引来如此多的连锁反应,甚至引起全国性的讨论?而对顾明远先生来说,这个想法并不是今天才形成的。

1998年,一家出版社编了一个全国"十佳少年"事迹材料,准备出一本书,想让顾明远先生写个序。岂料,他在看过书稿之后感慨良多,提笔写了一篇千字小文《从"十佳少年"评审谈起》。文章开门见山地指出:"我是不大赞同在少年中评什么'十佳'之类的活动的。"他重申了"不要把学生分成三六九等"的主张,进一步阐明了不赞成评"三好"的道理:"现在的实际情况是评'三好'时并不真正看'三好',往往只看'一好',即学习好。所谓'学习好'又指考试的分数高。这样评'三好'不是走上应试教育的轨道了吗？更值得反思的是，从小把学生分成三六九等有什么好处？少年是脆弱的嫩芽，他们需要的是爱护和培育，因此首先要帮助少年树立自信心，他们才能在成长的道路上克服种种困难，勇往直前。"而过早地为一些少年戴上"十佳少年"之类的荣誉光环，就无形中为他们上了"紧箍咒"，束缚了他们的自由发展，甚至还人为地制造了他们人际交往和社会适应的障碍。当然，这篇"序"最终没有被采用，但它发表在1998年第6期的《教育参考》上，在教育界引起了强烈反响。可惜当时是"内行看热闹，外行不知道"，最终并没有在大众层面形成广泛的讨论。

一滴水也能照出太阳的光芒。这场热闹的"三好学生"话题讨论本身蕴含着深厚的社会经济文化背景，同时更是公众借助媒体对如何推行新世纪的教育改革表达出了他们自己的观点。废除"三好学生"，这并不仅仅是一个称号或荣誉的终结，它反映了一种教育理念的变革。

我为什么呼吁停办奥数班

有一天，一位博士研究生抱怨孩子的奥数题目他都做不出来。这样的难题让奥数班的孩子做，有什么用处？不是折磨孩子又是什么？现在学生作业负担过重，主要不是重在课堂作业上，而是重在校外各种补习班的作业上。许多家长为了孩子能够升上好学校，让孩子在他们应该玩儿的时间去上英语班、钢琴班、舞蹈班、奥数班。这样就增加了学生的学业负担。这不仅有害于学生的身体健康，而且影响到课内基础知识的学习，未必能提高学业成绩。相反，如果强制孩子学习他并不喜欢的科目，可能会抑制他的才能的发展。

国际奥林匹克科学竞赛始于20世纪50年代末，开始只有数学一科，60年代增加了物理与化学，1989年增加了信息科学，1990年增加了生物学。每年举行一次，由各国政府轮流举办，参加比赛的有100多个国家和地区。这是一项很有意义的活动，它不仅推动了各国科学教育的交流，促进了科学教育水平的提高，而且激发了广大青少年对学习数学和科学的兴趣，增进了各国青少年的相互了解和友谊。因此受到了各国教育界的重视，也得到联合国教科文组织的关注和支持。

可以说我也是我国奥数的"始作俑者"。我国过去没有派过学生参加国际奥林匹克科学竞赛，直到1985年国家教委决定派中学生去参加，要求在北师大、北大、清华的附中设立集训班。我当时任北京师范大学副校长，负责管理附属学校的工作。我就决定在师大附属实验中学设立数学集训班。北大附中、清华附中分别设立物理班、化学班。我们从各地挑选了一些在这些科目中有天赋的拔尖学生来集训一年，第二年去参加比赛，第一次数学就拿回来5块金牌。后来得奖的学生都被清华、北大等校免试录取了。于是有些学校看到培养这些学生有利于提高升学率，就开始办起奥数班来。因为学数学不需要实验设备，比较容易，所以出现了奥数班。后来许多名校都把奥数成绩作为录取新生的依据。许多家长看到上了奥数班得奖以后可以保送名校，也就纷纷把孩子送入奥数班。于是奥数班从高中延伸到初中、小学。社会上一些教育商家看到了这里面的商机，也开始办起奥数班来。就这样，奥数班泛滥于我国大地。

奥数教育本来是一项有益的活动，有利于激发学生学习数学的兴趣，培养学生的数理思维。但它是一种特殊性质的教育，只适合于少数在数学方面有天赋才能的学生，并不适合于大多数学生。现在许多学生上奥数班并非出于天赋或者兴趣爱好，而是为家长所迫，家长又为学校所迫。有的学校为了提高升学率、为了创收，要求学生上奥数班。既无天赋又无兴趣，这样的学习怎么能学得好？奥数班的教学也逐渐因应试教育而异化，用奇奇怪怪的题目让学生解答，不仅增加了学生的作业负担，浪费了孩子最宝贵的时间，而且让学生受到沉重的心理压力。这实在是对学生的一种摧残。许多学生叫苦连天，家长也是有苦难言。

第四章　我与新中国教育改革

2007年11月，我在成都市青羊区参加小学生减负座谈会。我说要减轻学生过重的课业负担，首先老师要把每一节课上好，让每个学生听懂学会，这样就可以少布置课外作业。其次学校减轻了学生课业负担，家长切不要再增加学生的额外课业负担，不要买那么多课外辅导书，不要上那么多补习班。我说，我最讨厌奥数班，奥数班摧残人才。谁想到我话音刚落，一位小学生就举手发言，他说："顾爷爷，你说不要上奥数班。但是，不上奥数班就上不了好的初中；上不了好的初中就考不上好的高中；上不了好的高中就考不上好的大学；上不了好的大学，将来毕业就找不到好的工作。我怎么养家糊口啊？"这话出于小学生之口，真是又可笑又可叹。这都是大人的语言，可见减负不那么简单，它蕴涵着深层的社会矛盾。

奥数并非坏事，但人人学奥数就不是好事。什么事情被纳入到"应试教育"轨道就会变质，该是叫停奥数班的时候了。《国家中长期教育改革和发展规划纲要（2010—2020年）》中明确规定："各种等级考试和竞赛成绩不得作为义务教育阶段入学与升学的依据。"有些地方教育行政部门已经明令禁止，但是由于各种利益的驱动，有禁不止。为了切实减轻学生的作业负担，学校首先要负起责任来。其实也很容易做到，只要按照政策的要求，在招生录取中停止为奥数班的学生加分录取，只要有这一条，我想奥数班就会很快在中国大地上销声匿迹。

我和研究生

1979年我国正在酝酿建立学位制度和研究生教育的时候，我校就开始招收研究生。我们比较教育也在这年开始招生。我和符娟明、迟恩莲等老师招收了5名研究生，就是李守福他们几位。学制两年。学位条例颁布以后，给他们补发了学位证书。这是我国比较教育专业第一批获得硕士学位的研究生。

1983年国务院学位委员会审批第二批博士授权点和博士导师时，北师大比较教育学科和杭州大学比较教育学科被批准为博士授权点，我和王承绪先生被批准为博士研究生导师。这是我国比较教育学科第一批博士点和第一批博士研究生导师。我在高兴之余也感到诚惶诚恐。我自己没有当过研究生，怎么去指导研究生？尤其是比较教育这门学科在我国还是一门刚建立起来的新型的发展中的学科，我个人还只是站在学科的门槛上，缺乏深入的研究，怎么能培养博士生？因此心里感到很不安。1984年就应该开始招生，但我觉得条件不成熟，没有敢招生。1985年才在外国教育研究所内部招了第一名研究生，就是现在的王英杰教授。为什么招他为研究生，因为在这之前他已经在美国斯坦福大学读了两年博士课程，他比我更知道研究生如何学习、如何培养。因此想拿他做实验，积累培养研究生的经验。我们研究所其他老师也参加了培养工作，如毕淑芝教授指导他学哲学，我则主要负责教育基本理论、教育哲学等课程，比较教育的研究都是王英杰自己钻研。论文课题"美国高等教育的改革与发展"，也主要是由他自己收集资料、处理资料，然后我们共同讨论后完成的。因此我国第一位比较教育的博士是我们集体培养的结果。

第一位博士研究生王英杰接受答辩委员会的提问

第四章　我与新中国教育改革

20世纪90年代开始，招收的研究生也多起来了。由于我国硕士研究生已有一定规模，所以考博的学生也多了起来。报考我的研究生的不仅有本国的学生，还有国外的留学生。1993年我就招了一名韩国留学生具滋亿，1997年他毕业获得博士学位，是我国第一位获得文科博士的外国留学生。以后我又陆续招收了日本、韩国、越南的留学生共7名，他们都获得了博士学位。具滋亿回国后曾在韩国教育开发院担任要职，现为西江大学教授；韩国学者宋吉繕则留在中国，先后在清华大学、上海交通大学和浙江大学承担教学研究工作；日本的铃木正彦在日本大阪教育大学担任教育学部部长；越南裴明贤现在越南高教部工作。至今毕业的研究生已有60多位，其中博士生50多位。他们现在都活跃在各种岗位上，有的担任了教育行政部门的重要职务。

20多年来，我也积累了一些培养研究生的经验。我的主要经验很简单，只有一条，就是让他们自己学习、自己研究。我认为，博士研究生的活动主要是研究。文科研究和理科研究不一样，理科可以和导师研究同一个课题，在导师指导下共同做实验，然后个人独立完成研究论文。文科则主要靠研究生独立查阅文献、调查研究、处理信息。即使参加导师的课题，学生所承担

与韩国留学生具滋亿在博士论文答辩后的合影

和留学生一起讨论问题（左为日本留学生大滨庆子，右为越南留学生裴明贤）

的子课题也必须自己独立完成。因此，文科研究生的独立研究能力，包括社会调查的能力，应该更强。如何培养他们独立科研的能力？那只有让学生自己去探索。导师只起到引导作用，更重要的是培养研究生的思维能力。所以，我给研究生制定的课程中，专业课比较教育反而不是重点，哲学史、教育哲学才是重点。哲学就是培养思维的学科，一名文科研究生如果没有哲学、哲学史的基础是做不好研究的。至于比较教育，这是学生的专业，他们自然会去钻研，用不着作为一门基础课程。教学方式我也是采取放任式。我认为没有必要给博士研究生滔滔不绝地讲什么课，重要的是要他们多读书，有时也组织讨论。读书要做笔记，做笔记不是抄语录，而是写出自己的理解、评论。通过自己的笔，实际上是通过自己的脑，才能更深刻地理解所读的书。我们常常选一些重要的问题讨论，也选一些当前教育热点问题进行讨论，例如关于素质教育的讨论、关于知识教育的讨论等。我还支持研究生搞沙龙、论坛，各种专业的研究生都可以参加。这种沙龙和论坛可以使研究生获得多方面的信息，大大扩宽了眼界，增长了知识，达到资源共享的目的。说实在话，导师现在是年龄大、记忆差、开会多、时间少。我们看的书哪能比学生多？信

第四章　我与新中国教育改革

息也没有学生多。因此导师的指导更重要的是指明研究方向，指导研究方法，并对他们严格要求，只此而已。

研究生选择论文题目主要是根据他们的兴趣和将来的研究方向，我不要求学生一定要选我的课题。跟我一起做课题对我来说当然很好，可以帮助我收集资料，尽快完成我的研究任务。但是他们都有自己的文化背景，有将来的专业方向，不能把他们绑在我一个人的战车上。例如有的研究生当过多年数学、物理老师，他们将来也愿意进一步对课程、教学开展比较研究；有的研究生愿意从事比较教育方法论的研究等。我都鼓励他们与他们未来的研究方向相结合来选择博士论文的题目。沈立同学信佛教，且对佛教有研究，我就鼓励他研究佛教对中国教育的影响，他欣然接受了。这是一个很大很重要的题目，要分几步走。首先他要研究佛教的教化意义，不是把它作为宗教而是把它作为教育来看，它有什么教化意义。于是他撰写了《觉人教育——佛教教育》的论文，得到宗教界、学术界的好评。

研究生要有自己的学术见解，不要只介绍别人的观点，人云亦云。我鼓励学生发表不同的观点，哪怕是对我的观点的批评。薛理银的博士论文是《当代比较教育方法论研究》，论文评介了当代世界比较教育多名学者的理论

王英杰正在回答答辩委员会的问题

1998年顾明远先生和弟子们在一起

观点,在中国学者中选了滕大春、王承绪、朱勃和我作为靶子进行了评析,指出我们研究中的不足。我认为是很有意义的,他的博士论文得到学术界很高的评价。李现平的博士论文是《比较教育的身份危机之研究》,也是讨论比较教育方法论的。对他的观点我虽然有不同意见,但还是鼓励他说出自己的观点,论述自己的观点,他也圆满地完成了论文。

我在台湾的教育体会

台湾是我国的宝岛,我一直向往着能到那里一游,终于1993年来了机会,而且一连去了两次。第一次是1993年5月,我应台湾比较教育学会邀请进行学术访问。这次我访问了台北、嘉义两地,参观了台湾师范大学、台湾政治大

第四章　我与新中国教育改革

学、台湾中正大学、嘉义地区一所小学和台湾师大附中，并在台湾师范大学和台湾政治大学做了两次学术讲演。第二次是1993年8月参加学术研讨会。本来按照台湾当局的规定，大陆人士一年只能访台一次，我是经过会议举办者的申请获得特别批准的，算是对我特批。这次我访问了台北、高雄、台南、新竹，参观了世贸中心、广慈博爱院、自费安养中心、新竹科学园区、亚洲蔬菜研究中心、钢铁公司、居民社区等。之后，我又分别于1998年6月和2000年12月去了两次。1998年那次是我应台湾"暨南国际大学"邀请参加"华侨教育研讨会"，访问了台湾"中研院"、新竹技术开发研究院、台湾大学等。2000年那次是我应台湾4个学会的邀请参加"新世纪教育发展学术研讨会"并做主题发言。大会举办者组织我们参观了桃园县杨明小学和台北大安高级工业职业学校，参观了私立实践大学。几次访问使我结识了许多台湾学者，进行了广泛的学术交流，彼此有了较多的了解，我们衷心地希望两岸能早日统一，共同复兴中华文明。

1993年我到台湾，当时两岸隔绝来往几十年，需要相互了解。我在台湾政治大学讲演，有一位老先生提问，说东欧变了，苏联解体了，大陆的知识分子为什么还抱着马克思主义不放？我告诉他，一百几十年以前只有极少数人相信马克思主义，现在全世界有亿万人相信，这就是马克思主义的生命力；苏联的解体只能说明新的社会制度的建立不是一帆风顺的，是会遇到挫折的，不能说马克思主义不灵了；大陆知识分子相信马克思主义，是经过了几十年的摸索和实践检验的。

参观新竹科学园

1993年8月5日访台时我们访问了新竹科学园，科学园位于新竹县，被称为台湾的"硅谷"。到台湾访问的人大概没有不来新竹科学园的。

据园区管理局负责人介绍，科学园建于1980年，经过多年的发展，已经形成电脑、光电、通讯、集成电路、生物技术、精密机械等6大高科技产业

1993年8月5日顾明远先生参观台湾新竹科学园台杨公司

区，云集了一百几十家企业。园区附近就是台湾清华大学、台湾交通大学等教育科研单位，它们和园区企业联系，实行教学、科研、生产相结合，以生产带科研，以科研促生产，在科研、生产中培养了人才。

园区管理局负责人陪我们参观了陈列室，但我对陈列的新科技产品是一窍不通。主人专门介绍了美国在海湾战争中使用的卫星通信设备，一把小"白伞"，撑开来就是通常用于接收卫星信号的大"锅底"，但小巧轻便，小小一把"伞"就能与世界各地联络。主人还介绍了一种海上定位系统，据说也是当时世界上最先进的。

科学园占地2 000多公顷，园内设施一应俱全，有商店、银行、海关、邮局，有住宅区、公园和中小学校。我最感兴趣的是学校，可惜没有时间参观。据介绍，为了适应园区科研人员的需要，也为了吸引学子回来创业，学校实施双语教学，使回来工作人员的子女的教育能够衔接起来，便于他们来去自由。这种做法值得大陆借鉴。我在国外时遇到不少留学生，他们很想回国创业，但最大的顾虑是孩子的上学问题，大陆没有合适的、与国外教育相衔接的中小学，孩子将来又难以考上国内的大学。因此我曾建议政府办一些归国

第四章　我与新中国教育改革

子女学校，实施双语教学，如果再出国，子女可以跟上外国的学校教学；如果子女留在国内上大学，政府给予一定的政策照顾。这几年我们大陆也办起了国际学校，但都是民办的、收费高的。

台湾的中小学

台湾的学制中，高中分高级中学、高级职业学校。在高中阶段，普通高中约占全部高中的40%，职业高中约占50%，还有10%是五年制专科。近些年来普通高中的比例在逐步增加，因为高等学校的入学率很高，大约在70%。

台湾有800多所私立学校，主要是高级职业中学和大学，普通中小学只有20余所。2000年12月初我访问台湾时刚好遇上私立学校游行示威，反对当局对私立学校的不平等对待。我后来才了解到，高级职业中学大多是私立的，是20世纪60年代经济增长时期办起来的。当时台湾当局没有财力发展教育，是私人出资办起了职业学校，招收的都是贫苦家庭子女，但学费却要比公立学校高出4倍。这些学校为台湾的经济发展做出了贡献，台湾经济发达了，这些学校理应与公立学校一样得到当局的资助，但台湾当局仍然采取歧视政策，贫苦家庭的子女反而要缴高额的学费，学校和家长都感到不公平。

2000年12月11日下午，我们参观了台北市立大安高级工业职业学校。这是一所公立学校，成立于1940年，初为台北商工专修学校，后改名为台北市立初级工业职业学校，1950年改为台北市立工业职业学校，1981年改为现名。全校设4个群，下设11个科。机械群下设机械科、汽车科、钣金科、制图科；电机电子群下设电机科、电子科、冷冻科、资讯科、控制科；建筑群下设建筑科；工艺群下设印刷科。学校除办三年制本科外，还办有建教合作班，学制也是三年，但采取学校教育与工厂工作相结合的方式，每3个月为一学期，学校工厂轮换，在工厂工作时有工资，没有寒暑假，学生期满成绩及格则获得高职毕业证书。这种班办了6个。此外还办有夜间学习的进修班、短期的实用技能班、成人教育班等。学校的设备很精良，各科都有专业车间。这类学校其实很像大陆的工业中专。该校的特点是兼顾升学和就业，毕业生大多报考高等学校，特别是科技大学。20世纪90年代以后，升入高等学校率都在70%以上，1998年为76.4%，其中1/3考上了四年制大学，2/3考上了各种两年制专科学校。

台湾的中学很重视劳动技术课。1993年我参观台湾师大附中时看到他们劳动技术课的教室很大，有几百平方米，工具很齐全。

12月11日上午我们参观了位于桃园县的杨明小学。这是一所农村地区的示范性小学，校舍很漂亮，教育质量也很高，受到当地家长的赞赏，周边房产也涨价了。虽说校舍很别致，学校的一切其实也很平常，大陆这样的小学也到处都有。奇就奇在那位校长，值得表一表。

原来的校长名叫吴灯火。据说校舍是他自己按照安徒生童话设计的。学校办了一个分校，现在正在建设中。校长觉得兼两校的校长太累，因此辞去了总校校长一职，去建设新校了。因为我们去参观，学校又把他请了回来。此人个儿不高，却像他的名字一样，犹如一团火，热情奔放。在校园里不论他走到哪里，都会有孩子涌过来，老师也和他很亲近。他自己也口口声声地说："我热爱孩子，我愿意和孩子们在一起。"他很善于调动全校老师和所有家长的积极性。学校成立了家长委员会，那天家长委员会的主席、秘书长都来陪我们。主席是一家公司的老总，陪着我们参观、吃饭。我问："公司事务繁忙，怎么有时间管学校的事？"校长开玩笑说："他敢不来吗？我对他们说，学校的事你们不管，你们的孩子可要吃亏的。"其实也不是因为不敢，而是校长确实有号召力，家长都佩服他。一位家长讲："像他那样一心扑在学校上，我们佩服他，学校的事我们能不管吗？"他自己讲了一个故事：有一位家长想把孩子送到这所学校来上学，先来打听打听，一进学校就见到一名工友模样的人，正在忙前忙后，家长和他聊起来，这位"工友"把学校的情况如数家珍似的一一讲给他听，家长很满意，但是说还想见见校长，那位"工友"说我就是校长，家长很惊讶，立即就把孩子送来了。校长开玩笑地说："我长得这么丑，又不注意穿着，为什么孩子那样喜爱我？就是我因为热爱他们，和他们打成一片。"

参观图书馆时，我们发现工作人员都是家长，穿着家长特有的服装——黄背心。我问一名家长是怎么来工作的，她告诉我她每周来半天，每学期初，学校给每个家长发一张表，征求家长意见，有没有时间到学校来做义工，如果可以，就填上时间。她说她每周一上午来半天，如果有事来不了，就请别的家长代替。学校每学期为每个学生的家长准备一个小本子，叫作"父母护照"。封面上写着："亲情是天生的，爱子女的方法却需要学习；没有人天生就是好父母，却可以借助学习而成为有效能的最佳父母。"本子分两部分。一部分叫"爱智奖"，有家长参加学校活动的名称、活动的日期、时数、主办处室核章。后有说明：家长到校参加家庭教育活动或研习讲座，每满3小时为1点，累计30点可向辅导室申请，由学校颁发爱智奖励卡1张，以兹表扬；有参加县级府相关单位举办的家庭教育讲座、各博物馆文化活动的票根或证明，每张以1点计，亦可申请合计；阅读家庭教育书籍后写下心得，投稿给《杨明通讯》，每刊出1篇得1点。另一部分叫"爱心奖"，有家长参加服务项目的名称、服务日期、服务时数、接受服务单位。后也有说明：家长参加本校义工或参与学校、班亲会服务活动，以3小时为1点，累计30点可向辅导室申请，学校将颁发爱心奖励卡1张，以兹表扬。本子最后面还记录了许多父母用来赞赏、鼓励孩子的话语，指导父母注重鼓励孩子，而不是责怪孩子。我觉得这个小本子很有教育意义，对家长、对学生都有教育意义。

与台湾学者的同胞情谊

我第一次接触台湾学者是在1980年，在日本琦玉县第四次世界比较教育大会上。大会宴会时一位台湾学者主动找我们聊天，他自我介绍叫郑重信，台湾师范大学的教授。那时大陆学者和台湾学者之间还有些隔阂，但是我们还是聊得很欢的。他很想了解大陆的情况，想回大陆看看。我们请他到我们的住处，给他介绍大陆，特别是北京的情况，还送给他北京的风景明信片。他说，恐怕这些明信片还不能被带回台湾去，我们也很理解，但觉得都是中国人，有一种亲切感。

1986年香港中文大学教育学院院长杜祖贻教授在香港中文大学举办了一次"亚洲地区华人社会教育事业的展望"研讨会，邀请了大陆和台湾的学者参加。大陆去参加会议的有北京大学的汪永铨、时任华东师范大学校长的袁运开、时任华南师范大学校长的潘炯华、昆明师范学院（现云南师范大学）原校长卢浚和我；台湾学者有台湾师范大学的黄坚厚，台湾政治大学的刘兴汉、吴静吉、黄炳煌，高雄师范学院的曾昭旭。香港中文大学杜祖贻教授安排得很周到妥帖，两岸各5位教授；会议是圆桌会议，也安排得很好；安排大陆学者和台湾学者住在不同宾馆，吃饭也把我们分开，怕我们会尴尬。会后有一天组织参观游览，令他没有想到的是，在车上和在游览的地方我们两岸的学者谈得很欢，互相交换了名片，希望以后能联系。这才打消了杜教授的顾虑，晚宴就把我们混合安排在一起了。

更多的和台湾学者的接触还是在各种国际会议上，如在世界比较教育大会上我们经常接触。因为世界比较教育学会联合会并非政府组织，来自各国、各地区的代表可以以学校和个人名义参加，因此每次会议都会遇到不少台湾学者。虽然两岸学者曾中断来往几十年，交往中总会有些隔阂，但关于教育问题的共同语言还是很多的，尤其都是中国人，都倍感亲切。

1992年秋天，台湾比较教育学会会长林清江教授邀请我去参加他们的年会。但是由于手续繁难、周期很长，我没来得及赶上他们的年会，直到1993年春才办完赴台手续，1993年5月我终于踏上了前往我国宝岛的路程。这在我国教育界恐怕还是第一次，经历与现在可是大不相同，值得说一说。

首先手续之麻烦难以想象。我填了表格，详细说明了自己的情况，而且一路上还遇到许多关卡。当时香港尚未回归，我进入香港时备受刁难。我一早到深圳罗湖出关，只见人山人海，好不容易填了表格，把各种证件以及来

第四章　我与新中国教育改革

回机票送上去，又足足等了两小时。好在我早有思想准备，因为不久前看到一个报道，说有人等了6小时，还要经过谈话。这样看来我这次算是运气不差，只等了两小时，也没有谈话。过了罗湖海关已是下午两点钟，坐火车到香港岛，住在新华社招待所，第二天一早去换证件。手续也很烦琐，不像现在那样简单，当场就把台湾旅行证发给你。1993年只是填表格，验明证件，登记在册，旅行证却要到台北桃园机场去取。换完证件我就直奔启德机场，那是上午10点。本以为赶乘下午2点的航班绰绰有余，谁知在办登机手续时被告知我的旅行证尚未被送到桃园机场，不能登机。我赶紧给台湾比较教育学会秘书长、台湾师范大学的杨思伟教授打电话，请他去催，把旅行证赶快送到机场。我只能在香港机场干等着，还要不时到航班办事处去打听，心里的焦急是可想而知的。直到下午4点总算是有了消息，可以办登机手续了，但预订的航班早已飞走了，只好改乘下午6点的航班，等飞到台北桃园机场已经天黑了，从北京到台北竟用了两天半。

到台北我的第一个印象是犹如到了广州，建筑和20世纪90年代的广州差不多，没有太高的建筑，店铺前面都有廊檐，街道不很宽，人们都讲普通话，因而比在香港亲切得多。最奇特的是摩托车特别多，像大陆的自行车，车速很快，绿灯一亮就似潮水般冲过来，其势吓人。

这次到台湾，主要是受台湾比较教育学会会长林清江教授的邀请。他当时任台湾中正大学校长。该校位于嘉义，所以第二天我就乘飞机到嘉义。台湾中正大学是一所新学校，当时才建立5年，据说当时花了80亿新台币。林校长陪我游览了这所大学，又参观了附近一所小学和一些名胜古迹。第三天就回台北，在台北访问了台湾政治大学、台湾师范大学，参观了台湾师大附中。我在上述两所大学做了两场演讲，和他们的教师、研究生进行了座谈。我主要是介绍大陆的教育情况。

在两次报告会上我都遇到了一些敏感的问题，说明了两岸长期隔绝交往造成的思想意识障碍。一次是在台湾政治大学讲演，听众有三四百人，有一位教授问到苏联解体的问题。另一次是在台湾师范大学图书馆学术报告厅演讲,听众有五六百人,还有许多青年学生,林清江亲自主持。我讲完后是提问环节,有一位很老的教授问我关于台湾当局合法性的问题。这就使我有些尴尬,正面回答吧,非争论起来不可,不回答吧,有失立场。我想了片刻说:"还是不回答吧,不要破坏了今天这样友好的气氛。"当时全场鼓起掌来。会后林清江向我道歉,说:"没有想到有人给你出难题。"我说:"没有什么,两岸相断交流已几十年,不同的想法总是存在的,关键的是我们都是中国人。"

台湾师范大学的郭为藩教授是我多年的老朋友,我到台湾后,他很想见我,决定请我听音乐会,听音乐会之前就在音乐厅地下餐厅请我吃便餐。听音乐会时也很照顾我的感受。对这件事我还是很感激郭为藩教授的,不愧是学者的风范。2005年11月我们又在上海海峡两岸教育研讨会上见面,互相赠送了各自的学术著作。

由上面说到的几件事也可以看出,虽然我们在海峡两岸,但都认同一个中国,我们都是中国人。

1993年秋天我第二次去台湾。这次是台湾促进中国现代化学术研究基金会组织的一次中国现代化研讨会。大陆由中国社科院组织了一个20多人的代表团,由中国社科院副院长刘吉任团长。按照台湾当局的规定,大陆居民每年只能到台湾一次,我算是特邀的。研讨会分几个小组进行,教育组都是我们熟悉的台湾和香港学者,我做了关于现代化与中国文化传统教育的讲演。参加会议的人中有一位老朋友,台湾师范大学的资深教授伍振鷟先生,他祖籍江西,是位耿直的江西老表。大会宴请参会人员,原订下午6点开始,他老先生3点钟就到我的房间与我聊天。他慷慨激昂地大骂李登辉,我怕在饭店里讲这些话不方便,李登辉政权知道了对他不利,总想把话题引开。但他说不怕,绝大多数台湾老百姓都希望有朝一日两岸统一。

我在台湾还有一位老朋友是贾馥茗教授,她也是我们北京师范大学的校

第四章　我与新中国教育改革

顾明远与台湾师范大学的贾馥茗教授在澳门大学同坛演讲

友,曾经在北师大读书,与黄济教授是同班同学,算起来是我的学长,她四年级时,我应该是读一年级,但1948年她去台湾了。我们是在台北认识的,一谈起来是先后同学,就很亲切。她是台湾师范大学的资深教授,在台湾很有威望。我在大陆主编《教育大辞典》,她在台北主编《教育大辞书》,因此我们有许多共同语言。我到台湾的几次都与她见面了。1999年,有一次她邀请了北京师范大学的校友同我吃饭,到场的10多位校友,最长的已90岁,真是很难得。2005年12月,她的学生单文经教授被聘为澳门大学教育学院院长,知道我和贾馥茗教授的关系,邀请我们参加他举办的教育名家讲座,让我们两位同坛演讲。贾馥茗教授讲的主题是"再论教育的真谛",我讲的主题是"民族文化传统与教育现代化"。我们两人不谋而合,都讲中华民族的文化传统对育人的影响,都讲要弘扬中华民族文化,做一名真正的中国人。

当然,两岸学者在思想意识和思想方法上、在一些具体问题上还有许多差异，因此需要多加交流、互相了解。10多年来我们结交了许多台湾教育界的学者，他们回大陆很方便，只要持回乡证就可以回来。他们对我们的教育改革很感兴趣，每次来大陆都要带许多大陆的教育著作回去。近几十年来许多大陆的学者都访问过台湾，我们的交往越来越频繁，这是十分可喜的事。我回顾初次去台湾的经历，也觉得特别有意思。

教育改革路在何方

2014年春节寒假期间，我12天没有下楼，写了约7万字的教育漫谈《中国教育路在何方》。为什么要写这篇文章？正如我在文章的后记中所说的："我应该搁笔了。已是耄耋之年，眼睛视力又不好，无法阅读现在浩瀚书海中的书，也没有什么新思想。搁笔吧，不再写作了。但是最近一个时期无论在亲友的餐桌上，还是在朋友的聚会上，教育总是最热门的话题，有说不完的问题和意见。不由得又有了写作的冲动，想把我想到的意见写出来，供大家参考也好，批判也好。总之，搞了一辈子教育，肚子里有许多话，想一吐为快。"

改革开放以来，我国教育的发展成就举世瞩目，但为什么老百姓的意见越来越多？其实这也不奇怪。在过去精英教育的时代，只有少数人受教育，大众没有发言权。现在进入大众教育时代，就出现教育公平问题、教育质量问题，人人都来议论教育的长短，这是教育发展中必然会出现的问题。

在这篇文章中我主要用讲故事的方式讲了讲我国教育的发展、存在的问题和改革的前景。我讲了以下几个观点。

一是就教育论教育是说不清楚的。当前大家议论的问题其实不是教育本身的问题，是社会问题在教育领域的反映。有社会激烈的竞争，有固有文化的旧观念的影响，等等。

二是教育本身也存在问题，特别教育发展不均衡，教育观念相对落后、

第四章　我与新中国教育改革

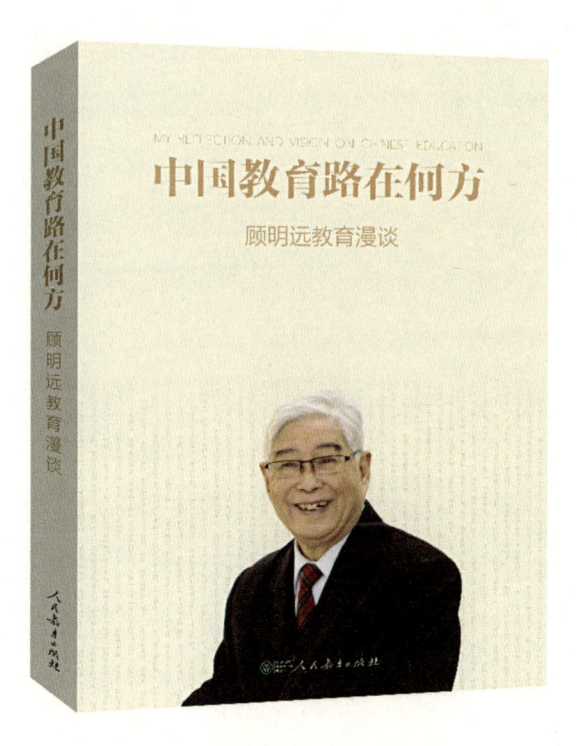

《中国教育路在何方》

内容方法比较陈旧、评价制度不科学，特别是考试招生制度有待改革。

三是澄清了关于素质教育的误解、教师教育改革的失误。

四是要深入教育改革，首先要转变教育观念。从宏观上讲，要推进素质教育，提高教育质量，促进教育公平；从微观上讲，要办好每一所学校，讲好每一节课，教好每一个学生。要改变人才培养模式，以学生为主体。我提倡四句话：没有爱就没有教育，没有兴趣就没有学习，教书育人在细微处，学生成长在活动中。

第五章 我与《教育规划纲要》

第五章　我与《教育规划纲要》

只有一流的教育，
才有一流的国家。

集体备课

2006年8月31日中央各大报纸在头版头条发布重要新闻报道："中共中央政治局8月29日下午进行第三十四次集体学习，中共中央总书记胡锦涛主持。他强调，必须坚定不移地实施科教兴国战略和人才强国战略，切实把教育摆在优先发展的战略地位，推动我国教育事业全面协调可持续发展，努力把我国建设成为人力资源强国，为全面建设小康社会、实现中华民族的伟大复兴提供强有力的人才和人力资源保证。"新闻报道还提到，这次集体学习安排的内容是世界教育发展趋势和深化我国教育体制改革，由浙江师范大学校长徐辉教授、教育部教育发展中心主任张力研究员就这个问题进行了讲解，并谈了他们对促进我国教育发展的意见。

为了这次讲解，教育部组织了一个备课小组进行了认真准备。小组成员有徐辉、张力、谈松华、胡瑞文和我五人，时任社科司副司长的袁振国也参加了讨论，时任教育部副部长的袁贵仁主持了几次重要的讨论。徐辉和我主要负责世界教育发展趋势部分，张力、谈松华、胡瑞文主要负责我国深化教育体制改革的部分。我们首先进行调查研究，然后讨论两部分的内容，用了差不多四个多月的时间形成了讲解稿子。

开始准备的时候不知从何下手，五个人各人提出各人的见解，很不一致。经过查阅各种资料，反复研究讨论，我们总算捋出一个头绪，写出提纲，最后形成讲稿；又征求各方面专家的意见，才把讲稿定下来。

世界教育发展趋势和深化我国教育体制改革是有联系的两个部分，体现了面向现代化、面向世界、面向未来的精神。立足中国，放眼世界，把我国的教育改革放在国际视野中，从世界教育发展趋势中吸收世界教育改革和发展的经验。

关于世界教育发展的基本趋势，我们总结了四条：一是教育先行，人力资源开发上升为国家战略；二是实施全民教育，提高国民素质；三是倡导终身教育，建设学习型社会；四是大学在国家创新中成为重要的基础和引领力量。对于世界教育改革和发展中面临的主要问题和对策，我们总结了三条：一是关于教育公平和效率问题；二是关于教育普及与提高问题；三是关于公共财政与社会资源问题。

关于深化我国教育体制改革，讲稿分析了我国教育发展的现状和面临的挑战，提出了四条思考与建议：一是坚持教育优先发展，建设人力资源强国；二是全面推进素质教育，培养高素质的社会主义建设者和接班人；三是适应经济社会发展需要，促进教育持续协调健康发展；四是坚持教育的公益性，努力促进教育公平。

当然讲稿里面都有一些数据来支持上述的观点。例如讲到教育先行，讲稿就提到，经济学家舒尔茨通过对美国1929—1957年国民经济增长因素的分析发现，教育对经济增长的贡献率约为33%；世界银行发现，在低收入国家读过四年小学的农民与不识字农民相比，其粮食产量提高8.7%；还分析了战后日本和韩国教育发展与经济增长的经验、美国重视教育的经验等，列举了发达国家和发展中国家的许多例子。

在国内部分我们也列举了一些数据。例如，要强调教育优先发展，政府就要增加投入，明确提出要落实全国人大通过的"十一五"规划中提出的"保证财政性教育经费的增长幅度明显高于财政经常性收入的增长幅度，逐步使财政性教育经费占国内生产总值的比例达到4%"。我们对推进素质教育和促进教育公平也提出了一些具体的意见。整个报告集中在教育先行、增加投入、促进公平、提高质量几个方面。

第五章　我与《教育规划纲要》

在这次准备工作中我只是收集了一些资料，发表了一些自己的见解，参加了集体讨论，没有起什么大的作用。执笔写稿都是徐辉和张力两个人承担的。但我们的讨论是十分认真的，为了参加讨论，我取消了访问英国的机会。我去过许多国家，唯独没有去过英国。2006年6月英国伦敦大学教育学院邀请我去访问两周，但正好在研究讨论讲稿的紧要关头，我只好放弃了这个机会。但参加这次备课我觉得收获很大，为了分析世界教育发展的趋势，我们研讨了各国教育发展的经验和世界教育发展的总的趋向，参照了国际组织对教育的评价和预测，使我学到很多知识。分析我国教育现状和问题也使我认识到教育与我国经济社会发展的密切关系以及种种矛盾和制度障碍，从宏观上对我国教育有了较完整的理解。

参加总理的教育座谈

2006年8月22日是一个不平常的日子，那一天时任国务院总理的温家宝同志邀请我们到中南海座谈基础教育改革。

2006年下半年，国务院当时计划召开改革开放以后的第四次教育工作会议，计划发布《中国教育发展纲要（2006—2020）》。为了决策的科学性，总理说要召开几个座谈会，听取各方面的意见。此次是第二次座谈，谈基础教育的改革。为了谈得充分一些，只请了五个人，有原北京市人大常委会副主任、原北京市教育局局长陶西平，华东师范大学叶澜教授，南京金陵中学校长丁强，成都草堂小学校长蓝继红和我。陪同温家宝同志参加座谈的有时任国务委员华建敏、陈至立，还有时任国务院副秘书长陈进玉，时任发改委主任马凯，以及时任教育部长周济等。

上午9点整，温家宝同志走进会场，和我们一一握手。座谈会开始，温家宝同志先说："我们明年要实现免费九年义务教育，这是中国历史上很大的举措。也就是说以后农村孩子上小学初中就不再缴费了，贫困地区国家还补助他们的生活费。今天想请大家来谈谈基础教育如何改革，我们最终目的是要把基础教育办好，提高孩子们的学习质量，提高整个民族的素质。"

大家开始依次发言。叶澜教授第一个发言，她讲了课程改革，介绍了她的新基础教育实验；接着金陵中学的丁校长、草堂小学的蓝校长介绍了他们学校的改革和经验；陶西平同志发表了关于实现教育公平的意见和民办学校的政策建议。温家宝同志听得非常认真，随时记下笔记，有时还插几句话来呼应发言人的意见。最后轮到我发言，教育中的重要问题前面几位都讲到了，我讲什么呢？我想，我是研究比较教育的，就讲讲世界教育发展的趋势和中外教育的比较吧。

我说，改革开放以来，我国教育取得了很大成绩，这是举世瞩目的。最近修订的义务教育法已经由全国人大常委会通过了，这是我国教育史上又一个里程碑，必将带来教育发展的高潮。但在发展过程中也遇到很大的矛盾和问题，这些问题都是发展中遇到的问题，世界各国在教育发展过程中都遇到过类似的问题。今天我想介绍一下世界教育在半个世纪以来发展的情况和经验。

第二次世界大战以来世界各国教育发展大致经历以下三个大的阶段。

第一阶段是20世纪五六十年代，这是教育大发展大改革的年代。50年代以前，即使是发达国家，中等教育都还没有普及。高等教育毛入学率除美国以外都没有超过10%。但是到了60年代末，发达国家基本上都普及了12年的中等教育，高等教育毛入学率也达到了15%左右。特别是1957年苏联第一颗人造卫星上天，刺激了欧美教育的改革。美国人认为，苏联此举动摇了美国在军事和科学技术方面的领先地位，认识到国际竞争的先决条件是高质量的教育和大批训练有素的人才。于是1958年美国国会通过了教育史上著名的《国防教育法》，强调"国家安全要求最充分地发展全国男女青年的智力资源和技术技能"。主要内容包括三项：一是加强基础教育，提高中小学数学、自然科学和现代外语三门课程的水平；二是加速理科实验设备的更新；

第五章　我与《教育规划纲要》

三是设立奖学金鼓励有才华的青年进入大学学习。美国为了落实这个法案，花了41亿美元。这个法案开创了美国历史上联邦政府直接拨款支持教育。这次改革编写了一批新教材：新数学、新物理、新化学等。虽然新课程因为太深太难没有取得预期的效果，但是这次课程改革影响到世界各国，而且确实培养了一大批优秀人才。

第二阶段是20世纪70年代和80年代，是学习化社会、终身教育思潮兴起的时代。终身教育是在60年代中期提出来的，它的背景是科学技术革命带来的生产的变革。1973年石油危机，西方失业人数增加，要再就业就得学习，因而就出现了终身教育的思潮。关于终身教育，我一开始不理解。1974年我去巴黎参加联合国教科文组织第十八届大会，看到终身教育是发达国家提出来的，按照"文化大革命"的思维定式，以为这是资产阶级教育思想。"文化大革命"结束以后看到《学会生存》这本书，讲到科学技术的发展引起生产的变革，造成工人流动、失业，要适应这种生产变革，就要不断学习，终身学习。后来发现马克思的《资本论》早就讲到，大工业生产造成了劳动的交换、职能的更动、工人的全面流动性，这才认识到终身教育是先进的教育思想。终身教育思想在70年代得到世界各国的认同，许多国家通过了终身教育的法律，加强职工的继续教育和专业培训，以适应科技进步带来的生产变革和经济转型。

第三阶段是20世纪80年代中期至今，是教育民主化、提高教育质量的时代。随着世界和平发展的进程和国际竞争的日益激烈，教育民主化和提高教育质量的呼声越来越高。教育民主化的重要体现是1990年在泰国召开的全民教育大会，大会把教育视作一种基本人权，提出满足全民的基本学习需求。同时鉴于教育大发展带来的教育质量问题，提出要全面提高教育质量。80年代日本和德国在汽车、电子产品等方面超过美国，美国立即有危机感。为此美国于1983年发出了"国家处境危险，教育改革刻不容缓"的呼声；1989年制定了《中小学数学课程及评价标准》；随后又制定了《国家科学教育标准》，明确规定从幼儿园到高中的学习目标；1994年又制定了《社会学科课程标准》。1991年老布什总统提出重建美国学校与《2000年教育计划》。克林顿总统执政后，以追求教育质量优异为目标的教育改革进一步深入，并由国会通过了《2000年目标：美国教育法》。英国也在80年代开始了新一轮的教育改革。1988年英国议会通过了《1988年教育改革方案》，规定1989年起全国所有公立中小学实行统一课程，规定开设两类课程——核心课程和基本课程，制定统一标准，改革考试制度。日本于1984年开始拉开了第三次教育改革的序幕。1984年中曾根首相成立了临时教育审议会，审议会三年中提交了四次咨询报告，提出八项基本指导思想：（1）重视个性原则；（2）重视基础；（3）培养创造性思考能力和表达能力；（4）扩大选择受教育的机会；（5）教育环境中的人与人之间的关系；（6）向终身教育体系过渡；（7）适应国际化社会；（8）适应信息化社会。

世纪之交的世界教育也遇到许多困难，主要有以下几个方面：一是学习需求的迅速增长与社会满足这种需求之间的矛盾，各国都遇到教育财政的困难，包括发达国家；二是教育与就业关系的矛盾，许多国家出现了"高教育、低就业"的现象；三是教育中存在严重不平等现象；四是学生的全面发展和个性的充分发展被忽视；五是教育管理效率低下，公共教育体系僵化，资源浪费严重；六是教育失败现象严重，学生有厌学、逃学、吸毒、自杀、欺侮弱小等现象，严重地影响人口素质和社会安定。

纵观第二次世界大战以后世界教育的发展，可以归纳为以下几个发展趋势。

（1）教育的民主化和教育平等。20世纪60年代以来，教育民主化逐渐成为世界教育的主要趋势。教育民主化的核心是教育平等。教育已经不只是为了发展经济的需要，教育是一种人的权利，人受教育的最终目的是个体自由、和谐、全面的发展。教育应该给每个人提供平等的机会，同时要承认差别，因材施教。为了实现教育平等，各国都制定了照顾弱势群体的计划。例如美

第五章 我与《教育规划纲要》

国的"提前开始计划",又称"开端计划",由联邦政府资助贫困家庭儿童的早期教育;法国的"教育优先发展区"计划,1999年我到法国访问,听说"教育优先发展区",以为是发展重点优质教育,后来才知道是给移民贫困地区的优先政策,他们的经费比别的地方多,教师编制也宽。

(2)教育终身化。终身教育是在科技迅猛发展和知识社会形成过程中发展起来的一种国际教育思潮。它强调教育应该贯穿人的一生,主张学校教育、社会教育和家庭教育互相沟通,互相促进。终身教育不是另搞一个系统,而是把一切教育都纳入到终身教育体系。小学也要实施终身教育,教育他们有终身学习的意识和能力。有的专家说,现代教育就是终身教育。党的十六大提出,我国要形成全民学习终身学习的学习型社会。我的理解是学习型社会就是以学习求发展的社会。在这个社会中,企业要成为学习型企业,学校要成为学习型学校,社区要成为学习型社区。

(3)教育的信息化。信息技术的发展对教育产生了革命性的影响。

(4)教育的国际化。现在国际交往越来越频繁,国际合作越来越广泛。留学生越来越多,各国互相承认学位、学分等,都是教育国际化的表现。

(5)普遍重视教育质量问题。许多国家都把提高教育质量作为增强国家综合实力的重要措施。拿现在世界上最强大的美国来说,美国经常有危机感、忧患意识。我到美国去,问他们为什么经常提到危机,他们说危机总是与机遇并存,有了危机感就会认真改革。当20世纪50年代苏联卫星上天,美国提出《国防教育法》,说国家安全受到威胁,原因是中小学教育不如苏联;当80年代德国、日本有些技术超过美国时,美国又提出"国家处境危险,教育改革刻不容缓";2001年小布什又提出"不让一个孩子掉队"的法案。英国以及欧洲大陆国家也都在采取措施,提高教育质量。

经常有人问,中国的教育和欧美发达国家相比到底处于一个什么水平?我觉得这个问题很难回答。因为国情不同,文化传统,包括教育传统不同,因而教育理念、教育方法不同,很难说谁好谁坏,只能说各有长处,也各有不足。杨振宁曾经说过，中国学生的基础知识比较扎实，基础知识还是会发挥作用的。美国教育与我国相反，重视发挥学生的主动性和个性，美国学生会提出问题，会自己动手。我觉得两国教育各有所长，两者结合起来就好了，美国的长处中国还是要学习。

我对温家宝同志讲，我今天带来两本书，是一位在美国读书的十六七岁的华裔学生写的《我在美国上中学》，一本是初中卷，一本是高中卷。可以看看人家的教育理念和教育方法。我说，您如果感兴趣，我把这两本书送给您。温家宝同志马上接过去，当即就翻了几页。旁边华建敏同志也翻了起来。我说，我举书中的几个例子。

第一个例子是初中一年级的艺术课。老师说："这个学期学习传统的和现代的绘画艺术。我不会讲著名艺术家的知识，而是让你们自己去调查研究这些艺术家，找出他们的代表作品，找出他们的艺术风格和艺术特色，介绍他们的代表作品与他们的流派，然后给我们全班同学做一个报告与表演，然后向全班同学布置一个作业，按照报告的那种艺术作品形式来完成。"学生对老师的布置都拍手叫好，下课后同学就选自己喜欢的艺术家。第一位同学汤姆选的是达·芬奇，介绍了达·芬奇的生平、代表作品、风格，然后给同学布置用达·芬奇现实主义的方法画旁边的同学的任务，于是大家就画起来。

第二个例子是生物课。老师布置这次作业是采集树叶，书上列出20多种树叶，老师说："我不会给你们树叶检定表，我要你们自己去找到树叶的图像。你们可以查参考书，上网，或者找植物学家咨询。采集树叶后要查出每一种树叶的正式名称、树叶结构、树叶附属物、树叶排列、树叶形状、树叶边缘和树叶脉型。"然后老师教学生如何画树叶。这个作业用两个星期完成。课后学生到处去找树叶，找资料，并将找来的树叶对照，写出作业。

第三个例子是高中一年级，也就是九年级的历史课。这一学期讲1889—1945年的世界史。布置的作业是"历史文化组合：1889—1945"，包含10个内容：历史事件表、历史人物专访、对历史人物的讣告、对历史人物的颂文、

第五章　我与《教育规划纲要》

历史电影评论、一本书的书评、史评、一幅历史画的画评、假如历史可以假设、献词。作业的封面设计有两个要求：一是采用对美国历史的艺术表达形式；二是镶嵌历史名人的名言。这个作业用两个月完成。那个华裔学生说他选择的历史事件是第二次世界大战中的东方战场，历史人物是陈纳德，颂文和讣告选的是宋庆龄写的。

我之所以不厌其烦地讲这几个例子，是想说明，这些自由主义国家不是不重视基础知识。通过这几个例子可以看出，他们的教学是非常有计划的，而且是精心设计的。学生这样学习基础知识怎么能学不牢固？学生这样兴趣盎然地学习，不仅会牢固地掌握基础知识，而且会发展学生的主动性、创造性，还能大大扩大学生的知识面。温家宝同志说，它是启发式，不是灌输式。

这里就带出两个问题：一是教育理念的问题，二是教师水平的问题。

教育理念当然有各自文化传统的背景。美国人讲平等、讲自由、讲竞争。讲平等就是给所有学生平等的机会。公立学校的条件基本上是差不多的，公立学校就是讲求平等公平。但是在公平中又强调个性发展。那本书中讲到，他读的高中，课程有300多门，任学生选择。有学生顾问来指导帮助学生选课。必修课里也有选择，如数学就分普通数学、强化数学、高级数学。特别是到了高中，如果想上好的大学，就要选择难的课程，如果只想上一般大学，可以选一般的课程。而且他在初中的时候就到明尼苏达大学去选修数学强化班。美国设立"先修计划"，这是1955年开始实施的。根据这个计划，高中可在13个学科开设大学水平的选修课程。学生在修完某门课后，可以参加大学入学考试委员会举行的标准化考试，入大学后可以免修。大学也为中学生开设各种课程。选大学的课程也是要考试的，竞争十分激烈。他说，他参加的数学强化班，报考的有2 500人，只录取150名。但考试很简单，20分钟回答50个问题，所以负担不是很重。

大学入学也需要考试，但这种考试在高中一开始就可以参加，而且可以选择难的考试或容易的考试。大学录取参考这种全国考试，还要考查平时成绩。每个大学对申请者的课程要求都不一样，因此在高中选课时就要考虑自己将来发展的前途。大学还要考查学生有没有参加过社会活动，有没有做过义工。所以，有的学生暑假到非洲去做义工，有的到社区做义工。

第二个问题就是教师水平问题。从上面的例子可以看出，美国的教育不像一般人所想象的那样自由放任，而是由老师周密计划设计的。业务上没有高水平，能设计出这样的课吗？不可能。特别值得佩服的是，这些老师都非常敬业，想方设法让学生学好。这两本书里描写了许多老师，都说老师怎样怎样好，某某老师有什么特点等。让学生这么说好是很不容易的。

温家宝同志曾经说过，没有爱就没有教育。教师要有对教育的热情，对学生的热情。这种爱与父母对子女的爱不同，教育的爱是对人类的爱，对民族的爱，对未来的爱，是不求回报的无私的爱。

我还想加一句，没有兴趣就没有学习。从上面的例子可以看出，老师千方百计地让枯燥的课程变成有趣的作业，学生总是怀着一种期望，兴致勃勃地学习探讨。在这样的气氛中怎么能学不到知识并培养创造能力呢？

因此，教师的敬业、教师的水平是提高教育质量的关键。所以我只给温家宝同志提一个建议，就是要重视教师队伍的建设。应该说，我国大多数教师非常辛苦，他们起早贪黑地忙于对孩子的教育上，许多事迹极为感人。但是现在许多教师很苦恼，一是明知现在这样的教育方法不能培养创新人才，但是社会、家长对于升学施加的压力压得老师喘不过气来；二是社会上对教育的指责使得教师感到很大压力，感到当教师似乎不那么光彩了。这不能不引起大家的重视。教师队伍不稳定，无疑是毁我长城。社会上还是要为教师树立正气，尊重教师。

另一方面要大力提高教师的专业水平，提高质量，使教师的职业值得社会尊敬。只有教师职业专业化，成为不可替代的职业，教师才会有社会地位，受到社会尊重。对于现在优秀青年不报考师范的现象，我很担忧。我建议要给师范生免费上学，贷款也行，毕业后当教师的，政府负责还贷。温家宝同

第五章　我与《教育规划纲要》

志表示赞同，他说就是要免费，先从教育部直属的六所师范大学试点。

最后，温家宝同志作了简要而又十分重要的总结。他说，大家的讨论具有很大的启发性。教育振兴是中国振兴的重要标志。我国经济持续28年高速增长，已发展成为世界第四大经济体。我们国家能否持续繁荣下去？可持续发展的基础和动力在哪里？关键在人才，根本在教育。他还说，我们有一流的教育，才能有一流的国家实力，才能成为世界一流的国家。温家宝同志还语重心长地说，提高教育质量必须依靠教师。中国需要建设一支规模宏大、素质优良的教师队伍，造就一大批教育家。国家要进一步加大对师范教育的支持力度，吸引全社会最优秀的人来当教师。大家听了温家宝同志的重要讲话都十分兴奋，感到温家宝同志这样重视教育，我国的教育一定会更好地发展。我认为自己作为教育工作者任重而道远。此时钟表指针已经指在12:10上。温家宝同志说："我今天请大家吃便饭，一面吃再一面谈。"蓝校长提出要和温家宝同志合影，温家宝同志欣然同意。大家都到会议室门口照相，先照了一张大合影，每个人又和温家宝同志单独合影。

午餐中间大家又谈了许多教育问题。午餐后，温家宝同志在我们的菜单上签名留念，最后一直把我们送到汽车上。大家当时心里都感觉到，温家宝同志真是一位平易近人、亲民的总理。

参加《教育规划纲要》[①]的调研工作

2008年8月11日教育部通知我们到国家教育行政学院开会。到那里才知道，国家要制定中长期教育改革和发展规划纲要。制定纲要要从调研开始，因而组织11个战略专题组开展调研。11个组分别由教育部退居二线的老领导

[①] 即《国家中长期教育改革和发展规划纲要（2010—2020年）》，顾先生在口述史中将此纲要简称为《教育规划纲要》。——编者注

和六大教育学会的会长担任组长，同时有教育部及有关部委的司局长、高校领导参加。我和原上海教委主任张民生担任第二战略专题组，即"推进素质教育研究"组的组长，小组成员还有当时教育部基础教育一司的高洪司长，另外基础教育司的朱东斌和张宁娟、李敏谊两位博士担任小组秘书。

2008年8月29日国务院科教领导小组召开会议，成立了以温家宝总理为组长、国务委员刘延东为副组长、国家科教领导小组成员参加的纲要领导小组，同时成立了以刘延东为组长、14个部门参加的工作小组。温家宝做了重要讲话，就是后来发表的《百年大计，教育为本》一文，明确了制定规划纲要的指导方针。

除了组织11个战略专题组以外，工作小组还邀请各民主党派、六大教育学会、驻外教育处进行调研，还委托世界银行和欧盟总部等国际组织进行国际调研。

关于素质教育，在2006年就已经有一次大规模的调查。那是因为何东昌同志给当时的胡锦涛主席写了一封信，反映了教育中存在的片面追求升学率，忽视德育、体育，素质教育不能落实等问题，胡锦涛主席做了重要批示，要求调查研究。于是由教育部、中宣部、人事部、社科院、团中央等部门组成了调研组，经过半年多的时间，写成了详细的调查报告《共同的关注——素质教育系统调研》。因此，我们这次调研要在这个基础上再深入一步，要分析研究困扰素质教育的各种因素和障碍，要提出实施素质教育采取的重大政策、重点项目和实施目标。按照调研工作方案，我们组又分成以下四个子课题。

1. 素质教育基本目标和实施途径研究，包括人的素质的时代内涵、素质教育的现实目标、素质教育实施途径的效果分析及改进的重点政策举措。

2. 社会主义核心价值体系融入国民教育全过程研究，包括德育为先，德育目标的分阶段要求，德育与教学、管理等相渗透的制度，德育工作的针对性和实效性。

3. 人才培养模式改革研究，包括课程改革与教学改革、教育评价与考试

第五章 我与《教育规划纲要》

制度改革、减轻中小学生过重课业负担的策略、面向全体学生与培养创新人才。

4. 实施素质教育的政策与制度研究，包括建立"以能力为本"的用人制度，建立便于学习者选择和沟通的教育体系和教育制度，以及学校、家庭、社会相结合地实施素质教育的体制。

我们这个组调研的内容非常庞杂，几乎涵盖了基础教育的所有内容。

第一子课题我们请上海教科院普通教育研究所所长傅禄建负责；第二子课题请德育专家朱小蔓负责；第三子课题请教育学会常务副会长郭振有负责；第四子课题由中央教科所副所长田慧生负担，组成40多人的队伍开展广泛的调研、讨论。他们做了大量调研，积累了很多国内外资料。同时我们还分别在北京、上海、山东、河南等地召开了多次座谈会。经过半年多的调研最后形成了3万字的调研报告和8 000字的摘要，报送教育规划纲要工作小组。

为了听取社会各界对教育改革和发展的意见，教育规划纲要工作小组还召开了两次专家咨询会议。参加咨询会议的专家有来自全国人大、全国政协专门委员会、各民主党派、各级各类学校、科研机构、企事业单位和海外高校负责人等各领域100多位高层次专家，我也作为专家参加了这两次会议。

我除了参加战略专题组以外，中国教育学会也分别做了调研，提送了调查报告。中国教育学会提交的报告名称是《办好每一所学校，教好每一个学生》，这个标题被写进了纲要之中。

推进素质教育研究战略专题组在调研中发现，困扰素质教育的因素十分复杂，有观念问题、制度问题、政策问题、教学内容和方法问题。集中起来是种种社会矛盾在教育中的反映，如社会分配不公引起的就业竞争，教育发展不平衡引起择校问题，评价制度和高考制度制约着素质教育等。因此，要解决推进素质教育的困境必须全社会努力。首先要改变地方政府的政绩观，不要给教育部门和学校施加升学指标压力；其次要改革评价学校和教师的制度，不要以考试成绩为评价依据；要逐步改革高考制度，综合评价学生的素质；同时要建立由以"学历为本"转变为以"能力为本"的用人制度，从而逐渐改革家长片面追求升学率的观念。这是一个长期的艰苦的工作。

要改变人才培养模式，我们提出，要给每个学生提供最适合的教育，要爱护学生的好奇心，培养学生的兴趣爱好。高考制度的改革是群众最关心的问题，因此要稳妥慎重，但都认为要改变"一考定终身"的制度。我们调研了许多国家的高校招生制度，也想出了很多办法，但是由于我国国情不同，觉得一时在我国难以推行，最后提出，扩大高校招生自主权，多次考试，分层录取。我们的一些建议在纲要中有所反映。

《教育规划纲要》的制定工作，历时1年零11个月。大致可以分为四个阶段。第一阶段从2008年8月至2009年1月，是分组调研的阶段，各战略专题组都写出了调研报告。第二阶段是2009年上半年，是征求各方面意见的阶段，工作小组于1月公布了四方面的20个问题，在全国范围内征求意见。同时战略专题组又分专题进行深入调研。我们这个组在这段时间里又专门调查了中小学生学业负担过重的问题。第三个阶段是2009年下半年，是制定纲要文本和讨论的阶段。文本初稿写出以后，先后四次大范围征求意见，文本前后进行了40轮大的修改。第四个阶段是2010年2月至3月，公布文本草稿，在全国范围征求意见。一个月收集到的信件有27 900余封，网上意见和评论约250万条。撰写文本的小组再一次认真修改。最后经过纲要领导小组、中央政治局常委、中央政治局分别讨论通过。在2010年7月13日至14日召开了全国教育工作会议，会后不久公布了纲要全文。

这次纲要的制定持续时间之长、参加人员之多、征集意见之广是前所未有的，是民主决策、科学决策的典范，对我国今后教育发展具有不可估量的作用和意义。

参加这次调研，我个人的收获也很巨大。在调研的那段时间，我天天想的问题是如何有效地推进素质教育，我几乎走到哪里就调查到哪里。每次乘出租车我总要问司机有没有孩子，上几年级，每天几点起床，几点睡觉，每学期要缴多少费用等。有一次一位司机对我说："我们小孩的老师不

第五章　我与《教育规划纲要》

太好，不好好上课，让孩子上补习班，每门课要缴200元。"我说这就不好了，这是师德问题。通过这次调研，我更深入地了解了我国基础教育的现实。一方面感到推进素质教育的艰难。在这之前，在成都一次减轻学业负担的座谈会上，我说，要减负，首先老师要把课上好，让每个孩子听懂学会，这样课后就可以少留作业；其次是学校减轻了负担，家长就不要再增加额外负担，不要买许多辅导材料，不要上那么多补习班。因此，治理教育的乱象也需要全社会努力。另一方面我们在调研中也发现了许多好的典型经验。特别是看到许多地方领导、校长和教师都认识到素质教育的重要性，他们正在努力地摆脱困扰，励行改革创新，把学校办出特色，提高教育质量。例如山东省以省政府的名义发布文件禁止学校假日补课，取得了较好的效果；山东杜郎口中学的改革，以及北京、上海许多名校的改革，取得了可喜的成绩。我深深感到，创新往往在基层，经验在第一线的教育实践中，教育理论工作者只有深入实际，虚心向教师群众学习，理论才能充实，思想才能升华。

《教育规划纲要》的公布吹响了教育改革创新的号角。全国各地都在开展各种改革试验，全国申报的试点项目达到400多项。

为了深入基层调研、跟踪改革试点、宣传先进理念，国家科教领导小组又成立了国家教育咨询委员会。章程规定国家教育咨询委员会是对国家重大教育改革进行调研、论证、评估的咨询机构。国家教育咨询委员会的主要职责是：对重大教育政策、重大改革事项等进行论证评议，提供咨询意见；开展调查研究，对教育改革和发展中的重大问题提出政策建议；对国家教育体制改革试点以及重大项目进行评估，提出报告。第一次咨询会议就认真审议了全国500多项的试点项目，提出了修改意见。

我被聘为咨询委员并担任第一组"素质教育"组的组长，深感责任重大。我是咨询委员中年龄最大的，但我愿把我的余生献给祖国的教育事业，哪怕只能做一点点小小的事，发一点点微微的光。

参加国家教育咨询委员会

2010年《国家中长期教育改革和发展规划纲要（2010—2020年）》公布后不久，国家教育咨询委员会就成立了，由各界人士和高等学校的学者组成，刘延东担任主任委员。委员会分10个工作小组：推进素质教育改革组，义务教育均衡发展组，职业教育办学模式改革组，终身教育体制机制建设组，创新人才培养模式改革组，考试招生制度改革组，现代大学制度建设组，办学体制改革组，保障体制机制改革组，省级统筹综合改革组。

委员会聘任我为第一小组即推进素质教育改革组组长，上海教委原主任张民生为副组长。组员有中央文史馆馆长、北京大学教授袁行霈，教育部原副部长韦钰，科技部原副部长程津培，中国科技馆原馆长王渝生，以及国家图书馆原馆长詹福瑞共7人，2013年的第二届组员依旧是我们。7年来我们到北京、上海、天津、甘肃、青海、宁夏、四川、湖南、山西、辽宁等省市进行了调研。第一届的工作主要是调研450个试点项目中有关素质教育的45个项目的执行情况，还走访了清华大学、南开大学、上海交通大学、西北工业大

甘肃文县尖山乡小学

第五章　我与《教育规划纲要》

学、北方民族大学等十几所高等学校。第二届主要是调研中西部基础教育的改革和发展。每次调研后我们都给教改领导小组提交一份调研报告。

通过多次的调研，我们亲眼看到这几年我国教育事业的快速发展，特别西部地区、农村地区的教育有很大改善。几年以前边远乡村地区校舍简陋得难以想象，如四川凉山地区山顶上的教学点连厕所都没有，有些寄宿学校一张床上睡两个孩子。但近年来经过农村学校标准化建设，农村学校有当地最好的房舍、最美丽的环境。

甘肃夏河县桑科寄宿制小学

当然，农村教育也还存在着需要解决的问题，最主要的是师资问题：一是有些学科如体育、艺术和英语缺少老师；二是留不住优秀的教师。这几年国家实施特岗计划、乡村教师计划，情况有所改善，但还没有根本的改变。我们也看到一批坚守在乡村的教师，他们热爱教育事业，热爱家乡的孩子，在十分艰苦的条件下坚守岗位、教书育人，使我们很感动。

我们也看到，许多学校，特别是小学教育改革的热情很高，努力实施素质教育，课堂教学模式正在发生变化，学生学习的主动性、积极性得到发挥，课外活动丰富多彩。特别可喜的是，许多农村学校的孩子开朗、活泼、大方，和城市的孩子没什么不同。但同时应试教育的阴影并未消散，特别是城市里的教育竞争依旧激烈，孩子在小学时就开始上校外辅导班，学生课业负担过重；城镇优质学校大班额情况严重，影响到教育质量。实现教育现代化，尚需要全社会攻坚克难，教育工作者更是任重道远。

第六章 国际交往

第六章　国际交往

我们要了解世界，也让世界了解我们。

"文化大革命"结束以后，北京师范大学成为外宾接待单位，我被学校领导指派负责这项工作；1984年我担任副校长以后，负责外事工作；再加上我是比较教育专业的，因而与外国人交往很多，也结交了不少朋友。

我与横山宏先生

横山宏先生是我最早认识的日本朋友之一。1980年的秋天，学校告诉我有一位日本国立教育研究所的资深研究员要到教育系来做高级访问学者。我到机场去接他，一见面，他居然用半生半熟的北京话和我交谈，使我十分惊讶。他说："我是横山宏，抗日战争时期在北京大学读过书。"当时学校没有条件接待外宾居住，我们只好把他安排在北纬饭店。

背景资料：横山宏（1921—2001），日本著名的教育学家，曾经担任日本社会教育学会理事、副会长等职。他出生在中国，1943年在北京大学农学院求学。回国后，在日本文部省社会教育局工作，曾任日本国立教育研究所社会教育部研究员、日本早稻田大学教育学部教授等职。

横山宏先生是研究成人教育的，我请教育系的陈孝彬、外国教育研究所的司荫贞两位老师负责接待他。在

1988年8月10日顾明远先生与横山宏先生

北京的一个月，他访问了北京市成人教育局、各种成人教育机构，和我校教育系、外教所的老师座谈，当然还访问了母校北京大学。他还有一个愿望，就是想寻找年轻时在北京居住过的地方。我陪他转了几个地方，终于在西单西面长安街路北找到了。他确认就是那个地方，但样子早就变了，因为长安街在20世纪50年代就拓宽了。他说，他一直把北京视为他的第二故乡。

自此以后，他对中国念念不忘，把促进中日友好交流作为他后半生的事业。每年他都组织一个教师代表团来中国访问，让更多的日本教师了解中国，增强中日人民的友谊。他们每次来中国都是中国友协接待，日程安排得很紧，但他总忘不了我这个老朋友，总要挤出时间来和我见面。最使我感动的是，1982年他来中国时我送给他一本我和两位朋友写的《鲁迅的教育思想和实践》一书，他十分高兴。他说，他也是鲁迅的崇拜者。而且没有想到，第二年他就把这本书翻译成日文，在日本由同时代社出版。

为了加强中日两国教育工作者之间的交往与友谊，他和日本著名教育家、原日本教育学会会长大田尧先生在日本成立了日中教育研究交流会，开始是大田尧先生任会长，后来他继任会长，直到他去世。该会会员都是日本教育界的名流，是一批从事中日友好交流的人士。交流会每年都要召开研讨会，讨论中日共同关心的教育问题。他们关心中国留学生，帮助他们解决困难。在20世纪90年代，我每年都访问日本，每次都要与横山宏先生晤面畅谈。

我们最后一次见面是在2000年4月1日的东京早稻田大学，在中国在日华人教育研究会和日中教育研究交流会联合举办的研讨会上。当时这个研讨会是趁我到东京参加第四次日中师范教育研讨会之便召开的。中国在

日本同时代社出版的《鲁迅的教育思想和实践》

第六章　国际交往

新保敦子手持横山宏先生遗照（第二排右五）在北京师范大学百年校庆和国际与比较教育研究所的师生合影，第三排右三为顾明远先生

日华人教育研究会聘请横山宏先生和我作为他们的顾问。我们俩都在会上发了言。我讲了些什么，自己已记不清，但对横山宏先生的讲话我至今记忆犹新。他讲了中国人民和日本人民的友谊，赞扬在日中国留学生的刻苦勤学，他希望中日两国学者多多交流，希望中日两国人民世世代代友好下去。我们俩很高兴又见面了，并约好下次在北京见面。但万万没有想到，这次一别竟成永诀。

横山宏先生对中国的情谊是至深至切的。他不仅介绍他的学生到中国来留学，而且把自己的孙女在初中时就送到中国来学习，托付我照顾她。我把她安排在北京师范大学二附中学习，她毕业后考入北京大学中文系学习，早已毕业了。横山先生时时刻刻想着中国。我听他的学生新保敦子讲，他在弥留之际还要他的孙女唱中国歌曲给他听。听了敦子的话，我不禁潸然泪下。为了帮他完成再一次来华的心愿，2002年北京师范大学百年校庆时，新保敦子捧着他的遗像来参加我校校庆活动，并和比较教育所的全体师生合了影。

我与埃德蒙·金先生

埃德蒙·金先生（Edmund J. King）是英国著名的比较教育学家，是《比较教育》杂志的创始人，也是世界比较教育学会联合会的创始人之一。1982年我通过英国文化委员会请他到我校外国教育研究所访问。我请他给我所的研究人员和研究生讲课，又陪他及夫人游览了北京的名胜古迹。虽然只有短短两个星期的时间，但是我们结成了友谊。他的到来使我们与西方国家加强了联系。这次访问不仅通过讲课使我们了解到西方在比较教育研究领域中的动态和理论，也使他了解了中国。他回国不久就在《比较教育》杂志上策划了中国教育专刊，并约我写了《中国高等教育的发展与改革》一文。该专刊为《比较教育》1984年第1期。

背景资料：埃德蒙·金（Edmund J. King，1914—2001），英国著名比较教育学家，曾经长期（1980—1992年）担任《比较教育》的主编。他通晓多种欧洲语言，因此他可以不依靠翻译来发表自己对比较研究的看法。同时他还是一位多产的学者，其主要著作包括《比较研究与教育决策》（*Comparative Studies and Educational Decision*）、《别国的学校和我们的学校》（*Other Schools and Ours: Comparative Studies for Today*）、《西方教育史》（*History of Western Education*）等。他对比较教育的目的、内容和方法提出了不少新的见解，是比较教育一个新学派的代表。他的主要思想有以下3点。（1）教育发展的三模式理论。他根据某些历史学家划分的前工业社会、工业社会和

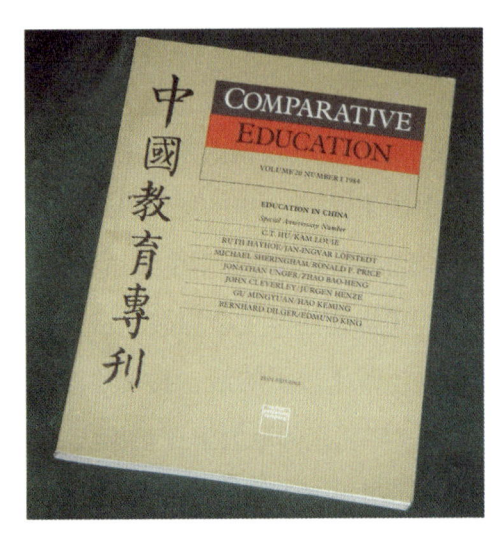

1984年第1期《比较教育》的"中国教育专刊"

第六章　国际交往

后工业社会的历史发展阶段，把科学技术的发展分为三个阶段，提出这三个阶段相应的教育模式。在前工业社会阶段，教育重视的是"纯粹科学"和传统的学术技能；在工业社会阶段，重视的是"应用科学"和各种"工程学"；在后工业社会，社会科学对人类反应和决策的研究的重要性增大，教育重视的是科学在上述三方面中间的相互依存。（2）把比较教育的内容和方法同目的联系起来，强调比较教育的研究应对当前重大教育问题的决策和行动做出贡献。他不赞成比较教育的内容和方法有什么独特性，主张比较教育的方法主要取决于研究的目的。他把比较教育的研究分为三级，每一级的研究内容和研究方法各有不同。第一级是比较教育的初学者，主要目的在于对各国教育有大概的了解，这一级应采取区域研究的方法，对各国教育的背景和制度做介绍。第二级是稍有比较教育根底的人，对教育工作上反复出现的专门问题进行跨文化的分析研究。第三级是比较教育的研究工作者，应着重对教育改革的实际问题进行研究，对教育决策做出贡献，这一级应采取有哲学家、经济学家、社会学家和政治学家参加的多学科协作的研究方法。（3）强调比较教育中比较分析的可比性，提出比较分析的框架，在概念、制度和实施三个水平上进行比较分析。例如，关于机会均等问题，首先就各国的均等和教育机会的概念进行分析比较，然后就这些概念的具体表现形式如学校的类型、课程的安排进行分析比较，最后就制度的具体实施进行分析比较。

之后，他在历次世界比较教育学会联合会的执委会上总是站在中国一边，为中国说话。1989年春夏之交的政治风波以后，西方各国都制裁我们。世界比较教育学会联合会虽然是一个非政府的国际学术组织，但执委会的一些西方学者却坚持本国政府的立场来制裁我们。本来，在1987年巴西里约热内卢的世界比较教育学会联合会第六次大会上就决定，世界比较教育学会联合会第八次大会于1991年在北京召开。但在1989年秋天他们就变了卦，提出不在北京召开。在这场讨论中，埃德蒙·金总是站在我们这一边，帮我们讲话，给予了我们很大的支持。

1992年10月7日顾明远先生与埃德蒙·金教授在北京黑龙潭

　　1991年我的博士研究生薛理银通过埃德蒙·金到英国伦敦大学进修,也得到他很大的帮助。1992年正值我校建校九十周年校庆,我又趁机请他来参加校庆和薛理银博士论文的答辩。他虽年逾80,但欣然答应,可惜的是他的夫人因病未能陪同前来。薛理银的博士论文答辩很隆重,这是我校第一次请外国学者来参加论文答辩会。除了金教授以外,我们还请了杭州大学的王承绪教授,他也是我国老一辈比较教育学家,当时也已年逾80;还请了北京大学汪永铨教授,都是国内顶尖专家。薛理银的博士论文题目是《当代比较教育方法论研究》,论文受到答辩委员会的好评,特别是金教授对它评价很高,还专门写了评语。

　　外国教育研究所全体师生到北京郊区黑龙潭郊游,埃德蒙·金教授与王承绪教授也欣然前往。两位白发老翁一路上还在讨论比较教育问题。黑龙潭并不高,但峡谷很险。金兴致勃勃,他说在英国就没有这样险峻的高山。随后两天我又陪他到天津,访问了天津师范大学,在那里做了演讲,参观了天津电视塔。

第六章　国际交往

英国比较教育学家金与外国教育研究所全体师生在黑龙潭，第二排左一为顾明远先生，左二为埃德蒙·金教授，左三为毕淑芝教授，左四为王承绪教授

他对这次访问感到非常高兴，回国以后还经常来信。可惜他在2001年不幸去世，我又失去了一位朋友。

我与菲利浦·库姆斯先生

1988年秋天，菲利浦·库姆斯（Philip Coombs）先生应邀到我校访问。他在外教所演讲，与所领导讨论研究所的建设和发展问题，他还提送了一份《对外国教育研究所发展的建议书》。在此期间我接待了他，代表学校在友谊餐厅宴请他，随手送给他一篇文章，即1987年发表在《中国社会科学》杂志第4期上的《论教育的传统与变革》一文的英译本。他看了很高兴，认为是了解中国文化传统和教育传统最好的资料。他回国以后给我来信说，他把我的文章作为研究生的教材让研究生阅读。我当然很高兴。我一直认为，我们不仅要了解世界，也要让世界了解我们。我到过不少国家，发现他们对中国的情况了解甚少，对中国的教育尤其了解不多。所以我常常希望办一本英文杂

1988年10月28日顾明远先生（左一）及他的弟子王英杰教授（右一）与库姆斯夫妇合影

志，介绍中国的教育。

1989年7月，我和毕淑芝教授一起去蒙特利尔参加世界比较教育学会联合会第七次大会，会后顺访美国，住在佛蒙特大学，当时王英杰在那里做访问学者。王英杰把我们到美国的消息告诉了库姆斯。没有想到年逾70的库姆斯夫妇驾车超6小时来看望我们。那时正是中国处境困难的时期，由于政治风波，各国制裁我们。在蒙特利尔会议期间我就受到世界比较教育学会联合会执委会的质难，受到不明真相的留学生的围攻。但是库姆斯却一如既往地保持对中国的友好，关心我们，来看望我们，我们怎能不深受感动呢？

背景材料：菲利浦·库姆斯（Philip Coombs），世界著名教育学家。曾任教于美国阿姆斯特学院、威廉姆斯学院、耶鲁大学和哈佛大学。20世纪60年代曾任美国肯尼迪政府国际教育和文化事务助理国务卿，此后任联合国教科文组织教育规划研究所首任所长，后任福特基金会教育项目主任、国际教育发展协会副主席，积极推进国际教育交流与合作。库姆斯特别关注发展中国家的教育。他在1968年著有《世界教育危机——系统分析》(*The World Educational Crisis: A Systems Analysis*)，1985年又著《世界教育危机——80

第六章　国际交往

年代观点》(*The World Educational Crisis: The View from the Eighties*)，后者已由北京师范大学外教所的专家译成中文出版。

我与许美德教授

1986年秋天，许美德到北京师范大学来找我。她说着一口流利的汉语，自我介绍说是加拿大多伦多大学安大略教育学院教授，在香港教过书，在上海复旦大学进修过，找我的目的是她想搞一个中加合作培养博士研究生的项目。她说，教育部黄辛白副部长访问加拿大时，她曾向他提到这个项目，黄辛白对她说："你去北京师范大学找顾明远吧。"于是她便来了。我认为这个项目很有意义，当时国家教委也正在提倡中外联合培养博士研究生，但苦于没有资金。她说，不要紧，我们可以向加拿大国际发展署（CIDA）申请。于是我们就讨论了合作项目的方案，她回国以后即着手进行。

背景资料：据许美德回忆，1989—1995年，顾明远先生和她进行了逾6年的非常紧密的合作，因为顾明远先生当时是中加联合培养教育学博士项目的中方协调人。参加这个项目的成员包括北京师范大学、东北师范大学、西北师范大学、华东师范大学、西南师范大学（今西南大学）、南京师范大学和加拿大多伦多大学（University of Toronto）的安大略教育研究院（Ontario Institute for Studies in Education, OISE）。在1986年的秋天，原中国教育部副部长黄辛白访问了多伦多大学的安大略教育研究院，他当时带了一个特别的请求——希望安大略教育研究院和中国几所师范大学联合培养博士。他知道安大略教育研究院是加拿大培养教育学博士的主要中心，同时希望安大略教育研究院可以对中国在发展教育博士的项目中有所支持。当时安大略教育研究院的院长沃尔特·皮特曼（Walter Pitman）对此大力支持，于是要求许美德教授联系加拿大国际发展署（Canadian International Development Agency）就此项目的财政资助问题进行协商。1987年10月的时候，顾明远先生在访问安大略教育研究院期间，与许美德教授签订了协议，并开始向加拿大国际发展署申请财政资助。一年半以后，也就是在1989年4月，中加联合培养教育博士项目得到加拿大国际发展署和中国对外经济贸易部的核准，同时得到大约50万加元的资助。

  1987年秋天我访问加拿大和美国时，和她讨论了具体方案：向加拿大国际发展署申请50万加元资金，确定项目为5年，中国派15名博士生到加拿大的大学读1年，中方承认学分，一切费用由项目承担；加拿大共派5名博士生到中国大学进修3个月，旅费由学生自己负责，在中国的膳宿由中方负责。但根据加拿大国际发展署的规定，一个单位不能承担两个加拿大国际发展署项目，当时北京师范大学正承担着中加语言中心这个大项目，所以不能再承担这个项目。同时，当时研究生招生规模甚小，北京师范大学一个学校也难以派出15名博士研究生，因此决定联合几所有权授予教育学博士学位的大学共同申报，中方由我牵头，加方由许美德牵头。不久加拿大国际发展署就批准了。

  但是正当项目开始执行时，国内发生了政治风波。加拿大对中国实行制裁，中国也不同意派研究生出去联合培养，项目差一点停止。许美德和我都很着急，经过多方多次磋商，决定改派进修生，时间缩短为半年到8个月。于是包括华东师大施良方在内的第一批进修生终于在1991年成行。之后的5年内，中国派出22名博士研究生和青年教师到加拿大，接受了12名加拿大研究生到中国。这批留学生除极个别的未回国外，现在已经成为国内各校的学术骨干。在执行这个项目时，我是中方项目负责人，因此不仅要与国内参与项目的6所大学联系，还要经常与许美德联系。有些事是非常烦琐的，如年度报告等，因此我们联系得很密切，不断地进行书信往来，她有时也到中国来访问，我们时有见面。1990年，比较教育学会第六次年会在天津召开，我们请许美德莅会并做了演讲。

  20世纪90年代中期，许美德曾在北京任加拿大驻中国使馆文化参赞。我们就有了更多的机会见面。那时她有一个计划，想采访几位中国教育界的著

第六章　国际交往

名学者。当时她选定了谢希德、李秉德、王承绪、潘懋元、汪永铨和我，并开始采访起来。于是我们就海阔天空地谈起来，从小时候上学到对现实教育理论和政策的看法。

1997年，她应聘任香港教育学院院长。香港教育学院是为了整合资源，提高香港小学教师的学历水平，于1994年由历史悠久的罗富国教育学院、葛量洪教育学院、柏立基教育学院及香港工商师范学院合并而成的，1996年建立了新校舍。许美德就是受命于香港教育学院创建的关键时期。她在任期内为香港教育学院做了许多实事，在教员中有很好的口碑。1998年秋天，我曾应香港教育学院教育系主任罗厚辉博士的邀请，在香港教育学院访问了10天。我讲课时，她还来听课。1998年12月，我又应香港大学副校长程介明教授的邀请在香港大学教育学院做短期访问学者，同时香港教育学院有两名教师在我的指导下攻读博士学位，因此我多次到学院去。有次许美德教授专门接我到学院，又谈了两小时。2001年由她提议，经首任香港特别行政区行政长官董建华批准，授予我香港教育学院首个名誉教育博士学位，2001年11月22日在应届毕业典礼大会上举行了授予名誉博士的隆重仪式。

背景资料：许美德教授（Ruth Hayhoe），多伦多大学古典文学学士，伦敦大学教育学院比较教育学文学硕士及哲学博士。她曾于1997年9月至2002年3月出任香港教育学院院长。许教授和香港渊源深厚。1967年，她大学一毕业，即来港任中学教师，坚守岗位11年，其间很快掌握了普通话和粤语，流利程度可媲美其英语及法语。得力于其中文修养，她在1980年至1982年执教于复旦大学，1989年至1991年又任加拿大驻北京大使馆文化及科学事务一等秘书。许教授曾任多伦多大学安大略教育研究院副院长，负责研究生课程。许教授曾任世界银行的中国高等教育顾问、美国比较及国际教育学会会长、香港教育研究学会会长。1998年1月又被授为伦敦大学教育学院名誉院士。她还曾经担任香港教育统筹委员会成员及其幼儿及基础教育工作小组成员，香港救助儿童会董事局成员及其中国委员会主席，以及中国各地9所大学的顾问教授。

顾明远先生2001年11月被授予香港教育学院第一个名誉教育博士学位，左一是许美德教授，右一是香港教育学院董事会主席叶锡安太平绅士

我在国际交往中还交了许多朋友，如日本教育学会前会长大田尧先生、早稻田大学铃本慎一先生、美国人类学家梅斯曼教授、德国比较教育学者施瑞尔等，这里就不一一介绍了。

与彼得·圣吉的对话

彼得·圣吉是世界上著名的管理学大师。他的著作《第五项修炼——学习型组织的艺术与实务》在20世纪90年代被翻译成中文并出版，在中国风靡一时。近些年来，他关心起教育，特别是儿童教育。他来过中国多次。我第一次见到他是2012年10月在北京海嘉国际双语学校的一次"东西方教育文化对话会"上。他与来自我国各地的中小学老师对话，我去旁听。那次给我的印象最深的是，他说："我们对孩子的能力估计得太低了，我们不能解决的问题交给孩子们，他们总能解决。"

第六章　国际交往

顾明远先生与彼得·圣吉的对话

    2015年10月，北京师范大学继续教育学院召开"WE教育国际论坛"，聘请彼得·圣吉为客座教授，聘任仪式后举办了一次我与圣吉的对话。主持人首先让我们各自在纸上写一个词或一句话来描绘教师。结果我们两人不约而同地写道："教师是引路人"。彼得·圣吉举了一个真实的例子，一个工作仅两年的年轻教师问教书已10年的专家型教师，学生小组讨论时，如果他们讨论出一些问题来找老师，而这些问题老师都不知道，应该怎么办？那位有经验的老师告诉他，这种恐惧是难免的，要允许学生来帮助老师。老教师说："当你感受到他们对你的支持和帮助时，你的心就会打开。"圣吉说："我认为，对于教师来说，深度学习应当发生在当他放下'我是教师，我必须知道一切的答案'这样一种认知，而敢于在'我不知道'的情况下去教的时候。"他的意思是，教师要做引路人，不是指路人。我基本上同意他的观点。在当今信息化时代，教师不可能什么都知道。教师只是帮助学生设计学习、指导学生学习的引路人，是和学生共同学习的伙伴。

与佐藤学的对话

佐藤学是日本著名教育家,东京大学教授,曾任日本教育学会会长。他既是一位教育理论家,又是一位教育实践家。他深入学校,深入课堂,每周至少有两天到中小学去,三十年如一日,已经去过2 500所学校。他近些年多次到中国来,到过中国各地许多中小学。他提倡"学习共同体",在我国中小学有较大的影响。我在20世纪90年代就与他有过交往。

2016年10月30日,在北京明远教育书院成立大会上,书院聘任佐藤学为学术委员,并组织了一次我和他的对话。对话的主题为"从教到学,学校需要哪些改变?"。我们谈了自己的学习经历,并一致认为,学习是学生自己的事情,教师要让学生自己学,有兴趣地学,愉快地学。佐藤学认为,学习就像旅行,是从已知世界到未知世界的旅行。他说,教师必须具备三种眼光,"一是蚂蚁的眼,要观察得非常细;二是蜻蜓的眼,要从各个角度观察;三是鸟的眼,要能飞得高,俯瞰大地"。他认为教师在课堂教学中要关注到每个

顾明远先生与佐藤学的对话

孩子，让每个孩子都有表演的机会，小组讨论的小组人数不能太多，以4人为宜，这样每个孩子才都有参与发言讨论的机会。我很同意他的观点，我在听课时也注意到，小组人数如果太多，往往就会有孩子站在一旁参与不进去。他提倡"学习共同体"，我也很赞同。当代教育，教师已经不是唯一的知识载体，学生可以从多种渠道获取知识，他们的知识有时会超过教师。因此，教学就是师生共同学习的学习共同体，体现了中国"教学相长"的原则。

佐藤学说，他对中国教育充满希望，说中国有一批优秀的青年教师。但教师成长不是孤立的，要研究孩子，把孩子的学习作为教研的中心。

与苏霍姆林斯卡娅的对话

苏霍姆林斯基是中国教师最熟悉的名字，他是苏联著名教育家。我国改革开放以后，他的著作《把整个心灵献给孩子》《给教师的一百条建议》《帕夫雷什中学》等著作一经翻译成中文，就在中国教师中广为流传，受到广大教师的欢迎。他的女儿苏霍姆林斯卡娅继承父业，曾担任过帕夫雷什中学的校长，现为乌克兰教育科学院院士。20世纪90年代以来，她多次访问中国，成为中国学者的老朋友，大家亲切地称她为卡娅。中国教育界也多次举行学习纪念苏霍姆林斯基教育思想的活动。大家认为苏霍姆林斯基教育思想充满着爱的精神，具有重要的现实意义。

2017年11月25日北京明远教育书院主办的第二届明远教育论坛，邀请我与苏霍姆林斯卡娅进行教育对话。对话的主题就是"把整个心灵献给孩子"。卡娅说，《把心灵献给孩子》这本书，他父亲酝酿了很久。他认为，孩子不仅仅是学生，孩子代表了一个完整的精神世界。她说，她在整理父亲的手稿时，看到手稿中还有一句话："学校里有教学大纲，有课程，有带知识来到学校进行教学的老师，也有学校的制度。但是还有一个东西就是教师的心灵，这是一个活的人的心灵。"这是对"把整个心灵献给孩子"最好的解释。如何把整个心

顾明远先生与苏霍姆林斯卡娅的对话

灵献给孩子？她说，在教学中，老师应当看见每个孩子的不同点，注意不同的孩子有不同的智力水平和能力水平，关注每一个孩子自己的提升和进步。

我第一次看到《把整个心灵献给孩子》这本书的俄文版是在1980年，感到无比震惊。第二年我们外国教育研究所的几位老师就把它翻译成中文出版。我认为该书讲的就是爱的教育，关心每一个孩子的精神世界。苏霍姆林斯基不是简单地把书本知识教给学生，而是把学生带到大自然中去认识世界，带领学生劳动，在劳动中创造世界。他关心每个孩子，研究每个孩子，采用不同的方法启发孩子，引导孩子成长。

有代表问到在信息化时代如何做到把整个心灵献给孩子。卡娅认为，信息技术的发展让现在的教育变得更加复杂。这种变化自然会影响到孩子与家长，影响到师生的教与学。但人与人之间的交往，那些非技术因素，那些情感的东西，才能使孩子成为真正的人。

我完全同意她的观点，人是需要教师的心灵来培育的，人不可能由机器来培养。苏霍姆林斯基教育思想的核心是爱的教育，他提倡的和谐教育处处关注孩子的精神世界。

第七章 教育见闻

第七章 教育见闻

学习和吸收世界一切优秀文化成果。

北美教育见闻

1987年我率领幼儿教育代表团访问北美，1991年又率领师范教育代表团访问美国。两次访问中我参观了多所幼儿园、早期教育中心和中小学，颇有感触。

怎样才算是对儿童真正的爱？

疼爱子女是父母的天性，但是并不是所有的父母都知道怎样疼爱自己的子女；爱护学生是教师的天职，但是也不是所有的教师都知道如何对学生正确地爱护。

1987年10月4日至11月11日，我率领一个幼儿教育代表团访问了加拿大、美国的6个城市的几十所幼儿园或托儿中心。耳闻目睹使我更加明白了什么才算是对儿童真正的爱。这不只是一个方法问题，而且是一个教育观问题、人才观问题。

自由教学中的计划和目的

1987年10月5日，星期一，孩子们刚过完周末，来到托儿中心。老师让十几个孩子围坐在地毯上，每人手里拿着自己的名卡。地毯中央放着3张画片，画的是3副面孔：笑的脸嘴角扬起，平淡的脸抿嘴微笑，愁苦的脸嘴角下撇。每张画片的上端写着"我周末过得……"，下端分别写着"很愉快""好""很糟糕"。

老师让孩子分别把自己的名卡放在不同的画片旁，然后让他们说出为什么。一个孩子把名卡放在"我周末过得很糟糕"的画片旁。老师问他为什么，他说他的哥哥病了。老师立刻把他抱过来，搂在自己的怀里，安慰他说："你哥哥的病一定会很快好起来的。"这孩子微微地笑了。另一个孩子把名卡放在"我周末过得很愉快"的画片旁。他说，周末爸爸带他到迪士尼乐园去玩了，看到许多有趣的东西。其他孩子都分享他们的经历……一周第一天的晨会结束了，孩子们愉快地去自由活动，有的玩水，有的玩沙，有的玩积木，有的画画。

这种自由活动的时间是每半天1～1.5小时，占了幼儿园和托儿中心所有时间的一大块。所谓自由活动，就是儿童想玩什么就玩什么。老师干什么呢？老师在一旁帮助孩子，指导孩子，但绝不包办代替。

一个女孩子在画画，谁也看不明白她画的是什么，老师并不纠正她，只是问她："你画的是什么？"孩子把她画的意思告诉老师，老师帮她把她说的话写在她的画下面，然后把画保存在她的作业袋里，让孩子带回家给家长看。半年或一年后，把作业袋里的作业拿出来，就可以看出孩子在思维力、想象力等方面的进步。

从现象上看，这种教育方法是自由主义的。但是仔细了解后，就会发现这种教育方法在自由中蕴涵着计划性、目的性。

我们有时看到，一个孩子在一小时的自由活动中聚精会神地只玩一种玩具；而另一个孩子则"见异思迁"，一会儿玩玩水，一会儿玩玩沙，一会儿去画画。我们好奇地问老师："这样的自由活动能发展学生的智力吗？"老师回答我们说，对孩子的发展是不能够强迫的，只能因势利导。在一般的实验幼儿园里，每个儿童都有一套特殊的培养计划，例如对于只专注于一种活动的孩子，教师逐步引导他们兴趣的广泛性；对于"见异思迁"的孩子，教师逐步引导、帮助他们把一件事情做完。他们认为，老师是孩子的观察者、引导者，为孩子创造环境。观察儿童每天的变化并记录下来，作为以后教育的根据，这是老师的重要任务。要为儿童的发展创造条件，设计环境也是老师重

第七章　教育见闻

要的工作。教室的环境如何布置，选择什么玩具和游戏，都要经过精心的设计。可见，自由教学并不自由。

让孩子在锻炼中成长

有一天，在加拿大不列颠哥伦比亚大学附设的早期教育中心，5岁班的孩子正在自由活动。有几个孩子在和老师一起做苹果酱，他们拿着刀把苹果切成小块，放到用电炉热着的大锅里，然后把煮熟的苹果倒到搅拌机里，几个孩子按着搅拌机转动，一会儿就搅拌好了，倒出来加上糖，苹果酱就做好了。接着，孩子们开始吃点心。有一个男孩参与了制作苹果酱的全部过程，而且把苹果酱分到每一个孩子的盘子里，老师赞扬这个孩子很爱劳动，说他在家里也能够帮助妈妈干活。

我们看到，孩子手里拿的都是真的带尖头的水果刀，不免有些担心会不会割破手，会不会戳着别的孩子。我们把这种担心告诉老师，老师回答道："不会的，即使划破一点皮，也不要紧，总应该让孩子们锻炼吧！"

自由活动后是户外活动。进行户外活动的草地上放了各种器械，大都是由旧轮胎、旧钢管等制成的，不像我国幼儿园大都是定做的高级玩具。有几个三四岁的孩子在爬用钢管制成的架子。我问老师："孩子玩这种器械有没有危险？如果发生了事故，家长会不会到法院告你们？"老师回答说："幼儿园没有发生过什么事故，因为老师总是在旁边看护着他们；即使发生点小事故，家长也不会去起诉，因为家长同样认为这是对孩子的一种锻炼，在锻炼中难免磕磕碰碰。"

老师们的这种回答，不由得使我联想到我国幼儿园的老师们，他们总是给孩子设置许多清规戒律，这也不能干，那也不能干。但是往往事与愿违，你想不出事，却偏偏要出事；出了点事，家长来问罪，老师做检讨，被扣奖金；之后老师更加谨小慎微，结果受害的是孩子。

培养儿童的自信心

在纽约银行街学院附属幼儿园，5岁班的孩子在自由活动。一个男孩拿了一根木条夹在台钳上，然后拿起挂在墙上的木锯，锯起木条来。他力气小，木条夹不牢，一锯就掉下来；老师帮他把木条夹牢，孩子重新锯起来；锯到一半，锯子被卡住了，老师帮他拉开，让他自己继续锯。木条终于被锯断了，孩子感到很满意。锯这根木条干什么？一开始我们看不出来，后来看到许多孩子都去锯木条，才了解到，他们不是为了做玩具，而是锻炼自己的能力，培养自信心。这种自信是将来成功地完成任何事业的重要基础。中国的父母好像不这样思考问题，他们总是怕孩子累着、伤着，总是愿意将孩子的事情包办代替。结果孩子大了缺乏独立生活的能力，更不用说勇于开拓、敢冒风险创新了。

重视人际交往能力的培养

我在北美看到的幼儿园，每天都有大约15分钟的集体活动。这时老师要么讲故事，要么弹琴唱歌。大家一起围坐在地毯上，儿童们都很随便，有的坐着，有的趴着，有的躺着，有的走来走去。有时孩子爬到老师身上，老师就把他搂在怀里，亲切之状有如父母和子女。我们看了几十个幼儿园和托儿中心，从来没有听到老师训斥孩子，老师对孩子说话总是细声细语；也没有看到孩子之间争吵，更没有看到孩子到老师那里"告状"。孩子们和睦相处，对大人很有礼貌。这是因为玩具太多，用不着争吗？恐怕不是。因为同样的玩具并不多见。如果没有互相谦让的精神，总会有孩子为争一件玩具而争吵起来。我们看到了这样的情景：一个孩子在玩某种玩具，第二个孩子去了，两个孩子就一起玩起来；或者第一个孩子索性让第二个孩子玩，自己另找别的玩具玩。他们不淘气吗？也不是，他们个个顽皮活泼。有时候他们画画不是用笔，而是用手，用手抹上颜料，按在纸上，甚至按在墙上，老师也和

第七章　教育见闻

他们一起干。就是这种融洽的气氛养成了儿童乐于并善于人际交往的能力和习惯。

北美的幼儿教育非常重视人际关系的教育。我国的幼儿教育多半是为了让孩子早一点学到知识，而西方国家主要是让孩子参加集体活动。我们曾经问家长："为什么要把孩子送到幼儿园，是不是为了让他们多学习知识？"家长的回答是："是为了让儿童到儿童集体中体验人际关系，以便长大成人后在社会上善于和人打交道。"他们对早期教育的理解与我们不完全相同，我国的父母把孩子送进幼儿园，一是为了能够腾出手来工作，二是希望孩子在幼儿园里能够学到知识。北美幼儿教育的任务主要是培养孩子的能力，其中更主要的是培养儿童独立生活的能力和人际交往的能力。

学校和家长的合作

我们在北美看到的幼儿园和托儿中心都设有与家长联系的布告栏。老师把儿童在园里突出或者异常的表现写在布告栏里，家长来接孩子的时候看看布告栏，就可以了解自己孩子的情况。

加拿大不列颠哥伦比亚大学学前教育系设计了一个"安卡计划"。该计划是专门为两岁入园儿童的家长准备的。在该校附属的早期教育中心有一个班，每年招收一批两岁儿童。这些儿童每周只来中心半天，由父母陪着。儿童在活动室由老师带着活动，这与其他托儿中心没有什么两样，只是在隔壁房间里，学前教育系的教授与儿童的家长一起看儿童活动的录像，一起分析儿童的动作和心理。我们在那里看到，有一个男孩，他在活动室到处游荡，从不专心玩一种玩具或做游戏。于是教授便同他的母亲一起分析为什么出现这种情况，母亲还把孩子在家里的表现告诉教授，然后他们共同研究对策。这种计划要半年才能完成。通过这种计划，家长获得教育学和心理学方面的知识，获得对孩子的正确认识和教育孩子的正确观念和方法。

西方国家离婚率很高，单亲家庭很多，孩子在这种家庭里受到的教育可能会有不足。他们认为，发展幼儿教育可以弥补单亲家庭教育的这种不足，因而幼儿园和托儿中心里常有男教师，这些男教师往往最受儿童的欢迎。我们在波士顿塔夫茨大学早期教育学院附属早期教育中心访谈了一位男教师，问他为什么愿意当幼儿园的老师。他说，当他还是孩子时，亲身体验到有时需要父母以外的人的帮助，特别是感情上的帮助。"在这里当老师，我感到我能在感情上给予孩子们帮助。那些与父亲接触少的孩子，更加需要有男性老师去帮助他。"他还告诉我们，有一个男孩子说他这位老师是世界上最强壮的人。他笑着对我们说："其实我是很瘦弱的人。我理解男孩子的话，他不是指我的身体，而是指我的感情。"

从这里我们可以看到，幼儿教育重要的不是知识的教育，而是正确发展个性的教育，其中当然也包括智力的发展，但更重要的是感情、意志和性格的培养。

例子还有很多，我想，仅从上述事例已不难看出中西方教育观的差异。父母都疼爱自己的子女，这是中西方的共同点。但是我们中国父母的爱却渗透着一种小农经济思想，我们多数希望自己的子女长大以后像自己，守家立业；西方的父母则希望自己的子女长大后超越自己，到社会上去开拓事业。中国父母爱护儿童的方法经常是溺爱的或者严酷的，训练出来的可能"主子"或者"奴才"（在社会主义初级阶段，主子、奴才的思想残余依然存在）；西方爱护儿童的方法是让儿童自由发展，使儿童长大成为具有个性和独立人格的人。

教师是观察者、帮助者、设计者

我们访问美国和加拿大，主要考察那里的幼儿教育以及幼儿教育师资的培养。在北美，幼儿教育有多种形式，一般有日托中心（或托儿中心）、早期教育中心、幼儿园等。日托中心最为普遍，例如仅夏威夷就有393个有执照的日托中心，还规定可以设家庭日托中心，每家可以收5个儿童。日托中心主要

第七章　教育见闻

招收婴幼儿，幼儿园则招收5～6岁的儿童，大多附设在小学里。早期教育中心则把幼儿和小学连结起来。他们理解的早期教育是0～8岁儿童的教育，这种早期教育中心往往附设在大学的教育学院或教育系，既是教学单位，又是大学实习和科研的园地。

北美很少有全托的托儿所和幼儿园，因为他们不主张儿童离开父母。他们听说中国很多幼儿园、托儿所是寄宿制的，感到不能理解。用他们的话说："儿童离开父母怎么成长？"在夏威夷有一位教授对我说，20年以前美国的母亲都不工作，在家照看孩子，现在许多母亲外出工作了，但他认为，母亲不能照看家庭的损失远远超过工作所得。他说："所以我们现在要斗争，争取母亲回到家里照看孩子，因为孩子和母亲在一起对孩子的成长是那么重要。"这种观点在北美国家确实很普遍，这当然有一定道理。其实，何止母亲与孩子在一起有多么重要，父亲与孩子在一起也十分重要。只不过人类历史上长期是母亲持家、父亲外出工作的，给人们留下一种传统观念，似乎孩子要靠母亲来照看。所以女权运动的妇女会说："为什么父亲不能回到家里去？"不论是母亲还是父亲，完全回到家里是不现实的，关键是父母都要把培养孩子作为自己的职责，拿出更多的时间与孩子在一起。

在北美，不仅全托极少见，而且每天都把孩子送进托儿中心的也不多见，往往是每周送一两天，或者每天送去几小时。我问他们："既然那样强调孩子要和父母在一起，为什么又要把孩子送去幼儿园呢？"他们回答道："要让儿童去体验集体生活，培养他们与别人交往的能力。"

北美托儿中心、早期教育中心的教育宗旨是让学生自由发展，不强调学习知识，更没有什么课程；只有活动室，没有教室；活动室里分设几个区，有玩积木区、玩水区、玩沙坑区、数学、语言学习区、美术区；活动室的一角是集体活动的地方。每个班大约有15名儿童，由两位老师带领。

一般孩子们9点左右入园，老师把孩子们集合起来，讲几句话，然后就让孩子们自由活动。对于儿童玩什么、怎么玩，都没有固定的要求。我们看到有的孩子在玩沙，有的孩子在玩水，有的孩子在玩积木，或者几个孩子在一起玩游戏，也有孩子在画画。有的孩子很专心，只玩一种玩具；有的孩子则到处乱窜，玩玩这个，又玩玩那个。老师从来不干涉。然后老师一声令下，到户外自由活动，那里有更大的沙坑，有滑梯，有爬竿。除了少数幼儿园设备精良外，大多数托儿中心和幼儿园的活动器材都很简陋，都是旧轮胎、旧钢管等做成的。有一个幼儿园室内的小凳子都是用旧纸筒做成的。这种室内室外活动大致持续1.5小时。之后老师把孩子们集合起来，孩子们会把所有玩具放到原来的位置上，集合到活动室的一角。那里铺着新地毯，孩子们光着脚，或坐或躺在地毯上，听老师讲故事，或者由老师教大家唱歌。有一次老师知道我们要去参观，特地让孩子们从家里或者亲戚朋友那里借来中国的画、扇子、灯笼等，老师讲中国的故事。孩子们向我们提问，问我们中国的小孩怎么玩耍等。这种活动约15分钟，这是一天中老师与儿童集体活动的唯一时段。集体活动以后就是吃点心。11点半左右，上午的活动结束。如果是半日制的，家长就会来接孩子回家；如果是全日制的，则中午有午休，下午也是自由活动。总之，没有见到中国幼儿园那种上课的形式。

北美幼儿教育是自由主义的方式，但他们说他们也是有计划的，老师要为每个儿童制订计划。入园的时候儿童智力、体力发展的状况是怎样的，经过半年或一年后，他们的智力和体力是否有所发展，状况又如何，要给家长一个交待。老师每天要把儿童的表现记录下来，要为不同的儿童设计不同的活动方式，并引导他们去做。

在整个幼儿园活动中，我们看不到老师像我国幼儿园老师那样上课或指挥着儿童，而是完全让儿童自由地、自主地活动。我们不大理解，于是问他们老师的作用是什么，他们的回答是：老师是观察者、帮助者、设计者。

老师是观察者。老师每天要仔细观察儿童，要把观察到的变化记录下来，和家长联系。例如当看到有一个孩子星期一在幼儿园时心情很烦躁，一会儿玩水，一会儿玩沙，老师就把这件事记录下来，家长来接孩子的时候，老师

第七章　教育见闻

就会和家长交换意见：孩子心情躁动是否是因为星期天玩得太累了，是否睡眠不足，等等。一起分析原因，研究措施。每所托儿中心或幼儿园都有一块与家长联系的布告栏，上面贴着老师给家长的留言，或者家长给老师的留言，互通情况，以便老师和家长都能有针对性地教育孩子。

顾明远先生访美期间瞻仰杜威先生的陵墓

老师是帮助者。老师不直接要求儿童这样做或那样做，也不包办代替，只是在一旁帮助，让孩子觉得"我自己能完成"，从小培养孩子的自信心、自尊心。例如儿童在画画，老师从来不去管他画得像不像，更不会去纠正他，有时只问他画的是什么。儿童玩的时候，老师往往和儿童一起玩，在玩的过程中帮助他、引导他，让孩子在不知不觉中接受教育。

老师是设计者。老师要为儿童设计学习的环境，还要为个别儿童设计特别的环境，让孩子们在设定的环境中成长。表面上儿童每天的自由活动是无计划的，但是他们告诉我们，他们的环境是经过精心设计的，什么玩具放在什么地方，每天讲什么故事、唱什么歌，都是有计划的。他们认为，老师教育孩子不是靠说教，不是像小学高年级或者中学生那样讲课，而是设计一种学习环境，让儿童在这种环境中自主、自由地活动，从而受到教育。

"教师是观察者、帮助者、设计者"的核心教育观念就是以儿童为中心，与我国"教师是教育者、传授者、训导者"的以教师为中心截然不同，可见杜威的教育思想在北美的影响十分深远。从幼儿教育来看，这种教育观念不是没有道理的。

参观银行街学院

1987年10月13日至15日，我们访问了位于纽约银行街的银行街学院。这是一所专门培养早期教育专家的学院，在世界上很有名气。它的创始人是米歇尔女士，是杜威的朋友。银行街学院创办于1916年，开始是教育实验局，宗旨是开展儿童发展研究；1918年建立了一所实验幼儿园；20世纪30年代迁至银行街，一方面进行儿童发展研究，一方面开展早期教育教师培训；1950年获得授予教育科学硕士学位的资格。

学院在一座大楼里面，分两部分，一部分为研究生院，培养早期教育（幼儿园）的教师、特殊教育教师、博物馆工作人员、教育行政人员、双语教学教师等。全校有400多名研究生，400多名进修生，没有本科生；另一部分是6个月婴儿至2岁儿童的托儿中心，3~13岁儿童的幼儿园和小学。

这座大楼的最高层9层是体育馆。我们参观时看到有20多个八九岁的儿童在自由玩滑橇、拉环等，3名教师照看着，但不干涉。陪同告诉我们，4~5岁儿童每周来1次，每次1小时；其他年级的学生每周来3次，每次45分钟。

8层是研究生学习的地方。当天正好有一个班在上课，我们旁听了他们的课。这堂课完全是一次讨论课，可能上一堂课老师曾布置作业，让学生去做关于某一个问题的调查，那天学生分别讲调查的结果，老师指导大家讨论分析。学院的负责人拜尔斯（Byers）女士介绍：来上学的学生必须有学士学位，接收时不考试，但要面试，要写一份自传；教学主要强调理论联系实际，要求学生经常与孩子联系；导师每周与学生讨论一次，每月个别辅导两次；一个导师一般负责6人，不得超过9人；平时不考试，主要是完成作业（papers）；学费很昂贵，每年大约要1万多美元。

7层是计算机房，是制作课件、教具的场所。老师可以在这里自己选择材料，制作各种教具和教材。

6层是图书馆，分两部分：一部分是儿童图书馆，供小学生使用；一部分

第七章　教育见闻

供研究生用。

5层以下就是幼儿中心和小学了。这里是另一番景象，生气勃勃，到处洋溢着儿童的欢笑，走廊里贴满了各种画。例如3层至4层的楼梯拐角画着学生的壁画，画的是垒球赛，因为上一年纽约州获得了全国垒球冠军，所以学生就把它画在墙壁上。2层至3层学生画的是美国殖民时的情况，这是学习历史以后画的。5层走廊里还挂着一块布告板，上面写着"模拟法庭"，让学生了解和学习做一名法官或律师应该做什么，怎样根据宪法处理问题，如对雇用人员进行药物检查是否合理，学生可以自由发表意见。这是高年级学生学习的内容。学校分3个班：低年级3～6岁，中年级6～10岁，高年级10～13岁，混合编班，不分年级。教学主张让学生用脑学习、用眼学习、用手学习。教师为他们设计理想的环境，由学生自己学习。教室里除了通常的黑板、课桌椅外，还有书架，放着一些学生喜爱的读物和各种教具；有一个集体角，放着老师的办公桌、电脑等。老师没有办公室，老师办公的地方就在教室里，所以老师和学生一整天都是在一起的。学生的课桌也很特别，是梯形的，可以随意组合成各种形状，便于同学间互相讨论。他们主张既有个人自由，又有集体活动。

拜尔斯女士介绍，注重集体活动是这个学院的特色。她说，每个人对集体的贡献实际上就是对自己的贡献。而且她说，这个学院没有在社会上竞争的想法，不把学生分成等级。

我们在小学观察了半天。在4～5岁的班，老师只让我们坐在一边观察，不让我们来回走动，也不允许我们和学生说话，怕我们扰乱了他们的计划和正常的活动，可见他们的自由学习也是有计划的。我们看到，一个上午孩子都是自由活动，有的在剪贴，有的在画画，有的在锯木条。老师在旁边观察，有时帮孩子们描一描，帮孩子们把木条钳紧在台钳上。

这个学校的学费是昂贵的，幼儿园每学年的学费是5 500美元，小学是6 500美元。到这个学校来上学的都是有钱人的孩子。放学的时候，家长来接孩子，碰巧遇到一位中国妈妈。我问她这个学校好不好，她说很好，就是学费贵一些。

附设的托儿中心又叫家庭教育中心，招收附近的婴儿，6个月即可入托。时间是灵活的，完全根据家长的要求，每天家长把要求写在纸条上，老师就按照家长的要求做，吃的东西也是家长准备的。孩子很自由，想睡就睡，想吃就吃。环境也和家里一样，家里有什么，中心也有什么。每个教师带3个孩子。新来的孩子头一星期每天只待1小时，由父母陪着，之后逐渐增加时间。教师像父母一样对待孩子，而且这里的教师都是有学位的，领头的都有硕士学位。学费当然也是很昂贵的，每月要700美元。

这个家庭教育中心表面上就是帮助家长带孩子，是一般保姆干的活。但这里的教师都有学位，他们是营造一种家庭环境，研究儿童在家庭环境中的发展。他们要经常和家长讨论儿童的教育问题，给家长帮助，但是并不是将要求强加于家长。他们在教育中特别强调因材施教，不是统一要求，让学生在老师设计的环境中自由发展。

从上面我们可以看到，北美早期教育完全是一种自由主义教育。不能说他们没有计划，只能说计划是柔性的，而且是隐性的。活动是自由的，但儿童发展的背后似乎也有一只无形的手在指挥着。我参观银行街学院还有一点感想：银行街学院在美国是一所很小的大学，但办得很有特色，在世界上都很有声誉；而在我国，好像小学校就办不出名气来，非要办得越大越好，层次越高越好，这种求大求高的思想恐怕与我国的传统思想不无关系；我希望我国的学校少一点攀比，多一点实事求是，真正办出一些特色来。

美国要重建教育

1991年4月，我率师范教育代表团再一次访问美国，考察了5所大学、1所社区学院、2所中学。我们访问时美国刚刚结束了"教育周"（4月13日至19日）的活动。在这期间，美国总统布什发布了《美国2000年：教育战略》并发表

第七章　教育见闻

了演说，各地开展了奖励教师的活动，全国上下似乎都在议论教育。加州州立大学弗雷斯诺分校的校长助理告诉我们，美国科技的领先地位正在受到威胁，原因是美国中小学教育质量太差。他说，美国中学生的学习时间比别的国家短，约有25%的中学生不能毕业。这次美国教育改革是要重建教育，近些年来全国各州大约通过了700项法律来提高教育质量。采取的措施有：延长学期的时间；要求学生必须做家庭作业；学习期间要进行三四次考试，主要在四年级、八年级和十二年级进行；提高大学入学标准；教师组成教学小组；教师、家长、企业家都来参与学校管理；等等。但他们认为，这些措施所起的作用都不大，要重建教育，关键在于校长。在教育界取得的一致意见是：校长、教师、学生都要参与教育。

1991年4月中美教师教育研讨会第五次年会，第一排左三为顾明远先生

美国很重视师范教育。在我们参观的几所大学中，教育学院都是大学中最大的、最重要的学院。教育学院的设置与我国师范学院的设置有许多相同的地方，但专业设置不像我们分得那样细。教育学院主要设有早期教育系、初等教育系、特殊教育系、中学教育系、心理学系、体育教育系、科技工程教育系（即教育技术系）等。

美国中小学教育总体上水平较低，课程无统一要求。有一次我到一所中学去，问校长学校课程有没有教学计划和教学大纲。他回答说都没有，也拿不出课程表来。因为全校课程有100多门，每门课都由教师自己设计。但是在教学中他们十分重视启发学生的积极性、主动性，注意培养学生自学的能力。我们参观了几所学校上课的情况，几乎没有看到老师滔滔不绝地讲、学生静静地听的现象，都是老师和学生在热烈讨论或争论某个问题。学校一般很重视对学生课外活动的指导。据他们介绍，这次教育周奖励优秀教师的活动中，所谓优秀教师，不仅要看他（她）的课堂教学，更要看他（她）在课外为学生所做的事。

据他们介绍，美国在20世纪80年代曾开展一种叫作"有效教育学校"的运动，指定一些学校进行教育改革，在课程设置、课外活动、教师的教育态度等方面进行改革试验，各校进行比较，把各校的长处集中起来进行推广。概括起来，有效教育学校必须具备三个条件：一是有一个坚强的学校领导；二是与社会有密切的联系；三是教师都能开动脑筋，不断改进教学。

我们发现，美国非常重视对学生进行国家意识的教育。我们一下飞机就发现一个奇怪的现象：马路边上家家户户门口都挂着鲜黄的花。陪同告诉我们，这是民众支持海湾战争的表示。据说美国独立战争时期，为了表示支持，民众挂出了黄花或黄旗子，这种传统流传至今。我们在内布拉斯加州和爱荷华州都参观了那里的议会大楼，两次都遇到许多中小学生在那里参观。议会大楼布置得像博物馆，陈列着这个州发展的历史图片、油画和名人雕像。内布拉斯加州议会大厅屋顶上有3幅油画，反映该州100多年以前开发时的情景；

第七章　教育见闻

爱荷华州的议会大厅里陈列着南北战争时期的军旗等展览品。议会大楼里设有导游，免费向中小学生讲解。我们到爱荷华州议会大楼时正值该州议会开会，群众可以旁听。我们旁听了他们的辩论，有一个中学生参观团也旁听

参观美国的中学，后排左二为顾明远先生

了议会的辩论。我们参观中学时，发现老师在给学生讲海湾战争。凡此种种让我们感到美国教育很重视国家意识的培养。

美国人对国旗既尊重又不尊重。美国学校到处挂满国旗，校长室中必有国旗，每个教室里必挂国旗。美国到中国来的留学生，宿舍里总贴有美国国旗，有的贴在宿舍的房门上。他们的上衣上、裤衩上都可以印上国旗。华盛顿纪念塔电梯门口的地上也嵌着国旗图案，被众多游人踩在脚底下，这在中国是绝对不允许的，但在美国却无所谓。他们不把国旗看得那么神圣，却使你感到美国处处都在，起着培养强烈的国家意识的作用。

我们和美国教授们谈到青年们的风尚。据他们讲，当时青年们趋向于保守，他们称之为"回归现象"。他们说，20世纪60年代的青年人没有理想，不关心未来，提倡性解放；90年代，青年比较关心世界上发生的事情，关心未来的命运。我问他们为什么，他们回答说，也许就像中国哲学中讲的"物极必反"吧，有些事情走过了头，总会返回来的。我想这恐怕与当时的形势有关。20世纪60年代社会动荡，美国之前发动了朝鲜战争，又发动越南战争，种族歧视严重，使得青年人无法安心学习；80年代以后，经济开始复苏，社会趋于安定，社会舆论呼唤道德的回归，影响到新一代青年；进入90年代，大家都在思考如何迎接21世纪。格洛德大学学习中心就挂着一条大标语，上面写着："2000年和将来，格洛德将是什么样子？"

美国的大学城

我几次访问美国后发现，美国除一些古老的大学如哈佛大学、哥伦比亚大学等在城市里外，大多数大学都在一个城镇上，有些城镇就是围绕着一所大学建立起来的，成为一座大学城，但我不太明白它们是怎样形成的。1991年我率领中国师范教育代表团到美国，访问了一所很小的理工学院——皮洛州立学院，位于内布拉斯加州林肯市的郊区皮洛镇。皮洛也是一个小城镇，有点乡村的味道。这所学校以师范教育为主。学院接待我们时非常热情，还特地举行了欢迎晚会，我们晚上住在当地居民家里。第二天，学院的继续教育和地区服务学院院长罗巴特·贝克教授开车送我们去芝加哥机场，路上我们一直在聊天，我问他为什么美国的许多大学建在大城市郊区的小镇上，他便给我们讲了战后美国高等教育发展的历史。

1944年，眼看第二次世界大战即将结束，各国都在规划战后国家重建工作，其中包括教育。美国为了在战后安置几百万军人，国会通过了《退伍军人权利法案》，旨在帮助退伍军人就业和接受教育。这个法令使780万退伍军人在1945—1951年的几年时间里进入了各级各类学校，其中223万人进入大学学习。这么多军人回到家乡，涌入当地的大学，一下子使当地大学膨胀起来。本来各地乡镇只有一所师范学院，由于大批军人拥入，学院的性质就逐渐改变了，不仅扩大了规模，而且扩展了专业，并逐渐升格为大学，美国的许多州立大学就是这样演变而来的。大学扩大了，服务于大学的各种设施，如学生公寓、超级市场、购物中心等都在大学的周边建立起来。更有趣的是，由于这些大学都在郊区，空气新鲜，周边又有现代化的、大型的购物中心，许多城市里的中产阶级也看中了这里的优势，纷纷从城里迁居到这里来。于是小乡镇发展成现代化的小城市，教育的发展就这样促进了乡村城镇化的发展，这就是美国大学城的形成过程。它和我国建立的大学城完全不同，我们是人为地把几所大学合在一个地方来建立大学城的，美国的大学城是在大学发展

第七章　教育见闻

的过程中自然形成的,并非许多大学集合在一起。由于美国这些大学城是在当地逐渐发展起来的,所以大学和当地社区紧密联系,为社区服务成为大学的宗旨。

一路上我们还聊到大学教师的工资待遇。他告诉我们,美国大学教师的工资是不统一的。研究型大学教师的工资要比一般大学教师的工资高。美国的税种很多,工资中要扣去很多税,但也有许多免税的项目。因此到底要交什么税、交多少税,他自己也搞不清楚,反正银行会替你算清楚。

苏联教育见闻

苏联,我曾经到过三次。第一次是1951年8月至1956年7月,我作为新中国成立后第一批留学生在那里学习生活了整整5年;第二次是1984年初夏,中苏关系刚刚解冻,我作为中国高等教育代表团成员访问了苏联高教部、几个城市和10多所学校;第三次是1991年6月,正是苏联解体前夕,也是作为中国高教代表团成员去参加中苏高等教育研讨会。在我的印象中,三次访苏,宛如到了三个世界。第一次,也就是20世纪50年代的苏联,我感到社会主义欣欣向荣,人民充满着希望和憧憬。虽然1953年斯大林逝世以后暴露出许多问题,但那时还是社会安定,物产丰富,人民群众有高度的热情。第二次访苏给我的印象是革命的口号依旧,新建了许多革命博物馆、纪念馆,但多了几分教条主义和形式主义,商店里的食品已经大不如50年代,人民群众似乎生活在一种紧张和压抑的气氛之中。第三次访苏正是苏联解体前夕,这次使我感到苏联社会一片混乱,特别是思想混乱,老百姓生活在一片茫然之中。我们回国不久就听到苏联解体、社会主义遭受严重挫折的消息,心中无限惆怅。多少年过去了,莫斯科的生活依然使我怀念,苏联的命运也使我深思。我想在依稀的记忆中追寻一些欢乐,以寄托我对莫斯科的思念;在茫然中寻觅一丝线索,以解开我思想中的疑问。

二进苏联

1984年5月,经过28年,我第二次来到苏联。这是中苏关系解冻以后中国高等教育代表团第一次访苏。我们访问了莫斯科、列宁格勒(今圣彼得堡)、基辅(今为乌克兰首都)、伏尔加格勒4个城市,访问了莫斯科大学、莫斯科动力学院和经济学院、列宁格勒大学、基辅综合技术学院及其他几所中等职业技术学校,以及苏联教育科学院、苏联高等教育问题研究所等单位,内容是十分丰富的。

当时中苏关系刚刚解冻,彼此似乎还缺乏信任。中国已经实行改革开放,苏联却对中国的开放政策不理解。因此苏联高教部对我们的参观访问做了精心的安排,除了参观学校外,尽可能地安排我们去参观访问烈士陵园、革命博物馆,让我们接受"政治教育",不要忘记革命的过去。在莫斯科,他们安排我们去列宁墓,瞻仰了列宁遗容,向无名烈士墓献了花圈,参观了克里姆林宫列宁办公室、列宁博物馆等。参观学校的时候,参观实验室的时间安排得很紧张,陪同人员总是催着我们快点走,但到参观校史陈列室时,陪同人员就说这里没有时间限制,因为那里展示着该学校在卫国战争中的英雄事迹。

1984年,顾明远先生(右)作为高教代表团成员访问苏联

我们到列宁格勒是坐夜车去的,第二天清晨到达,还没有来得及吃早餐,陪同人员就把我们拉到列宁格勒保卫战的烈士陵园。我们毫无思想准备,好在鲜花也是他们早已准备好的。我们献上鲜花,默默致哀,缅怀第二次世界大战中牺牲的英雄烈士。大家心里在想,这是

第七章　教育见闻

一次很有教育意义的活动，本来也应该来瞻仰，但苏方的做法使我们有被强迫的感觉。

苏方的陪同人员是高教部外事局的副局长，经常用教育者的口吻来"教育"我们。有一次列宁格勒大学校长宴请我们，刚好那天报纸上报道了在涅瓦河河床上发现了一颗第二次世界大战时的炸弹，他就借此大做文章，说什么希望我们要记住第二次世界大战的教训，不要和帝国主义打交道等。话本来是有道理的，但他的矛头是对着我国改革开放政策的。有一次我故意问他："莫斯科的冰激凌很好吃，听说是30年代米高扬从美国引进的，是不是？"他无可奈何地承认了这个事实。

这次访问给我印象最深的是他们的革命传统教育。20世纪60年代，苏联建造了许多革命烈士陵园、革命博物馆、革命纪念馆，莫斯科的无名英雄纪念碑、列宁格勒的卫国战争烈士陵园、斯大林格勒保卫战烈士陵园都是在20

中国高教代表团成员与苏联高等教育问题研究所主要负责人员的合影，左二为顾明远先生

世纪60年代建立起来的。基辅涅瓦河岸上建立了一座不锈钢母亲像，十分雄伟，有60米高，离很远就能看到，让人们时时刻刻牢记要保卫祖国母亲。

基辅建有一座列宁纪念馆，是5层楼高的一个大圆筒子。中间是5层高的一个大厅，中央立着一尊十几米高的列宁塑像，两侧站着4位青少年，其中两名共青团员，两名少先队员，他们是代表学校到这里为列宁站岗的，每次站1小时。我们参观时刚好遇到他们换岗，由辅导员带领着，像莫斯科红场列宁墓卫士换岗一样，严肃整齐。我问陪同，为列宁站岗是天天举行还是只有假日才举行，回答是天天举行。我问他这些青少年的学习怎么办，他的回答是：为革命站岗，牺牲一点学习时间也是值得的。

在伏尔加格勒，保卫察里津纪念碑前也站着4名少先队员。看来这种形式当时在苏联是很普遍的。

斯大林格勒保卫战是第二次世界大战中最有名的战役，是第二次世界大战的转折点。1954年沿着伏尔加河旅行时我就去过那里，那时马马也夫高地上放着一辆第二次世界大战时的坦克。过了30年，旧地重游，城市的名字已不再是斯大林格勒，马马也夫高地已经变成了一个革命纪念陵园。陵园气势宏伟，从山下拾级而上，两旁是无数英雄的群像，走到半山腰，那里矗立着保卫战残留的断壁残恒的塑模，同时播放着第二次世界大战时期的炮声和革命歌曲，使人感到回到了战争年代。山顶上建造着一座圆形的革命纪念馆，馆中央是一股永不熄灭的火焰，两侧肃立着持枪的卫士、共青团员和少先队员。人们献上鲜花并默默致哀。纪念馆的圆形墙壁上铭刻着在保卫战中牺牲的所有烈士的名字，观众可以沿着斜坡瞻仰烈士的英名，直至顶层。纪念馆的顶上，也是马马也夫的最高点，矗立着一个母亲的塑像，她手拿着一柄利剑，似乎在等待着与敌人的决战。

在伏尔加格勒还有一座斯大林格勒保卫战的全景纪念馆，用油画和模型塑造而成。站在全景中央，犹如站在马马也夫高地纵览四周的战场，其宏伟的场面确实是震撼人心的。

第七章　教育见闻

20世纪60年代和70年代苏联的革命传统教育确实开展得很广泛。我们参观的每所学校都有校史陈列室，那里展示着学校参加十月革命、卫国战争的英雄事迹，上战场的师生人数，英雄和烈士的相片。在列宁格勒的一所地铁中等职业技术学校里，陈列室被布置成一个卫国战争时期的游击队指挥所，那里有篝火，有钢盔，有游击队使用的武器和装备。学校领导告诉我们，这些战争遗物都是学生从附近收集来的，因为该校就位于这个游击区。这所学校是20世纪70年代新办的，卫国战争时期还不存在，所以他们利用当地游击区的资料来教育学生。当时的革命传统教育也确实是深入人心的。青年结婚，第一件事就是到烈士墓前献上一束鲜花，我们曾亲眼看到在红场列宁墓前和革命胜利纪念碑前有多对新婚青年在献花。

但是，发人深思的是，这样广泛深入的革命传统教育怎么就没能挽救苏联社会主义革命的命运呢？苏联解体以后，有人说这是苏联教育的失败，我却不这样想。教育是意识形态的一部分，它对政治和经济有作用，但这种作用是很有限的。改变历史进程的根本还是经济基础及其集中表现的政治路线，是执政党的思想路线和政治路线，教育在政治变革面前是无能为力的。从苏联教育的教训来说，只能说教条主义、形式主义多了一些，教条主义和形式主义是经不住实际的冲击的。在这方面，我们也不是没有教训的。

当时的实际是怎样的呢？我们看到，当时是经济停滞不前，人民生活水平降低，人民群众的思想受到压制。我们在那里访问21天，不可能深入了解那里的实际情况，但有两件事情可以反应上述情况。

一是商店中商品匮乏，与20世纪50年代不能相比。50年代我们留学苏联时，商店中的商品是很丰富的。我记得香肠就有几十种，鱼类也很多。但这一次来到莫斯科，我发现食品店的香肠少得可怜，一到下午，食品店里几乎已经没有可买的东西。我想买点糖果带回来，好不容易才在一家较大的百货店里找到了有名的金鱼牌巧克力。

二是控制得太严。我们代表团里有几位是留苏的，想会见从前的老师和同学,却遇到很大的困难。有一次苏联老师来看望我们团里的学生,但有一位陌生人作陪同,师生无法亲切地交谈。我想到母校列宁师范学院去看一看,他们一开始不答应,说没有时间安排。我坚持非去不可,宁可牺牲其他参观时间,也要回去看看母校,这是人之常情。几经斗争他们才勉强答应,但限制我只能停留40分钟。

我在想,一个政府如果对人民群众都不信任,那么它还能存在多久呢?这只能说明它的虚弱。

教育与生产劳动相结合

我们参观了一所校际生产教学联合体,这给我留下了深刻的印象。为了在普通中学里加强职业技术训练,他们成立了校际生产教学联合体。当时莫斯科共有48所,列宁格勒有32所。我们参观的是莫斯科十月革命区的第二校际生产教学联合体。该区有两所这样的学校,供全区32所普通中学的九年级、十年级的学生来学习。按照教学计划,每个九年级、十年级的学生每周到这里来学习一天,其中包括2小时理论课,4小时实践课。该联合体分6个专业:车工、缝纫、烹饪、销售、汽车驾驶、银行业务。学校与10个企业单位挂钩,挂钩的企业被称为基地企业,负责提供设备、原材料以及成品处理,并提供实践课的教师和实习场所。负责理论课的教师都受过高等教育,他们属教育局领导,工资也由教育局发放。负责实践课的教师一般是企业的工程师、技术员,由企业负担工资。例如车工专业有两个车间,一间是由著名的红色无产者工厂装备的,另一间是由莫斯科轴承厂装备的。学生在这里实习,生产的产品就是挂钩工厂的零部件。又如,汽车驾驶专业与两个出租汽车站和一个汽车修配厂挂钩,装备了一个引擎车间和一个修理车间,并提供4辆小轿车供学生实习。基地企业还为学生提供暑期20~25天的集中实习,实习期间发给学生津贴,约相当于最低工资的1/3。

在联合体,学生既可以学习理论,又可进行实际操作。两年时间里,学

第七章　教育见闻

生在这里学习约40天，加上20多天的集中实习，共有60多天的时间接受职业技术训练。学生毕业时通过考试，可获得二级工的职业技术证书。

在中学里开展职业技术教学是当时苏联教育的特色，是从1958年教育改革开始的。当时采取的办法是学校自办车间、农场，或者学校与企业挂钩。但是由于当时的物质和技术基础不足，学校很难自己办车间和农场，经过多年摸索，终于找到联合办学的形式，既可以集中设备，又可以有专门的教师，教育资源能得到合理的利用。我们参观的这所联合体就是由普通中学改建的，设备都是一流的。除车间外，理论课教室都采用专用教室制，一般都装有常规的电化教育设备，包括投影仪、闭路电视等，以及理论课所需的资料、书籍、图表等。联合体专职工作人员很少，只有一名校长和几名管理人员。

校际生产教学联合体是一个极好的形式，既能节约教育资源，又能较好地解决在普通中学实施职业技术教育的问题，使普通中学能够较好地把教育与生产劳动结合起来，完成为学生升学和就业做准备的双重任务。苏联解体以后，不知道这种教学形式还是否存在。

在列宁格勒我们还参观了第一一五职业技术学校。这是一所培养地铁工人的学校，是1974年列宁格勒开始修建地铁时创建的。学校设备精良，是模拟地铁的真实情况建立的。据学校介绍，这所学校是师生们自己动手建造的，学生们一面学习，一面建校，许多设备和家具都是学生自己动手装起来的。全校有20多个专用教室，所谓专用教室是指专门用于某个专业、某个学科的教室，室内除装有电化教育设备外，还备有各种专业书籍和资料；有6个教学生产车间；专业有机车钳工、车工、电工、自动电梯助手、车站值班员；有800名学生，其中只有6名女生；有43名教师，都受过高等教育。学校有27个班招收八年制毕业生，学制为三年；1个班招收十年制毕业生，学制为一年。学生毕业后一般可获三级工资格证书，当地铁工人；4%～5%的优秀毕业生可直接升入高等学校。

应该说，当时苏联这些学校的办学经验还是很值得我们研究和借鉴的。

三进苏联

我第三次访苏是在1991年初夏,正值苏联解体前夕。我们这次访问的目的主要是进行双边文化教育交流,参加在莫斯科召开的中苏高等教育改革研讨会,顺便访问莫斯科大学、列宁格勒大学、西北函授技术学院、高等教育问题研究所等单位。这次访问给我的印象与前两次截然不同,明显可以看出,苏联整个社会处于动荡不安之中,人们似乎都心神不宁、心不在焉,社会纪律松弛。我们住在伊斯马依洛夫旅馆,会场则是在动力学院。每天有汽车来接我们,有一天汽车居然迟到了约1小时;有一天约好高教部副部长会见我们,可是汽车左等不来右等不来,我们只好乘地铁过去。

6月17日我们到达列宁格勒,第二天俄罗斯总统选举结果揭晓,叶利钦当选。又过了一天,陪同告诉我们:俄罗斯议会已经决定,将列宁格勒重新改名为旧俄时代的圣彼得堡。

在研讨会上,苏方发言介绍苏联高等教育改革的方向:一是要重视发展个性,二是要满足社会的需要。他们认为过去高等学校培养的工程师太多,但忽视了经济学家、人文科学家的培养;在学制上,认为过去的学制太长,

1991年6月顾明远先生与教育部高教司原司长王冀生教授在莫斯科红场

第七章　教育见闻

要像西方那样，把本科限制在4年内，主要打好宽厚的基础，再用1~2年学习专业知识。这些改革都是可以理解的。最使我们吃惊的是高等教育部理论局局长的发言。他强调高等学校要与政治分离，他说，高等学校要非政治化、非政党化、非意识形态化，高等学校的政治理论课不再讲马列主义、联共党史，而是讲各种哲学流派，由学生自己选择自己的信仰。听完他的讲话，我当时感到苏联的演变已经不可逆转。高等学校放弃了共产党的领导，放弃了马克思列宁主义的思想指导，还怎么可能坚持社会主义？但是，那时也万万没有想到，两个多月以后苏联就蜕变，年底就解体了。

顺便说一句，当年夏天，我校研究生院召开工作会议，我在会上介绍访问苏联的情况，我说："苏联的演变已经不可逆转。"但当天晚上电视广播就传出苏联副总统亚纳耶夫成立"国家紧急状态委员会"，把苏联总统戈尔巴乔夫软禁起来了。我们的许多同志就说，苏联还是有希望的。但是没有想到，苏联"国家紧急状态委员会"三天就垮台了，政权落到俄罗斯总统叶利钦手中。不久叶利钦就宣布苏联共产党非法，禁止共产党活动。

苏联的事件使我深深震惊，也使我清醒，认识到坚持马列主义的重要性，认识到意识形态的转变是最危险的转变，共产党在意识形态上放弃领导，实际上是把人民群众推向资本主义。苏联的教训是深刻的、令人痛心的。

三次访苏，三个世界，人间沧桑怎不令人慨叹！

法国教育见闻

与巴黎第八大学交流

1999年11月22日至12月13日，我们北京师范大学国际与比较教育研究所一行4人来到法国，与巴黎第八大学教育系开展学术交流活动。按照协议，他们每年有2名教师访问北京师范大学国际与比较教育研究所，我们则有3~4名教师访问巴黎第八大学教育系。11月22日我们抵达巴黎戴高乐机场，当地时间还只是下午5点，但北京时间已是午夜12点。为了适应时差，虽然大家都困倦异常，但还是熬到当地时间10点钟才睡觉。法国人的接待工作与我们完全不一样，我们接待外国学者，首先要安排好他们的吃和住，总要派一名翻译兼陪同，把生活费送到他们手里。他们可不是这样，从机场把我们接到住处（住处是我们自己找的），告诉我们第二天去办手续，第三天到学校见面，就和我们拜拜了。第二天，我们只好自己去办手续，首先要领取生活费，才不至于饿肚子。我们先到了教育部外国学者、留学生服务中心，他们又把我们介绍到巴黎学区的服务中心，拿到了支票又要到财政厅才能领取到现金。折腾了一上午，转了大半个巴黎，其手续之烦琐是其他国家不多见的，可见外国人办事效率也不高，法国这个中央集权国家恐怕尤其如此。好在巴黎的地铁很方便，一张票只要不出地铁可以随便换乘。地铁还可以购月票或周票，每张票8法郎，但周票只要109法郎；也可以一次购10张票，而且只要50法郎。

巴黎第八大学是1968年新建的大学，坐落在巴黎市区的最北部。这所大学是1968年学生民主运动，即所谓"五月风暴"的产物，素有民主传统。校舍不大，没有围墙，图书馆临街建立，而且跨越了一条主要街道，既没有体育运动场，也没有宽广的草坪，完全不是我们想象中的大学的样子。但它是

1999年12月1日顾明远先生（右二）给巴黎第八大学教育系的学生上课

第七章　教育见闻

法国唯一的开放性大学,很有特色。它的特点是学校没有年龄、学历、职业、国籍的限制,向所有人开放;不仅白天开设各种课程,晚上也开设各种课程,因而继续教育在课程中占有很大的比重;学校以人文社会科学为主。校舍虽小,但在校学生却有两万余人,其中外国籍学生就有8 000多,所以可以在校园中看到各种肤色的学生。

教育系也很小,就在教学楼的四层,只有一间小小的办公室,一名秘书,系主任的办公室又兼会议室。走廊两旁的墙是用木板镶起来的,上面贴满了课程表、学生的成绩单、各种通知和海报,如第七大学或其他大学有什么讲演或学术活动,还有各种招聘广告,哪些单位需要什么样的人员等。系里只有十几名教师,却有1 000余名学生。

我们分别给教育系的学生讲了几节课,主要是介绍中国的教育和我们各自研究的课题。他们的课程安排与我国不同,每节150分钟,例如教育系的课大概是在下午2点至4点半,为一节,之后是4点半至7点,7点至9点半。中间可以休息一次,由老师自由决定。课堂教学也与我国不一样,老师讲得很少,主要是互相讨论。有的时候是老师指定一本参考书,让学生事先阅读,课上进行讨论。我们听了几次他们的课,其中一次是11月24日下午2点至4点半,是一节成人教育文凭课程,内容是讨论文化问题。因为我们去听课,老师就让学生向我们提问题。我知道他们都是成人学员,因此让他们先报一下身份,结果是各种职业都有,有扫盲工作者,有公司职员,有一位是巴黎著名百货商店的女经理。他们大多从事人员培训工作,有的已经有学位,但为了取得成人教育文凭,到这里来修学成人教育课程。他们向我们提了许多问题,从计划生育、独生子女教育到妇女地位等,表现出了对中国的广泛兴趣。另一次是12月1日下午4点半到7点,是巴尔比教授为教育系四年级学生开的"活动研究"课。我数了一下,共有29名学生,有多种肤色。巴尔比说,他们来自10多个国家。上课特别自由,一开始就没有按时上课,巴尔比是系主任,有许多事务要处理,所以迟到了几分钟;有的学生也不准时,课已上了半小时,还有进课堂的；有的学生还没有吃完饭，就端着饭碗一边吃饭一边听课。这堂课主要是讨论贫困问题，老师已预先向学生介绍了一本书，让学生阅读。这本书是一本论文集，由许多人写成，有学者、贫困者本人、关心贫困者的志愿人员，分5个专题，包括贫困的历史、贫困的原因、摆脱贫困的出路等。学生分成5个组，每组负责一个专题，在课上报告他们的看法，进行讨论。有一个学生评论说，这本书很好，既有学者的研究报告，又有贫困者本人的陈述，能够理论联系实际，能够听到贫困者的声音。学生还向我们提了许多问题，比如中国是如何解决贫困问题的。学生讨论得很热烈，不知不觉150分钟就过去了。

12月3日我们还参加了一次导师资格答辩会。按照法国的制度，获得博士学位后经过竞争可以被聘为教授，但要当导师，还需要通过一次论文答辩。答辩会在巴黎第五大学进行。答辩的论文题目是关于想像问题。答辩的方式与我国博士论文答辩差不多，但更隆重，亲朋好友都参加。答辩通过后还在附近的酒店举行一次简单的酒会。

巴黎的教育沙龙

我们初到巴黎的那几天到处张贴着海报："教育联盟"于11月24日至28日举办第一届教育沙龙。这是一次难得的机会，我们一定要去看看。原以为教育沙龙就是教育问题的论坛，亲临其境，才发现大相径庭。教育沙龙在巴黎展览馆第七号楼举行，分上下两层，每层的面积足足有足球场那么大。下层是各种教育机构、研究所、出版社的展亭，有各种资料可以随便取阅，也有一些图书可以购买；有各种小型座谈会，例如有一个座谈会，几位嘉宾发表讲话，评论因特网对儿童教育的影响，听众看起来大多是孩子的父母；展厅一角是大量的电子计算机，一批孩子正在玩电脑，有的父母正在教孩子怎么做卡通。

楼上的展厅是各高等学校、职业学校设立的展亭，给参观者提供各种资

第七章　教育见闻

料。这里的参观者大多是中学生。旁边一个大厅举行了演讲会，演讲的题目是理科高中生毕业以后的出路问题。

从节目单上可以看到，教育沙龙的内容非常丰富。每天从9点30分开始，到18点30分结束，每30分钟就有数个讲座和座谈，涉及教育的方方面面。参加沙龙的人很多，大多是中学生、大学生，也有父母带着孩子来的。那几天巴黎的报纸上也报道了教育沙龙的盛况，5天中参加者达44万人次。

参观国立技术学校

1999年12月2日，我们参观了法国有名的国立马克西米利尔·佩雷技术中学。该校是一所职业高中，又是一个技术培训中心，已有110多年的历史。校址原在市区，3年前才搬到现在的新校址，坐落在巴黎的东南郊，要乘快速铁路才能到达。

学校分两大部分：一是高中部，二是成人继续教育部。高中又分普通高中和技术高中两类，都招收15岁的初中毕业生。普通高中又分文科、经济和社会科、理科，为升入大学做准备，学生也可以在二年级时转入技术类。技术高中分两个专业：能源和电子技术。技术高中毕业生参加毕业会考，取得文凭，可升入大学或高等职业学校，也可以就业，从事安装和维修。短期高等职业教育的学制为两年，有水处理、空调取暖与制冷等4个专业。继续教育有多种多样的课程，有短班，有长班；有普通班，有提高班。学员中有一部分是在职的，一部分是失业者。授予文凭的全日制学习为一年，部分时间制学习为两年。提高班的对象是能够设计小设备的人，一是学设计，二是学维护，培训结束有证明，但没有文凭。还有应企业要求的有针对性的各种培训。全校有正规学生1 200余人，继续教育的学员每天150余人。

这所学校实行一校两制，大部分是公立的，小部分是私立的，有300多名学生，都是部分时间制的。公立部分的老师由国家发工资，私立部分的由企业付工资。学生不需缴学费，培训的经费主要靠"学徒税"和"继续教育税"。法国法律规定,企业要交工资总额的0.5%的学徒税和工资总额的1.5%的继续教育税。实际上企业用于培训的费用远远超过了这个数目,全国约占工资总额的2.5%～3%。企业可以自办培训班,也可以委托他们认为办得好的学校或培训中心。这所学校就是从好几个企业获得经费的。

这所学校的设备十分精良。一楼全部是技术平台,二楼是实验室,三楼是教室。按照4个专业设置的技术平台都是十分先进的,学生可以在这里实际操作。辅导的技师也都是取得了教师资格证书的技术人员或工程师。这所学校与北京建筑学院有交流合作关系,当时有两位老师在这里进修,他们陪同我们参观。两位老师说,在中国恐怕连高等工科院校都不一定有这么好的设备。

学校设理事会,有一名校长,两名副校长,一名副校长负责正规教育,另一名负责成人教育。偌大的学校只有15名职员,8名清洁工。

校长告诉我们,他们很愿意与中国合作交流,1994年就和北京建筑学院建立了合作交流关系,他们很想在中国建立他们的技术平台。

这个学校给我们的印象是:不仅历史悠久、设备先进,而且他们与企业的联系特别紧密;办学多样,很有活力;注重学生实践能力的培养,重视应用操作技能,使学生毕业以后能够在实际工作中解决具体的实际问题。

法国的大学校

我们还参观了两所大学校:一所是高等师范学校,另一所是国立桥梁道路学校。法国的大学校是法国高等教育的特色。有人说,不了解大学校,就不了解法国的高等教育。大学校是法国的高等专门学校,创始于18世纪40年代,主要包括工程师学校,高等师范学校,高等商业、经济、管理学校三大类,培养高级工程技术、教育、管理人员。学生不能从中学直接升入大学校,必须经过大学校预科班学习并经过激烈的竞争考试才能入学。预科班设在有名的国立中学里,录取已通过毕业会考的优秀学生;分数学、物理、生物、技术、文学、兽医、经济管理7类,前5类学制为两年,后两类学制为一年;

第七章　教育见闻

以学习基础理论为主，课程深度、难度都超过普通大学的一二年级。学生学习期满后参加各类大学校单独或联合组织的全国性考试，被录取者一般不到1/3；没有考上的可以转入普通大学第二阶段（三年级）继续学习。大学校的规模都很小，一般只有几百人，但设备精良。全国300多所大学校只有学生约8万人，约占全国大学生总数的6%。

法国原本有5所高等师范学校，两所男高师、两所女高师和1所技术教育高师。10多年以前男高师和女高师合并，里昂又单独成立了1所，所以现在有4所高师。这些学校的名称还叫高等师范学校，但实际上主要不是培养教师，而是培养高级公务员，学生在校带薪学习，毕业后要为国家服务10年。

我们访问的是玫瑰泉-圣克鲁高师，它是男女高师的合并校，位于玫瑰泉旧址。校舍很小，一个很不起眼的像普通人家的校门就在马路边上。很难让人想到它就是法国青年向往的赫赫有名的高等师范学校。校长西尔万·奥罗克斯（Sylvain Auroux）非常热情地接待我们，并设家宴招待我们，而他的家就在他的办公室楼下。他详细地向我们介绍了高等师范学校的情况。

这所高师的专业主要是文科，里昂高师是理科，现有学生约500人。每年招收新生120名，但报考的有6 000人，竞争之激烈可想而知。入学考试分笔试和口试两次，通过笔试而没有通过口试，也算一次资格，对学生来说也很重要，可见大学校在社会上的声誉。学生第一年通过考试可取得学士学位，获高级教师资格；第二年取得硕士学位，并进入博士预备班。学生学习期间可以在任何综合大学听课，文凭也是由大学颁发。这里的课主要是辅导，帮助学生通过高级教师资格考试。因此学生是同时学两套课程。这里的老师都在大学里兼课，学生带薪学习，每月七八千法郎，毕业以后要到中学实习两年，但与学校没有关系。巴黎高师的培养目标是高中教师、大学教师、高级公务员。我问校长有多少毕业生任教师，他说大约有10%。

校长是研究语言和哲学的，很健谈。他曾在1997年访问中国，并且到过北京师范大学。他对传统很重视。顺便提一句，巴黎文教界的朋友都很重视传统文化，他们对世贸组织只重视经济不重视文化颇有微词。他们非常重视中国的文化，所以非常愿意与中国学者合作和交流。奥罗克斯讲，现在是英语统治世界，未来世界要以汉语、阿拉伯语、俄语为主。他还说，全世界单独设立的高师已不多，高水平的只有10多所，他建议成立一个全世界的高师协会。临别时他又送给我们许多书。

国立桥梁道路学校是由一位埃及裔的法国汉语教师陪我们去的。虽然学校已有270多年历史（成立于1747年），校舍却是新的，位于巴黎郊区。校舍的设计犹如桥梁，中间一个大厅犹如火车站，外墙全部是玻璃的，透明敞亮，很现代化。但那位汉语教师告诉我们，这么敞亮的大厅，设计师忘了装空调，夏天温度可达40多摄氏度。她同时在巴黎大学和这里教汉语，虽然这里的学生只把汉语作为第二外语选修，但因为这里设备先进，所以她还是愿意到这里来教书的，她可以利用这里的设备做课件。她带领我们参观了她的多媒体教室，看了她做的汉语课件。

学校负责人告诉我们，这所学校和其他大学校一样，也是从大学校预科班毕业生中通过考试录取新生，每年招生120名，但报考的有3 600多名，因此选拔出来的都是精英。在预科班里主要进行基础理论的严格训练，不在乎学多少知识，而是进行科学的思维训练。通过严格的训练，学生具有较高的素质，所以上过大学校预科班的，即使没能考上大学校，也获得了一种资格。这所学校是培养高级工程师的，不设学位。我们又参观了学校图书馆，馆内不仅有大量图书，而且还珍藏着历届学生的设计。馆长自豪地给我们展示了建校初期学生的桥梁设计图纸，他说法国的许多桥梁都是由这所学校的毕业生设计的。

参观学区和中小学

12月10日，我们在老朋友皮埃尔·路易斯·高蒂尔（Pierre-Louis Gauthier）的陪同下参观了爱松省的一个分学区和中小学。法国的教育行政管

第七章 教育见闻

理也很特别：全国分26个学区，每个学区设一名学区长，作为教育部长的助手；学区下面是省，学区督学负责管理全省的中小学；省下面设分学区，由省督学负责管理分学区的小学和幼儿园，中学则由学区督学负责管理。爱松省有23个分学区，分学区的划分不是按社区，而是按教师的人数，平均每400名教师设一名督学。

我们参观的是一个"教育优先区"。什么叫教育优先区？省督学格里尼（Grigny）告诉我们，这里是移民区，外籍劳工很多，比较贫困，文化水平也低，儿童处于不利的环境中。这里的中小学生在全国中小学评估中的得分比平均分低20%，因此需要优先发展。政府增加教育投入，而且规定：每班学生可以少一些，小学最小的班只有12名学生；教辅人员可以多一些；在特殊学校工作的教师还有补贴；等等。

这个分学区设1名省督学，下设1名秘书和3名教学顾问，管理17所小学，24所学前教育机构，373名教师。督学的职责是帮助这些教育机构和教师提高教育质量。督学格里尼原来是幼儿园园长，通过竞试考取督学资格，到任不到半年。她说她正在分学区中建立一个网络，把小学联合起来，与初中合作，并由初中来指导小学，每个网络的负责人即初中的校长，目的是协助有困难的学校，提高分学区的教育质量。

督学的大量工作是对教师工作进行评估，每年大致要评估60～90名教师。评估之前要通知教师，然后去听课，与老师谈话，检查作业、备课笔记，了解是否按照教学大纲上课、师生关系、与同事合作的情况、如何处理不同情况下发生的问题、教育质量如何，最后是提出建议，打分。法国学校记分以20分为满分，10分为及格。给老师打分不能打满分，必须按他们的级别打分。老师的工资级别有11级。1～2级工资的老师最高分只能是12分或13分；每评一次加0.5分或1分，增加1分就可以涨工资，直到快退休时才能得19分或20分。督学把他们的评分表展示给我们，一般1～2级工资教师的得分在9～12.5分，11级工资的得分在9～19分，分得非常细。督学还有责任组织一些活动帮助教师。

督学的另一个职责是调整学校学生的分布，这涉及每个学生能否得到平等待遇的问题。如果学生太少，学校就要关闭；如果学生增加，学校也要增加。每班学生数小学为25人，幼儿园为31人，困难地区可以减少到12人。

督学也是从竞试中选拔的，学历要求为受过3年高等教育并获得学士学位，没有工龄的规定；由本人申请，阐明自己在督学岗位上的抱负，然后由学区长、总督学、大学教师组成的答辩委员会进行口试，考察申请者的适应能力和解决问题的能力；录取的比例大约为10%。

随后，督学陪同我们参观了一所幼儿园和一所小学。这里虽说是贫困地区，但设备条件都不差，看不出与城市里的幼儿园和小学有多大差别，只是规模都比较小。圣埃克佩西（Saint-Exupexy）小学有7个班，170名学生，各色人种都有，非洲移民的孩子居多；每班一名教师，另有几名合同教师做一些教学辅助工作，如心理健康指导等。我们听了一节课，是学前班和小学一年级同时上的课，主题是圣诞节。老师和学生坐在教室一角的地毯上，每人都拿着一张超级市场的食品广告。老师让孩子辨认广告上的食品、价钱。然后把孩子分成两部分：学前班的孩子继续听老师讲；小学一年级的孩子到自

1999年12月10日顾明远先生（左二）参观巴黎的一所小学

第七章　教育见闻

己的座位上做作业。作业是老师发的一张纸，上面有与购买圣诞节食品有关的8个问题，让学生填空和回答，如要想购买苹果，可以在第几页第几个图上找到？如果买100克巧克力，需要多少钱？这些问题的答案都是能在广告上找到的。我们感到他们的教学内容和教学方法很切合实际，联系孩子的生活，同时重视培养学生的社会化能力。在参观资料室时，我们发现几个学生在自学。校长告诉我们，这些学生都是自愿离开教室出来自学的，老师也可以推荐学习好的或学习能力强的学生出来自学。同时学校还设立了一个教室专门供学习有困难的学生使用，老师在这里进行个别辅导。我想，这才是真正的因材施教。

下午，在高蒂尔教授的陪同下我们又参观了爱松省的一所初中。这所学校的规模也不大，没有太多特别的地方。只是有一点，他们重视对智力有障碍或学习差的孩子的培养。学校设有劳动技术车间，让这些孩子在这里学习，以培养他们自立的能力。

意大利教育见闻

2002年5月21日，我们访问了博洛尼亚大学。它以中世纪第一所现代大学闻名于世界教育界。按一般史料记载，博洛尼亚大学始建于1067年，1158年经弗雷得克一世（Frederick Barbarossa）的敕命，成为正式的大学，以研究罗马法著称。著名的法学家欧内乌斯（Irnerius）曾在这里讲授《民法大全》；宗教法学家格拉提安（Gratian）在此编辑了《教会法汇编》。但是1988年9月欧洲各大学曾经在这里庆祝该校成立900周年，他们是如何计算创建日期的，就不得而知了。当时欧洲300多所大学的校长、著名教授和学者汇聚在这里，世界各国著名大学都派代表去祝贺，时任北京大学副校长的王义遒教授出席了那次庆典。庆典期间还发表了《欧洲大学宪章》，对20世纪末的高等教育改革提出了许多有价值的意见。

2002年5月21日顾明远先生在博洛尼亚大学教育系门口

背景资料：博洛尼亚大学（Universita'di Bologna）是世界上最古老的大学之一，以民法和宗教法饮誉欧洲，其历史可追溯到1088年。当时，一些学生厌倦了正规的学习生活，联合部分教师，采用一种全新的方式进行教学，产生了大学的雏形。在此后近千年的历史中，博洛尼亚大学一直保持着独立进行教学和研究，不受任何政治和经济势力影响的传统，这一传统也逐渐被其他大学接受，成为办学的宗旨。博洛尼亚大学的创立对欧洲大学的创立和发展有着重要的影响。按照博洛尼亚大学模式建立的大学，除意大利本土的外，还有西班牙的萨拉曼卡大学、法国的蒙彼利埃大学、葡萄牙的科英布拉大学、波兰的克拉科夫大学等。总之，凡以法律为主科的欧洲大学，多少都受到博洛尼亚大学的影响。回顾博洛尼亚大学900多年的历史，可谓"精英荟萃"：诗人但丁、天文学家哥白尼、显微解剖学家马尔皮基、剧作家哥尔多尼、无线电发明者马可尼、现代电工学四大奠基人之一伽伐尼、《玫瑰的名字》作者翁贝托·埃科（Umberto Eco）、意大利前总理罗马诺·普罗迪（Romano Prodi）等，他们有些曾在博洛尼亚大学读书，有些曾在那里任教。

讲到高等教育发展史，总要讲到这所世界上最早的具有近代意义的大学，所以我作为一名高等教育工作者，到这里来参观，心里不免有点"朝圣"的感觉。本以为这所大学一定有宏伟的校舍、绿色的草坪，但是走了半天，连校门都没有找到，学校完全融于博洛尼亚这座古老的城市之中。

第七章　教育见闻

　　这所大学坐落在博洛尼亚城中心东北的萨帕尼街（Via Zamboni），没有统一的校门，一座座学院分布在街道的两旁，街道边上、学院门口摆满了兜卖各种纪念品的小摊。拿现代大学校园的标准来看，它有点不像大学。我们首先走进法学院，那是个有三层楼房的四合院，楼房都是由石头砌成的，四面都有廊檐，院子深处还有一个小天井，里面树着一座石像。院子非常古旧，没有任何装饰。院子里青年三三两两地聚集着，有的拿着书，有的拿着笔记本，上面被彩色笔画得花花绿绿。和他们交谈后我们知道，他们是法律系二年级的学生，正在等待考试。教育系在旁边另一座楼房里，也是一个四合院楼房，但一进门就是一条长廊，门口柜台里坐着一位女士，柜台像是传达室或问询室，但我们进去时却无人阻拦。长廊墙壁有如布告栏，贴满了课程表和各种通知。楼上就是教室和研究室了。楼梯很古老，树立着罗马式人物雕像。教育系的楼房和法学院的楼房是连在一起的，都是由石头砌成的，但教

2002年5月21日博洛尼亚大学法学系二年级学生在等待考试

育系的内部装饰却比法学院要精细得多。旁边一座楼是信息系，格局基本相同。大致都建在17或18世纪。主楼在街道的南面，门面比一般学院的稍大一点，建于16世纪，现在主要作图书馆用。楼里走廊上树立着在这所学校任教过的著名教授和学者的胸像，但丁的胸像就立在图书馆的门口。

雕楼石砌的校舍给人一种凝重的文化感觉。一座座名人雕像、古旧笨重的书柜，都在诉说着大学的历史。那里没有喧哗，只有手捧书本的学子漫步在院庭里，或者是手提书箱匆匆而过的教授。但是古老并不妨碍创新，除1988年校庆900周年时发表了《欧洲大学宪章》外，1999年欧洲29个国家的教育部部长又在这里聚会并通过了《博洛尼亚宣言》，提出了大学改革的新举措，把本科阶段独立出来。这里要说明一下，欧洲的大学大多不分本科和硕士阶段，所以一般都不设学士学位和硕士学位。博洛尼亚大学提出的改革对欧洲各大学产生了很大的影响，荷兰、比利时等国的大学当时也都在酝酿这种改革。由此可见，博洛尼亚这所古老的大学至今还不断焕发着青春。

西班牙教育见闻

2005年夏日之初，我们从西班牙的最南端驱车北上，来到了西班牙的西部大城市萨拉曼卡。尽管已是下午6点多钟，但太阳刚过当头。我们放下行李，漫步到市中心。那里和欧洲许多城市一样，都有一个中心广场。广场很大，约有足球场那么大。这里正在举行图书周，纪念图书馆创建25周年。当天已是最后一天，但依旧热闹非凡，据说晚上还有表演。

萨拉曼卡是西班牙最古老的城市之一，汉尼拔王朝时期属于罗马的路西坦尼亚（Lusitania）省，之后曾反复几次处于阿拉伯穆斯林或基督教的统治下，最终阿尔方索六世把它纳入自己的领地，并将它送给了女儿女婿。此处可以见到许多罗马时期的遗迹，古罗马大桥就是其中之一，桥长约80米，宽约5米，是一座平地桥，全由石块砌成，靠市中心一边的15个桥孔保存完好，

第七章 教育见闻

其余部分曾于1626年的一次洪水中被冲毁，后被重建。

第二天下午，我们参观了欧洲最古老的中世纪大学之一——萨拉曼卡大学。大学对外开放，但要收2欧元门票。萨拉曼卡大学创建于1218年，是阿尔方索九世创立的，并在其子的推进下，大学不断发展。1254年5月8日大学正式确立了其组织规则和资金来源，教皇亚历山大亲自批准了大学的成立，承认其学位的广泛有效性，允许大学拥有自己的印章，并称其为"世界上四大领导之光之一"。大学最早设立的学科有法学、神学、医学、逻辑、天文、数学、拉丁语和希腊语。之后随着时代的发展，学科不断增加，人文和社会科学被大大丰富。学校声誉传遍欧洲，16世纪达到巅峰，那时在校学生人数达到6 500名，来自欧洲各地。17世纪和18世纪大学处于衰落阶段，学生人数减到2 500名。19世纪近50年的自由改革使大学发生了历史性的变化，学校的组织机构、学科设置、教规教法及资金来源都有很大改变。20世纪后期随着民主进程在西班牙的加速，大学历经数次改革，学校重现光彩。20世纪90年代中期，学校投巨资更新了设施，学生总数达3万余名，尤其是来自世界各地的学习西班牙语的学生，因为萨拉曼卡被公认为持有最纯正的西班牙语。1995年大学由中央教育科学部转交给地方政府，后者渗透到大学管理中不同的职能部门。

背景资料：萨拉曼卡大学（Universidad de Salamanca）是西班牙最古老的大学，也是世界上历史最悠久的几所高等学府之一。从建校起到16世纪末，它一直是欧洲的重要学术中心之一，与巴黎大学、牛津大学和博洛尼亚大学齐名。萨拉曼卡大学在近800年的光辉历程中，拥有过优秀的法学家、科学家、医学家和作家，他们的著作属于近800年来大学最有价值的文化遗产。大学用他们的名字来给他们演讲过的历史建筑命名，作为对他们的纪念。著名的神学家洛佩·巴连托斯和佩德罗·德奥斯马是中世纪时期萨拉曼卡大学的象征，而文艺复兴时期的代表则是胡安·德尔恩西纳和弗赖·迭戈·德德萨。萨拉曼卡大学的图书馆闻名于世，它藏有2 774部手稿，483部古版本（在欧洲指1 500年以前印的书籍，也就是从活字印刷术发明到16世纪初印刷的书籍）和近6.2万部19世纪以前印刷的著作，很多这样的书籍都是孤本。

大学已经有约800年的历史，校舍也十分古老，大约都建于16世纪和17世纪。最古老的大院已不作教学用，而是当地旅游景点之一。大学校门不像中国大学的校门那样宏伟，只是一座古老的建筑物的入口，这个建筑物的正面是在金色的威廉姆伊（Villamayor）岩石上雕刻着"银匠式风格"（Plateresque）装饰的墙，宛似雕塑艺术。门前有一个小小的广场，中央矗立着创立者的铜

顾明远先生及夫人在萨拉曼卡大学门前

像。我们一进大门才发现，所谓大学，原来就是一座四合式的二层楼房。上下都有回廊，下面的回廊有两个哥特式的拱顶。西班牙王室的盾牌被雕刻在第一个拱顶的中央，萨拉曼卡大学的校徽被雕刻在第二个拱顶的中央。回廊的四周是各种古老的讲堂。左边第一个讲堂是蒙特罗讲堂（Dorado Montero Hall），这是意大利伟大的法官蒙特罗曾经授课的地方，门口有一个蓝色板岩告诉我们他在这里曾经讲授过"雄辩术"。旁边一个是米格尔·德·乌纳穆诺（Miguel de Unamuno）教会法（Cannon Law）讲堂，是一个模拟法庭。再过去是一个大讲堂，门上镶有罗马教皇的盾牌，这里是用来举行学术典礼的，所以有大型的帐幕，帐幕底下有象征教皇权威的手杖，这是大学的标志，显示出大学的地位。再过去一个讲堂是以国际法教授弗兰西斯科·德·维多利亚命名的讲堂（Francisco de Victoria Hall）。回廊的西面是一个小礼拜堂，供师生做礼拜用。

沿着楼梯拾级而上就到了二楼的回廊。回廊一侧最大的一间是古老的珍

第七章　教育见闻

萨拉曼卡大学图书馆一角

品图书馆，门口专门做了一个看台供游人眺览，但不能进去。据介绍，图书馆中藏有2 774部手稿、483部古版本和近6.2万部19世纪以前印刷的书籍，很多书都是孤本。二楼也有许多专用的讲堂，每个讲堂门口的墙上都标明了是什么讲堂、有什么用途或者曾经有过什么重要活动。有一个讲堂的门口就写着"1997年11月17日至18日世界各大学校长曾在这里讨论大学如何面向21世纪的问题"。

与这座建筑物相连的还有几座建筑物，也都是四合式的。旁边一座就是现代图书馆，有超过80万册的藏书和1.6万种期刊。设备都是现代化的，但整个院子里却仍是古老的石砌楼房。

萨拉曼卡大学是中世纪最古老的大学之一，过去欧洲各国学者都到这里来留学。它现在仍然焕发着青春，现代科学的各种学术会议常在这里召开。

萨拉曼卡大学图书馆一角

1997年世界各大学校长曾在这里集会，讨论大学如何应对21世纪的到来。

芬兰教育见闻

2015年5月我利用到欧洲探亲的机会，应芬兰坦佩雷大学的邀请，考察了芬兰教育。中国近年来掀起了一股芬兰教育热，这是因为在经济合作与发展组织举办的国际学生评估项目（PISA）测试中，芬兰总是名列前茅，于是有一批批中国教育代表团去访问取经，这次我也凑了个热闹。我们在芬兰访问了坦佩雷大学，参观了坦佩雷大学的附属学校（教师培训中心）、幼儿园、职业教育管理中心。我又访问了赫尔辛基大学，并与该校前副校长涅米教授在芬兰教育与文化部报告厅进行了一次教育对话。

第七章　教育见闻

顾明远先生在芬兰

这次访问的时间很短，没有能够深入学校、深入课堂，只在学校听了一节课，因此不能对芬兰教育有深刻的了解。但我们在与校长、老师的座谈中，深感他们对教育的重视。他们总是说："我们是独立时间不长的小国，除了森林之外，没有什么资源，发展靠的是人才，是人才的创新。只有重视教育，才能培养人才。"在参观访问中，我们深感那里的教师有崇高的社会地位。尊重教师、信任教师、依靠教师已经成为一种社会风尚。教师的薪酬并不比其他职业高，但许多青年人愿意当教师。坦佩雷大学师范专业每年的录取比例都是10∶1。芬兰是一个高福利国家，国民生活有基本保证，收入差距不大，因此在物质上得到满足以后，人们要追求精神上的满足，教师的崇高地位就成为青年人追求的目标。我们与一位幼儿园老师交谈，她正在采用蒙台梭利教学法。但教师要想取得蒙台梭利教学法证书，得自己交纳9 000欧元去进修，18个月毕业，她正在自费进修。校长补充说，现在政府决定补助6 000欧元。可见教师的积极性之高。

在坦佩雷大学教育学院，他们带领我们参观培训教师的教育技术实验室。

中芬教育大师对话

我们原以为一定有先进的电子设备,但使我们感的惊奇的是,教育技术实验室居然都是一些手工工作室。有金工车间,木工车间,缝纫、编织、绘画等手工教室。我们在木工车间遇上一位学员在做一把小椅子,在缝纫车间有一位老师正裁制一件风衣。陪同我们的教授说,他们的中小学老师都要学会这些手艺。原来,创造力也是从这种手工开始的。

2015年5月29日北京师范大学芬兰教育中心和坦佩雷大学中国教育研究与交流中心联合发起并策划了一场题为"当东方遇见北方——学习花园之中芬教育大师对话",我和赫尔辛基大学前副校长、芬兰资深教育专家哈内娜·涅米(Hannele Niemi)教授在芬兰教育与文化部围绕中芬教育的文化基础、中芬教育的社会环境、中芬教师的使命与专业发展、中芬教育合作前景等问题展开了长达4小时的"中芬教育大师对话"。听众有来自赫尔辛基的校长和教师,以及我国一个高等职业教育代表团的成员,共100多人。我们各自介绍了本国的教育,讨论了未来教育的发展。我们有一个共识,就是人类未来的发展要依靠教育培养创新人才,教育要改革,要充分发挥教师的创造性和学生的创造力；中芬都在PISA测试中取得优异成绩，也都是由于有一支优秀的教师队伍；中国与芬兰有不同的历史和文化，教育必须重视本国的历史文化传统，同时互相学习。

日本教育见闻

从1980年第一次访日至今，我访问过日本20多次，参观了大中小学和幼儿园，参加了各种会议。1985年我曾和吕型伟同志率领中国师范教育代表团考察日本师范教育，1988年又应中西重美教授的邀请率领幼儿教育代表团考察日本的幼儿教育。1992年至1997年我们还与福岛大学开展过两个合作项目：第一个是中小学校与家庭、社会关系的研究，第二个是中日美三国教师教育研究。在项目执行期间，我们每年派一个代表团访问福岛，他们派一个团访问北京。我去过4次福岛，参观了那里几所城乡中小学。之后我又曾应铃本慎一等教授的邀请，多次访问早稻田大学、九州大学、名古屋大学、东京教育大学、北陆大学、亚西亚大学等。最长的一次是我应鸣门教育大学浅野嗣宏教授的邀请在该校做客座教授4个月，对日本的民风习俗及他们的教育有了进

顾明远先生参观日本的幼儿园

1994年9月访问日本福岛大学，一排左四为顾明远先生

一步的了解。关于日本的教育制度，介绍、研究的文章已多如牛毛。我这里只谈点随感。

讲礼貌、重服务

日本中小学不设道德课，这是因为战前的道德课是以天皇敕语为内容的，是为军国主义服务的，战后就废除了道德课。右翼分子一直想恢复道德课，但遭到左派的反对，所以至今没有道德课。但他们小学有生活课，中学有社会课，都要讲到公共道德和个人的道德。

一踏上日本的国土，我就有一个突出的感受：日本人讲究礼貌，服务周到。他们无论是对客人，还是对朋友、对同事，都是彬彬有礼，不断地鞠躬，不断地道谢。鞠躬之深，身体都形成了一个锐角。还有一个奇怪的现象，在日本鞠躬有时不必站起来，坐着弯腰也算鞠躬。电视节目主持人即使是坐着的，也频频向观众弯腰鞠躬。有人说日本人讲礼貌是形式上的，并非出自内心的，我也常常嫌他们礼节烦琐，但礼多人不怪，总比冷眼相视、恶语伤人让人舒服得多。

第七章 教育见闻

　　服务之周到也是少有的。大的百货公司里，除自动扶梯外，总会有直梯，由一位服务小姐负责，她每到一层开门、关门时都要向客人鞠躬，口中不断地说着什么。我不懂日语，陪同的人说，她在介绍每层楼销售什么商品，并不断地说"欢迎光临"。在商店里不论你买不买东西，售货员总是热情接待。如果你没有找到你要的东西，她（他）还会不断地向你道歉。不像我们有的同胞开的店，你要问几句而不买的话，就会招致服务人员的白眼。但近些年来这些同胞的态度确实也有些改善，有的店变得热情起来，但那种热情使你感到非买他们的货不可，我怕进这样的店门。我在日本却用不着担心这个，尽管在店里挑挑捡捡，最后不买，人家还是笑脸相送。这实际上也是生意经，今朝不买，下次总还会来，不像我们有的同胞那样急功近利。

　　在火车上，如果你来不及先购票，列车员会彬彬有礼地请你购票，绝不会训斥你为什么不先购票。新干线列车上有推着车售货的人，一路轻声地吆喝着，离开车厢时总要背过身来向大家鞠躬道谢。

　　他们的商店总处处为顾客着想，当然目的是赚钱，但也给顾客带来许多方便。如罐头食品大多是易拉罐的，一般食品盒内总有使用的工具。有一次，我买了一袋糖炒栗子，粒粒饱满，虽说来自祖国，却不像在北京吃到的那样良莠不齐；吃到最后，发现包里还有一个剥壳的小工具。说到服务周到，我还想起在东京的一件小事。我们在东京访学，住在一家小旅店。晚上回来，为了节省点钱，就在超市买了两份盒饭。买饭的时候就犹豫，饭菜都是冷的，怎么吃？谁知付款的时候，售货员就把它们放在微波炉里热好了。我们高兴地提着盒饭赶回旅店，走到半路却想起没有筷子。怎么吃饭？不能像印度人那样吃抓饭吧！同去的研究生小姜，日语说得很好，她到附近饭店里要了几双一次性筷子。回到旅店，打开包吃饭，发现包里已放着3双筷子。因为我们3个人，虽然只买了两份盒饭，售货员却给了我们3双筷子。这样的服务，使我真正感受到"顾客是上帝"。

　　"顾客第一"是日本商店的信条。有一次我们在超市买食品，看见一位老妪不慎把食品撒在地上，售货员马上跑过来，一面帮她重新从柜子里拿出食品并装好（超市中有的食品，如油炸的鱼、糕饼等是散装的，需自己装），把弄脏的地面打扫干净，一面还说"对不起"。在日本，只要没有走出超市结账的柜台，在店内无意碰落的食品或瓶子（如啤酒），造成的损失都是由店家负责的，不用顾客赔偿。一般也没有什么监视器，只见工作人员忙着上货查货，不像我们这里的超市，总有售货员盯着顾客，使人很不舒服。

日本人做生意处处为顾客着想，凡是顾客需要的，他都为你想到了；甚至你自己没有想到的，他也帮你想到了。当然他们的目的是让顾客掏腰包，但他们让你掏得舒服，愿意多掏，这就是商品意识。这使我悟到一点：商品意识的基点应该放在"人"上，而不是放在"钱"上。

我们回国的时候要从大阪关西国际机场登机。当时从我们住的鸣门市到大阪关西机场要乘船过海，可是我们又想在大阪住几天，逛一逛，这么多行李怎么办？不要紧，有叫"宅急便"的快递，帮我们把行李运到机场，我们上飞机前到机场去取就是了，方便极了。这种业务，难道中国就不能做吗？

说到便民商业，还有一种叫LAWSON的连锁店，是一种小超市，面积一般不超过100平方米，主要销售食品和日常卫生用品，也销售一些报刊杂志。这种店提供24小时服务，如果你工作到深夜，肚子饿了，所有食品店都关门休息了，不要紧，你总可以在附近的LAWSON买到充饥的食物。这种店的最大特点是不仅能随时买到食品，而且你如果遇到什么困难也可以找他们帮忙。例如夜里忽然犯病，你可以打电话给LAWSON，他们会帮你把医生请到家里。据说LAWSON聘有固定的医生，可随时为附近的居民服务，当然这种服务是要收费的。这种连锁店随处可见，甚至在比较偏僻的地方，例如鸣门市有一座大桥刚刚建成，尚未通车，但在大桥旁边一家LAWSON已经开张。

日本人的讲礼貌（虽然有时是表面的，有时甚至是虚伪的）和服务周到，不能不说与教育有关，这些反映了他们的文化教养水平，绝不是一朝一夕之功，而是长期教育的结果。他们把礼貌教育作为品德教育的重要内容，无论

第七章 教育见闻

家庭还是学校都非常重视。在公共场所很少有喧闹声；在工作岗位上，他们不论多么空闲，从不聚众聊天，或嗑瓜子、吃零食，而是正襟危坐，等待顾客。礼貌虽然是小节，却调剂着人际关系，使得社会生活和谐有序，是任何一个社会不可缺少的。中国素称礼仪之邦，日本朋友也口口声声讲他们的礼节是从中国学来的；但我想，现在我们恐怕应该学学他们了。

爱清洁

早就听说日本人有"洁癖"，去了日本多次也算领教了。走进日本中小学校，给人的第一印象就是干净整洁。为什么能保持这样的整洁呢？除了环境好、少风沙、少尘埃外，就是学生到学校以后都要换鞋，不把外面的泥土带进去，常常会见到楼门口树立一块牌子，上面写着"土足勿入"。

日本人的家里地上都铺有榻榻米（席子），榻榻米上放着炕桌，人就坐在榻榻米上，因此回家首先要脱鞋。由于鞋不进家门，所以家里都显得十分洁净。学校里虽然不铺榻榻米，但学生入校也要在门厅里换鞋，换成校内穿的软底便鞋。因此学校显得窗明几净，特别整洁，给人舒服的感觉。客人进去怎么办？学校备有拖鞋。所以如要到日本访问，最好不要穿系带的鞋，否则脱脱穿穿很麻烦。记得前几年我在日本福岛大学参加中日美三国师范教育研讨会，威斯康星大学来了两位教授，其中一位身材又高又大，中小学里准备的拖鞋他都穿不上，只好自己带拖鞋。后来到东京早稻田大学开会，那里完全是西式的，不用穿拖鞋，但他以为也要换鞋，腋下还挟着他那双大拖鞋，真令人忍俊不禁。这也让我想到为什么日本朋友送礼老是送几双袜子了。

讲锻炼

日本小学校还有一件事使我很有感触，就是小学生在严寒的冬天也一律不穿长裤。男孩子穿一条短裤，女孩子穿一条短裙。上身也只有一件衬衫和一件外衣。在凛凛寒风中孩子们的腿冻得发紫，我很为他们心痛，问他们冷不冷,他们回答说冷。为什么不多穿一点?不为什么,这是学校的规定。我想这是一种锻炼吧。这种锻炼,不仅锻炼了身体,也锻炼了意志。不由想起中国的孩子,冬天总是穿得厚厚的、暖暖的。中国的家长总怕自己的孩子冻着:"别感冒啦!"但是,结果却总爱和人们开玩笑,越保暖却越容易感冒,孩子变得弱不禁风。

日本人经寒耐冻也与他们的生活习惯有关。日本是一个多地震国家,为了防地震灾害,房子建造得单薄、矮小,除少数公寓楼房外,大多是一家一幢的小房子,室内没有集中供暖设备,一般家庭用一种俗称为可榻子的电炕桌,桌面分两层,中间铺上被子,下层通有电暖气,家人席地而坐,把腿脚放在被褥下面,腿脚暖洋洋的,整个屋子却比较凉爽。但是对于孩子来讲,除了习惯,恐怕还有一个教育观念问题,即什么是爱孩子。是让孩子们温温暖暖、舒舒服服,还是让他们去锻炼、经受风吹雨打?据说,日本幼儿跌跤的时候,日本妈妈从来不去扶他起来,而是让他自己站起来。这不是反映了一种教育观念吗?

重视传统

日本很重视传统文化教育,一年之中有许多节日,都是进行传统文化教育的好时机。

新年是一年中第一个节日,其热闹程度和我国春节差不多。虽然规定假日只有一天,但加上周六、周日,再和圣诞节连起来,往往也有四五天。于是人们利用这个假日回家探亲,与家人共度新年。1998年1月3日,我们有事到东京,正遇上他们过节的人流高潮,在新干线列车上差一点找不到座位。

过年的一个重要活动是打年糕。所谓打年糕,就是把糯米蒸熟了放在石臼中,用木槌敲打成糕,不像我国多数地区,一般是磨成粉再蒸,再揉成糕。据说朝鲜族也是打年糕,我国闽江地区也打年糕。在日本,打年糕成为一种群众活动,一般从12月下旬就开始了。不仅一家一户自己打,而且集体打。

第七章　教育见闻

幼儿园、老人院开展这种活动时最起劲，老人打，孩子打，打好了年糕当场就吃。住在城市里的家庭一般不再打了，但居民区也将其作为一种社区活动组织打年糕。他们定期把每户的废旧报纸等废品集中起来卖掉，把钱积攒起来，除平时开展各种集体活动外，过年时就用这些钱打年糕。这时各家的孩子最高兴，众人聚集在一起，一面打、一面吃、一面玩，不仅热热闹闹过了年，而且拉近了邻里关系。年糕可做成各种各样的，最普通的是不加任何佐料的白年糕，做成大大小小有如圆面包的糕饼，用它作贡品。寺庙中的神台上放满这种年糕，有的堆得像小宝塔。平时吃的大多用豆沙作馅，也可以与菜叶汁、果汁拌起来，做成翠绿色、粉红色等各种颜色的糕饼、糕团，既漂亮又好吃。

过年的另一个活动是到神社、庙宇去祈愿，都是在元旦凌晨，午夜12点后进行。届时钟声齐鸣，十分热闹。然后就是逛庙会。有一年1月4日，我们在东京游览浅草寺，正好遇上庙会。浅草寺我曾经去过多次，虽然它是东京旅游景点之一，但平时很冷清，寺外有一些小商铺，也很少有人问津。1月4日这一天可不然，浅草寺一下子增加了许多小商店和小摊贩。有兜售纪念品的，那年是虎年，他们和中国一样，用生肖纪年，因此以虎为题材的物品不胜枚举。最热闹的还是食品小摊贩，不断吆喝着，吸引游客去品尝各种风味小吃。寺内寺外人山人海，就是缺少些曲艺、杂耍之类的东西，否则与中国北京的庙会没有多大区别。

新年过后不久就是成人节（1月15日）。年满20岁的青年男女都要在这一天集会，表达自己的心愿。一般女青年都要穿上和服、拖着木屐去参加仪式。男青年似乎随便些，大多穿西服。那年成人节正好遇上东京大雪、其他地区大雨，女青年们仍然穿着漂亮的和服去集会，但脚底下未免有些狼狈。

新年过后还有许多节日，如女孩节、植树节、文化节、劳动感谢节、敬老节等。有一年我访问日本福岛时，正遇上9月15日的敬老节。主人带我们参观了一所小学。这一天本来是全国放假不上课的，但这所学校组织了一个很

249

有意义的活动，学生们都带着爷爷奶奶到学校来过节。在教室里，我们看到老人们和孩子们在一起游戏。有的老人给孩子讲故事，更多的老人教孩子们玩老人小时候玩的游戏，如抖空竹、摔陀螺、用石头子下棋等。中午时风雨操场上摆了一排排桌子椅子，孩子们和爷爷奶奶面对面坐着共进午餐。进餐之前每个孩子都给爷爷奶奶送一封表敬信或一份小礼品，而且非常恭敬严肃地站起来向老人鞠躬行礼，双手把信或礼物递给他们。学校在每个年级挑选了一两位学生，把他们写的信念给大家听。有的孩子在信中写道："亲爱的爷爷奶奶，你们辛苦了！我感谢你们平时对我无微不至的关怀。但我的脾气不好，有时还向你们发脾气，我很对不起你们。以后一定要好好孝敬你们。"有的写道："通过今天的活动，我知道了你们小时候是怎样生活的，怎样玩儿的。我祝你们节日快乐、健康长寿。"气氛严肃而热烈。这种活动既教育了孩子要尊敬老人，又进行了文化传统教育，很有意义。

除了全国性的节日外，各地还有许多自己的节日，有火神节、海神节。有些节日有很隆重的活动，那时人们穿上民族服装，抬着神龛，打着灯笼或举着火把，上街游行。这种热闹的场面，我们只能在电视中看到。

这种传统的民俗文化活动，虽然大多带有某种迷信色彩，但它作为民族文化的一部分流传下来，也有一定的传统教育意义，使人民永远保持着自己的民族文化传统，起到鼓舞民族精神、增强民族凝聚力的作用。日本重视民族文化传统教育，这一点是十分突出的，这是日本民族性很强的重要原因。但是任何民族的文化都有优秀的内容，也有落后的内容。教育不能只继承而不选择，教育应有选择文化、创新文化的功能。在日本传统文化教育中这一点似乎做得并不够。

重视学校与家庭的合作

日本几乎每所学校都有PTA（Parent-Teacher Association，家长教师联盟）组织，尤其是小学。我们参观了几所小学，都有PTA组织的代表，即家长出

第七章　教育见闻

来接待我们。有一所小学的家长们穿着和服在校门口欢迎我们，有时接待的茶点都是他们准备的。PTA组织在学校里起很大的作用，他们主要是负责学校和家庭的联系，帮助学校开展学生的课外活动，改善教育环境，具有学校后援会的性质。

1988年11月9日日本幼儿园PTA委员会的家长在门口欢迎顾明远先生

社区文化教育

日本比较重视社区文化，社区管理比较规范化、制度化。1997年的那次旅日时间稍长一些，我住在一幢公寓里，几个月来的生活使我从点点滴滴中感受到日本对社区文化的重视。我们住的地方在日本四国岛的最东端——鸣门市。这个地方原来是一片盐场，20世纪80年代以来，由于劳动力昂贵，不再利用天然盐田制盐，盐田被废弃，这里被改建为一个小城市。这个市两面临海，背面靠山，风景秀丽，气候宜人，再加上横跨鸣门海峡的鸣门大桥下面的海潮十分有名，成为旅游避暑的好去处。这里人烟稀少，全市只有6万人，大多是住家，只有极少几家工厂，郊外都是农田。市内虽有几家大商店，但显得很冷清，不像东京、大阪那样熙熙攘攘、人潮汹涌，确实是一个居住和读书的好地方。日本的街道上都不植树，但每家每户都有一个小庭院，种着各种各样的常青树，也有一些柿子树、橘子树。一到秋天，翠绿的树丛中透出了串串橙黄色的果实，真是惹人喜爱。此地因常年多雨，气温也不太低，所以即使在冬天也是花儿朵朵，有红色、白色的茶花，粉色的梅花，以及黄色的腊梅，争芳斗艳，非常美丽。每家每户的庭院都似一座大盆景，里面的树木错落有序，修剪得十分整齐。它反映了日本人整洁、拘谨、一丝不苟的性格。我们散步时总喜欢欣赏他们这种庭院小景。可惜的是，很多人家都养有家犬，一见生人经过，就要汪汪地叫起来，有时会吓你一跳，有点儿煞风景。

住宅区内每隔不远就有一块空地，大的有数个足球场那么大，小的也有两三个篮球场的大小，里面有休息用的简易的亭子，儿童玩的滑梯、爬栏等简单的游戏器械，地面都铺有草皮，大一点的空地还设有露天舞台供集会和表演之用，有的空地内还饰有雕塑，布置得很精细。当地把大的空地叫公园，小的就没有什么名字。我之所以把它叫空地，是因为它与我国所说的公园的概念不同，园内并无亭台楼阁，也没有茶室、饮食店等商亭，有些空地利用了当地小山坡，有树林，有湖泊，都是自然风光。鸣门市处于海边一片小平原上，所以空地里连树木都很少。但这些空地，经过人工的一些小修饰后很有文化气息。它们供居民散步休憩，让孩子们、老人们有一个活动的场所。除空地外，每个区域内总有足球场。我们的公寓旁边就是一个足球场，每天下午，大约是学校放学以后，都有许多青少年来到这里练球或比赛。晚上备有照明，直到午夜才结束。有的家长开了小轿车送孩子到这里来锻炼。每幢公寓的外面也总有一块空地，放上一架滑梯，挖上一个沙坑，供孩子们玩耍。

我们是临时住户，没太和居民组织打交道，但也隐约感觉到居民组织有很大作用。除了前面提到的在节假日常有社区活动外，居民组织还常常发来简报，过年的时候通知各家大扫除、预防火灾等，楼门口黑板上贴有一个月活动计划。有时居民组织还义卖一些物品，如袜子、糕点等，是为帮助处境不利人群的，但购买自由，从不强迫。

第七章　教育见闻

鸣门市出版了一份《广报》，每半个月一期，赠送给每一户。每月初一、十五打开信箱，总会收到这份《广报》。内容是介绍本市发生的重大事件、开展的重大活动、下个月的计划、典型的事例等。例如1998年1月1日的《广报》的主要内容有"市长参加的新年座谈会""新建鸣门市球场主体工程开工""虎年生的我们的梦""鸣门1997年度十大新闻""'我们的鸣门'专题影展作品选登"等；2月1日的《广报》主要内容有"越来越紧的'菜篮子'——1996年度本市决算状况""20岁人的主张获市长奖""不要忘记申报上税""招募帮助老人、身心障碍者的服务人员""留学生也参加1月15日的过小年活动"等。《广报》只有薄薄十几页，但印刷得很精美，图文并茂，很吸引读者。这是市民交流的极好工具，也是市民文化教育的好形式。

居民区的物业管理也很有条理。就拿倒垃圾来说，这是城市生活中的重要问题，一般不容易管理好；这里却有条有理，有一定的时间和地点，规定每逢周二、周五收集可燃垃圾，周三收集不可燃垃圾，瓶和罐还需要分开放到规定的地方；空地内还备有燃纸筒，你觉得不能作为废品处理的信函文件可以放到燃纸筒中烧掉。市民都能遵守这些规定，所以城市显得很整洁。可惜的是很多市民养狗，路边常常会有狗屎，不小心踩上，心情可想而知。我们称它们为"地雷"，走路时可要小心"地雷"。

我从日本社区环境中体会到，社区环境是社区文化的重要组成部分，它反映了社区居民的文化素养水平，同时也是文化教育的结果。

学历社会下的忧思

日本中小学校课程标准较低，学生学习负担不重。特别是小学生，家庭作业很少，学习比较轻松愉快。他们的课堂教学和我国差不多，主要由老师讲课，学生听讲；也有采用谈话法或讨论法的。总的来说，学生在课堂上不是很活跃，可能由于东方国家的教育传统吧。

但是日本对课外活动还是比较重视的。课程设置中有一门课叫"特别活动"，日本《学习指导要领》中规定：特别活动的教育目的是通过集体活动对学生进行智、德、体和谐发展的教育，发展个性特点，并培养作为集体一员的自觉性、主动性与协作精神。各年级每学年有35～70学时，内容包括班级活动、学生会活动（由学生会组织的文体娱乐活动，包括俱乐部活动）、学校活动（如文艺演出、运动会等），形式多种多样。有些班级活动是老师带领学生郊游或者参观，使学生了解自然、了解社会，培养他们独立生活的能力。例如郊游时学生要自己做饭、搭帐篷，艰苦行军，等等。有一位家长告诉我，她的孩子参观了自来水厂，回来就说："妈妈，以后我们可要节约用水，自来水做出来真不容易啊！"

学校里的老师对孩子们非常负责。学校里一般只有一个大的教师休息室，没有我国学校的那种教研室。小学老师的办公室常常设在教室里，和学生共同学习、共同生活。师生关系很亲密，老师对孩子们充满责任心。我有一位亲戚，原本住在神户，孩子在小学读书。1995年阪神大地震时，死里逃生，逃回上海去了。学校复课后，老师把学生一个个找回来，就是找不到这个孩子，后来打听到孩子回上海了，立即打电话、写信去慰问，而且每周把学校的功课寄到上海，让孩子自己复习，其责任心十分感人。

小学生不仅参加学校组织的活动，也常常参加社区的活动。社区（有如我国的居民委员会）经常沟通居民的信息，组织社区活动。孩子们特别喜爱这些活动。但是日本孩子的苦恼也不少。日本是一个讲究学历的社会，没有学历就找不到好的工作。特别是近几年来日本经济不景气，找工作更困难。另外，日本的大学分国立、公立、私立三种。国立是国家兴办的，由文部省（即教育部）直接拨款；公立是地方政府兴办的；私立大学则是私人财团兴办的。国立、公立学校的学费比较低，私立学校的学费非常昂贵。例如私立医科学校，一年学费达上千万日元，相当于七八万美元。因此家长总希望自己的孩子考上国立或公立大学。同时日本还非常推崇名牌大学，因为名牌大学

第七章 教育见闻

如东京大学、庆应大学、早稻田大学等的毕业生大多在政府部门或大企业任职，不仅工作有保障，而且待遇、地位都比较高，所以家长还想让孩子考上名牌大学。这种升学竞争是很激烈的。家长为了使孩子在升学竞争中获胜，从小就给孩子施加压力，强迫孩子上私塾、上各种补习班。日本朋友告诉我，日本中小学生有70%上各种补习班，这种班叫"塾"，即私塾。过去我不大相信有这么多孩子上私塾，但访日时不仅看到"塾"的招牌到处都有，而且几位校长也证实了这一点。这不仅增加了学生的学业负担，而且学生的心理压力也很重。有些孩子不愿意学习，或者学习成绩不好，产生厌学情绪、对抗情绪。这种情绪反映在行为上，轻则逃学，重则产生校内暴力。电视新闻披露，1997年1月大阪市逃学的学生达5 000余人。校内暴力最主要的行为就是破坏校具、攻击教师、以强欺弱、以大欺小。在学校，班级里个头小的孩子常常受到个头大的孩子的欺侮，低年级孩子受到高年级孩子的欺侮。严重的甚至把小孩子虐待至死，有的孩子经受不住侮辱而自杀，孩子甚至由于不愿意上学而把母亲杀死。这种情况在初中阶段更明显。校内暴力已经成为日本教育的顽症，近几年来出现持续上升的势头。报纸公布，1996年校内暴力事件比上年增加31.7%，达到10 575件，其中初中为8 169件，高中2 406件，是持续增长的10年来的增长率最高的一年；向教师施加暴力的事件比上年增加50%，破坏校具的事件增加40%。1998年新年伊始，连续发生了两起恶性事件：1月28日栃木县黑矶北中学一名初中一年级学生把教英语的女老师刺死在学校的走廊里；2月1日东京都江东区一名高中一年级学生袭击警察并使警察受伤。这两件事震动了日本全社会，日本首相召开紧急会议研究对策；社会呼吁要改善社会环境，指责刀具商店把刀具卖给未成年人。文部省做出规定，未成年人不得持7厘米以上的利器。各地政府都通知商店，不得把利器卖给未成年人。这恐怕还只是一种治标的办法，未必能有什么效果。特别是为了不让学生持刀，学校采取搜查书包的办法，这引起学生的反感，许多家长也不赞成。

其实，校内暴力的根源还在于社会的不平等给人们造成的压力。社会上的学历主义变成教育上的学历主义，给孩子们沉重的压力，从而影响到孩子们的心理状态。近几年来日本教育界呼吁加强青少年的心理健康教育，从教育的角度来讲这是十分必要的；但更重要的恐怕还是转变教育观念，还孩子们幸福的童年。我们在与日本学者讨论这个问题的时候，有一位专攻学生指导的研究人员说，这是西方自由主义思潮与传统教育冲突的必然结果。自由主义强调个性自由解放，而日本的传统教育则强调顺从与忍让，孩子在忍无可忍的情况下只好采取暴力。他的这种解释不无道理，因此改革旧的教育观念和模式是当务之急。

我由日本的学历主义想到中国的学历主义，两者都在危害着青少年的成长。在日本，高校入学率已经很高，20世纪70年代就达到39%，1997年已达46.2%，但为什么也存在应试教育的问题呢？似乎西方国家不存在这种问题。我想这恐怕与东方文化的传统不无关系。

让特殊儿童回归主流的教育

1998年我在鸣门时参观了鸣门市林崎小学的养护班。这里有4名智力障碍儿童，两位老师。主要的老师姓香川，是德岛大学教育系的毕业生。老师平时都采用个别教学，因为4个儿童年龄不同，智力障碍的程度也不同。那天因为我们去参观，同时老师也想教他们怎样使用钱币，于是学生们就在一起上课了。

这堂课的目的是教儿童们学会怎样使用钱币。香川老师认为，用钱币购买东西是一个人生活中不可避免的活动，要让智力障碍儿童独立生活，就要教会他们使用钱币。对正常儿童来说，一般到上学的年龄就会用钱币到商店买东西了，但对智力障碍儿童来讲这却是一件很困难的事。他们很难理解，面值为10元（日元）的钱币，需要10个才能换成一个100元（日元）的钱币。香川老师想了许多办法让儿童来认识各种钱币之间的关系。

第七章　教育见闻

　　那天她组织了一个游戏,通过卖胡萝卜学习使用钱币。香川老师利用计算机来教学。首先,电脑屏幕上的主人公问孩子们:"谁愿意帮我拔萝卜？"孩子们都说愿意,于是拿着筐子去拔胡萝卜。胡萝卜是老师预先用硬纸糊好的模型,插在箩筐上。孩子们把箩筐上插着的胡萝卜拔下来放在自己的筐里,然后每个孩子收到电脑屏幕上的主人公发给他们的一封信。信里要求他（她）把胡萝卜分装成袋,有的是每袋装6个,装2袋；有的是每袋装7个,装2袋。电脑主人公问:"一个胡萝卜10元,一袋胡萝卜卖多少钱？"并且要求儿童把答案写在纸片上,贴在袋子上,像商品的包装一样。这个游戏是模仿蔬菜店把胡萝卜装成袋出售的活动。儿童们玩得很开心。当然这些活动都是在两位老师的帮助下完成的。为了让孩子们认识钱币,老师们做了硬纸框,画上钱币的样子,让孩子们去对照、填空。一袋有7个胡萝卜,需要70元,就把7个10元的硬币填在纸框里；2袋140元,就要把一个100元硬币和4个10元钱币分

1998年2月3日顾明远先生参观日本林崎小学养护班

别填在不同的纸框里。

我在旁边一面观察，一面想：为了这个半小时的课程，老师们要花费多少时间准备啊！恐怕不是一天半天能准备得出来的。老师们教学时的热情和耐心使我感动万分。我在想：如果说老师是值得尊敬的，那么最值得尊敬的就是从事特殊儿童教育的老师，他们要比一般老师付出更多的热心、十倍的辛劳、百倍的耐心。

香川老师告诉我们，这些障碍儿童的一个共同特点是注意力难以集中。但是他们对电脑很感兴趣，只要电脑里喊出他们的名字，他们就很兴奋，就会照着电脑提出的要求去做。因此她自己设计编制电脑课件，用电脑来吸引孩子们学习。她还告诉我们，别看他们有智力障碍，但也有好的地方。其中一个儿童已经能够自己打开电脑，并且进入意大利语网络，学起意大利语来。难怪我进教室时问他："你喜欢吃什么？"他回答我说："喜欢意大利馅饼。"香川老师说，障碍儿童总有正常发育的部分，只要把他们正常发育的部分发展起来，他们将来就能幸福。你看她对障碍儿童怀着多么大的信心！所以她工作得那么愉快而幸福。

座谈的时候，校长吉成先生告诉我们，日本对障碍儿童的教育采取的是"回归主流"的办法，不单独设障碍儿童学校，而是让他们去正常的学校里学习。政府原来规定只要有两名障碍儿童，学校就要设养护班，后来在家长的要求下，现在规定只要有1名障碍儿童，学校就要有养护班，并配备养护老师。他说"回归主流"是障碍儿童教育的方向，障碍儿童与正常儿童在一起，可以培养他们像正常人一样生活的能力，同时使正常儿童理解障碍儿童并帮助他们。他说，一般儿童平时很难遇到障碍儿童，学校里有了这个养护班，使正常儿童能够接触障碍儿童，理解他们的需要，帮助他们，将来在社会上遇到有障碍的人就能够理解他们。设养护班的目的是帮助障碍儿童克服障碍，走向幸福。他还说，其实障碍二字应该打上引号，因为有些障碍是人为造成的。例如台阶对坐轮椅的人来讲是障碍，但如果把台阶拆掉，改为坡道，对

第七章　教育见闻

他来讲不就没有障碍了吗？我很钦佩吉成校长讲出了这个人生哲理。事实上每个人都有局限性，都会遇到某些障碍，问题在于如何去克服这些障碍，拆除这些障碍。帮助别人拆除障碍，共同走向幸福，这是真正的人道主义。

参观德岛文理中学

赫尔巴特在传统教育学中很强调管理的作用，他倡导的管理完全是针对学生而言的，因此受到后人的批评。实际上对一个学校来讲，管理确实十分重要。现代意义上的管理是要建立一个生动、活泼、融洽、高雅、有序、富有文化气息的校园环境，从这个意义上来讲，管理就是教育。1998年2月20日我参观了日本德岛文理中学，他们的学校管理给我留下了深刻的印象。

德岛文理中学与北师大二附中是姊妹校，已交流很多年了。他们每年总有几十名学生到北京访学，北师大二附中的师生也到该校去访问。头几次访问都是德岛文理中学的校长麻义一亲自带队，因此我和麻校长很熟。我到鸣门时麻校长曾特地拉我到学校，可惜当时日程排得太紧，时间仓促，仅在校门口和校内庭院中照了相，没有来得及参观。这次总算如愿以偿，我不仅参观了他们整洁的校舍、精良的设备，还听了两节课。麻校长带病来接待我们，和我们座谈，让我们很感动。参观时我深深感到学校的管理是教育质量的重要保证。

德岛文理中学是一所私立学校，实际上包括了初中和高中两所学校。在日本初中叫中学，高中叫高等学校，一般分开设立。但德岛文理中学是合设的，实行的是六年一贯制，初中毕业直接升入高中，不再进行选拔性考试，这在日本是少有的。我们参观了学生宿舍、食堂、图书馆、计算机教室等，感觉整个学校宽敞、明亮、整洁、安静、有序。它和日本其他的中小学不一样，不是一进门就是"土足不能入内"，一定要先脱鞋，而是在教室门口给每个学生设一个衣鞋柜，在那里换鞋更衣，但整个门厅、走廊依然十分干净。我们去的那天天公不作美，大雨倾盆。一双双湿漉漉的"土足"走进门厅，找不到换鞋的地方，我们很踌躇。但教头（即教导主任）却热情招呼我们进入会议室。原来走廊里有老师和学生不断地擦地板，虽然有湿足在走廊里走动，但走廊依然保持整洁，可谓"一尘不染"。图书馆、实验室、宿舍的墙壁上都张贴着各种规则，学生们有章可循。所有地方都好像新装修的一样，没有一点老学校的痕迹。我想，这样的校园环境自然会陶冶心情，使学生养成整洁礼貌的习惯。

我听了两节课。一节是初中三年级的化学课，讲硝酸还原反应。据教头介绍，该校升学率很高，高中毕业生都能考上大学。为了升学竞争，6年的课程5年学完，最后1年用于总复习。这节化学课本来是高一的课程，现在初三就讲了。我这才明白为何他们采用初高中六年一贯制。

顺便说一句，日本的学制是十分呆板的，学校的教学计划、课程设置和安排是不能随意变动的。因为德岛文理中学是私立的，才能有这样大的自主权。不过最近日本教育也开始有些灵活性。有一年千叶大学录取了3名高中二年级的学生。当时在日本是头一次，报纸也做了特别报道。

我们听的另一节课是汉古文课，讲的是唐诗，李白的《黄鹤楼送孟浩然之广陵》。老师先为学生注音（汉字日语发音），然后带领学生朗读。老师见我们来听课，就问我们用汉语怎么读。我的研究生小姜被请上讲台用汉语朗读。老师介绍汉语有四声，汉诗重平仄，又请小姜把四声画出来。陪我们参观的教头（教导主任）太田教谕兴致来了，他上台讲，他前年访问中国并登上过黄鹤楼，在楼上远望长江，真觉得山河壮丽、气势磅礴，再朗读这首诗，更能体会到诗的气魄和富有音乐之美的节奏。这节课老师巧妙地利用中国客人的来访，充分开展了中日文化交流。

座谈的时候，麻校长说，办好学校，教师是最重要的。德岛文理中学的教师都是他亲自挑选出来的。选择的标准有三条：一是有教学能力，能把课教好；二是有组织能力，能受到学生的欢迎；三是有协作精神，能与同事通力合作。他说，光有第一条而没有后两条也教不好书。关于道德教育，该校没有专门的课程。麻校长认为，道德教育要通过各科教育来进行，要在日常

第七章　教育见闻

生活和学校管理中潜移默化地完成。他说，我们没有专门的道德说教，但学校从来没有发生过暴力事件，教育的作用不在于说教，而在于学校的管理和教师的示范。我想，他说出了教育的真谛。

什么叫综合学习课？

日本教育近些年来有较大的改革，中小学很强调教育与生活的联系。福岛大学附属小学经文部省批准对课程进行了改革：把社会课改为人间课，把自然课改为地球课，把美术课、音乐课改为表现课。我问他们这和原来有什么区别，他们说，过去社会课只讲客观的社会现象，现在的人间课讲人在社会中、人与社会的关系、人与他人的关系；过去的自然课只讲客观的自然现象，现在的地球课把人放在地球中，讲人与地球、人与自然的关系，因此内容不仅包括自然现象，还包括人们应该如何保护自然、保护环境；至于由美术课、音乐课改成的表现课，主要不是培养学生成为艺术家，而是要教会他们用艺术的形式表达自己的思想感情。我们在表现课上看到，老师并不重视学生画画的技巧，而是让学生自己发挥，想画什么就画什么。

日本学校非常重视学生的课外活动，这种课外活动与我们中国学校的不同，不要求学生参加课外活动小组，而是强调课外的生活体验。日本课程中设有"特别活动"课程，过去我总不太明白它的内容是什么，参观了神户大学附属吉住小学后总算弄明白了一些。"特别活动"实际就是学生的一种课外集体活动，目的是通过集体活动培养学生的自主性和协作精神。内容包括班级活动、学生会活动、俱乐部活动，一般都有班主任的指导。吉住小学的校长告诉我们，他们特别重视每年的春、秋两次远足。一二年级在城市附近的郊外远足，在野外住一天，学生自己搭帐篷，自己做饭。三四年级到外地远足，住两天。例如他们组织到奈良远足，学生自己集合，没有父母送行。五六年级叫作"修学旅行"，最远到北海道，要住三天。在那里的参观访问可以使学生获得许多从书本上得不到的知识，特别是培养了学生自主、自动

参观日本小学生的课外活动，后排持花者为顾明远先生

的能力，同学之间互相谦让、互相帮助的协作精神。这种"特别活动"很像我国学校中的班会和少先队活动，但他们是排在课程表里的，规定每学期35~70学时。

1998年6月，日本中央教育审议会又出台了一份叫作《关于学前期开始的心灵教育》的咨询报告。报告认为，教育的核心是学生的心灵教育，并将心灵教育的内容设定为"生活能力的培养""伦理观念的建立""关怀他人的习惯""遵守社会道德的品质"。报告强调家庭的教育作用，呼吁社区积极参与心灵教育。这种教育当然不能限于课堂，而是要将课内课外、校内校外结合起来。

日本文部省的教育课程审议会也于1996年8月开始进行《幼儿园、小学、中学以及各类特殊学校课程标准》的研究工作，并在1998年实行了新的课程标准。新的课程标准强调学校教育以培养学生的"生活能力"为核心目标；设置综合学习时间，从小学三年级开始，三四年级每学年105课时，五六年级110课时，初中是70~130课时；小学就开始设选修课，高中强化信息教育。

第七章　教育见闻

为了实行每周五日学习制，中小学每年要减少70课时。

对于综合学习，我非常感兴趣，同时也不太明白。日本小学和初中本来就实施综合课教学，小学一二年级设有生活课，三至六年级设有理科、社会科，初中也是综合理科、综合社会科，为什么还要设专门的综合学习时间？在吉住小学我看到了综合学习的具体计划，是以国际理解、信息、环境、福利与健康为主要内容的。具体分为"人与自然""人与文化"两大主题，再加上活动学习。以吉住小学三年级为例，"人与自然"的主题是"吉住河上的萤火虫"，主要通过讨论让学生对周围的自然环境，即在生活科中学习过的吉住河有更为感性的认识。用萤火虫代表自然比空谈自然保护能收到更好的教学效果。吉住河畔立有一块大标牌，上面写着"保护动植物"，并且在醒目的位置画有一只萤火虫。上课就从萤火虫的话题开始，"吉住河上真的有萤火虫吗？"这一问题让学生联想到理科课堂上学到的适合萤火虫生存的生态条件，引导学生进行"从上游到下游"的吉住河漫游，看看吉住河的自然状况是否符合这些条件；围绕"适合萤火虫生存的环境"这一话题，自然地引到环保的主题上，同时结合从社会科中学到的有关"清流会"（日本一个环保团体）的内容，让学生认识到保护自然的重要性，认识到要从每个人做起。"人与文化"的主题是"点心是什么"，通过对点心的认识，引导学生重新审视自己的饮食生活。首先，学生分为几个小组，以"点心的利弊"为题进行课前调查，调查"儿童对点心的喜好""本地区的点心销售状况""营养专家关于点心的见解"等内容。然后，各小组在课堂上汇报调查结果。学生可以从多种角度了解点心的意义及利弊。此外，他们还计划邀请归国子女谈谈国外对点心的看法，计划举办"点心研讨会"，请营养师、点心制造商、具有国外居住经验者、学生家长和学生共同探讨点心的意义和利弊。活动学习以"大自然的朋友（六甲山少年自然之家）"为主题。在活动开始之前，教师提出一些可能进行的活动项目让学生选择，要求学生进行必要的预备调查，了解有关自然和环境的知识。实际活动包括到"六甲山少年自然之家"登山、河中玩耍以及各种游戏等。通过这些活动，学生可以了解神户周围的大自然，亲近大自然。做饭、合宿等过程有助于培养学生的团结合作、互相帮助的精神。

以上是三年级综合学习的主题和内容。四年级的"人与自然"的主题是"不烂的水果——防腐剂"，"人与文化"的主题是"爷爷奶奶的愿望——老龄化社会"，活动学习的是"夏天在但马接触自然、产业和文化"。五年级的"人与自然"的主题是"为什么会有异常气象"，"人与文化"的主题是"从外国看日本的文化，希望传播到外国的日本文化"，活动学习的是"感受冬的但马吧"。六年级的"人与自然"的主题是"探索××电视广告的奥秘"，"人与文化"的主题是"什么是志愿者服务"，活动学习的主题是"接触在南阿尔卑斯山（日本）的自然和信州的历史、文化"。

从上面的主题我们可以看到，所谓综合学习，与学科教学完全不一样，主要结合学生所处的地域实际和社会实际来培养学生对自然、社会、他人的理解和态度，而且内容从低年级到高年级逐步加深。当然，讨论问题时要运用课堂学习到的各科知识。日本的这种课程改革值得我们借鉴。我们不一定照搬他们的课程，但他们改革的一些思路值得我们思考，一些具体内容也值得我们在设计学校课程和活动时结合我国的实际来考虑。

韩国教育见闻

2000年10月中国教育学会代表团一行七人，应韩国教育学会的邀请，参加21世纪亚洲教育国际会议，顺便参观访问首尔大学，黎花女子大学，大真大学，浦项钢铁教育财团附设的浦项科技大学、中学、小学、幼儿园，首尔科学中学，教育开发研究院，还参观了一些名胜古迹。他们的大学，无论是历史比较久的首尔大学，还是当时建校不满10年的大真大学，规模都比较大，系科比较全，面积比较大，环境比较美。但是让我最感兴趣的还是几所中小学，办得比较有特色，现略做介绍。

第七章 教育见闻

首尔科学高中

首尔科学高中是一所英才学校,建于1990年,是韩国20世纪90年代初推行英才教育的产物。校长介绍,全国这样的学校有16所,首尔有两所。学校招收初中毕业生,招生的办法是在首尔市200多所初中里每所学校选1名学生;每年招6个班,每班23名学生。因此可以说,该校集中了首尔市最优秀的中学生。

这所学校办得很有特色,有几个方面给我留下了深刻的印象。第一,学校的设备是一流的,并且是开放的,到处设有电脑,主楼的大厅一侧就有几十台电脑,学生随时可以利用电脑上网或做作业;实验室也是开放的,学生可以自由地做实验。我们参观的时候刚好遇到学生在走廊里用各种钢丝弹簧做地震波的实验。

第二,学校专门开设了创造发明室,由几个房间组成。这里备有各种工具,从简单的台钳、锉刀到电脑,一应俱全。学生可以在这里用电脑设计,也可以用传统工具设计。学校鼓励学生动脑动手,创造发明。

第三,学生全部住校。宿舍倒不讲究,有4人一间的,也有两人一间的。图书馆里每个学生有一个座位,每天晚上学生都集体在这里上晚自习。

第四,与家长的关系很密切。学生食堂虽有专门的厨工,但吃饭时由值日家长分饭菜。家长在值日的那天要在清晨5点就到校,首先检查采购员购进的食品是否新鲜、是否卫生,然后帮厨、分饭。这种值日大致每个月都会轮到一次。通过这种方式,家

顾明远先生访问韩国的学校

长可以了解学生在校的生活学习情况。我们听了觉得非常有意思。

该校的课程与普通高中的课程不同，分两大类，一类为普通课，一类为专门课；其中普通课占总课时的51%，专门课占49%。两类课中又分必修课和选修课，选修课在普通课中占20%，在专门课中占26%。课程中理科具有绝对的重要地位，专门课全部是理科。理科的培养目标是：帮助学生理解科学系统的基本概念；通过实验研究促进学生形成探究自然的能力，并能将其应用于解决实际问题；培养学生对各种学习的自我调节能力；培养学生关心科学和技术在社会中的作用和科学思维方式。课程中还设有俱乐部活动和小组活动。他们的这些课程完全是为培养科技精英而设立的。

关于英才教育，现在的议论也很多，有人赞成，有人反对。我认为要承认人的先天素质是有差异的，这种差异不是指智力的高低，而是指各种秉赋的不同，例如有的孩子逻辑思维优于形象思维，有的则相反；有的孩子有音乐天赋，有的则有绘画天赋。再加上后天的教育与环境的影响，到初中阶段，孩子的智力、兴趣、爱好、特长的差异就显现出来。因此按照不同的智力、爱好、特长等因素因材施教是教育成功的捷径，我们不能拒绝走捷径。人生来是平等的，但遗传素质是有差异的。如果用一种标准去要求每个人，或者对天赋好的不让他发展他的天赋，恐怕也是一种不公平。同时，英才也是被需要的，多几个爱因斯坦，科学技术发展得会更快。问题是不要刻意去追求，不要把儿童从小分成三六九等，不要揠苗助长。像韩国这样办少数特别高中是可取的，其实这类学校早在20世纪60年代的苏联就有过，很多国家都有这类学校，只不过名称不同而已。

浦铁教育财团

2000年10月14日我们参观了浦项钢铁公司及其下属的学校。浦项钢铁公司是韩国最大的钢铁生产基地，在世界上也是数得着的；年产2 500万吨钢，但员工只有10 017人，生产率之高也是少有的。钢铁公司有两个厂，我们参

第七章　教育见闻

观的是浦项老厂。公司大门上写着一句名言："资源有限，创意无限。"如果不走进车间，你不会知道这是钢铁厂，因为整个厂区绿树成荫，鲜花盛开，正如他们介绍的那样，这是一座花园式工厂。公司为了使员工没有后顾之忧，除了建有舒适的住宅和各种生活设施外，还办有学校。公司建立了浦铁教育财团，投资2兆韩元（在当时约为20亿美元），办了15所学校，有一所科技大学，有职业高中、普通中小学、幼儿园。因为时间太短，我们只走马观花地参观了一所小学和一所幼儿园。

小学最特别的是建有一个宇宙博物馆，里面完全是用最先进的设备布置的，有太阳构成、地球构成的模型，有太阳系运行模型，还有一个天象仪，小学生可以在这里获得有关宇宙天体的知识。我问校长这样的学校全国有多少，他说这是独一无二的。我又问他学费是否很贵，他说学费和普通公立学

2000年顾明远先生参观韩国浦铁教育财团小学中的宇宙博物馆，右二为顾明远先生

顾明远先生参观韩国浦项教育集团附设幼儿园

校一样，学校运营的经费主要由财团提供。学校就近招生，也招普通居民子女，因为附近居民多数是浦铁员工，学生实际上大部分是员工子女。公司的常务董事一再强调，办这样的学校主要是为让员工安心工作。

幼儿园有好几所，我们参观的一所只收5～6岁的孩子。园所的建筑是按安徒生童话设计的，室内布置与一般幼儿园无太大差别。我所感兴趣的是，室外除运动场地外，还有一个小小的动物园，里面养着两只梅花鹿，以及小白兔、小灰兔、鸳鸯等小动物。还有一个小菜园，里面的白菜、萝卜已经长大，园长告诉我们，这些都是老师和孩子们一起种的，不久还要与孩子们共同做泡菜。这些设施不仅可以培养孩子的劳动习惯，而且可以培养孩子与自然的感情。当然这些设施也是一般幼儿园所难以具备的。

以上一切都说明公司对教育的重视、对员工福利的重视。我国企业办学正在消亡，主要原因是企业要与事业单位分开，降低企业的成本。其实，如果企业兴旺，投资教育会有最好的回报：首先是可以稳定职工队伍，其次可以把办学与企业文化、社区文化结合起来，既稳定了员工队伍，又培养了人才。

尾声

尾声

讲完教海琐事，不能不想起影响我一生的几个人，没有他们的教诲、引领、支持，就没有我的今天。当然，影响我命运的主要是中国共产党领导的中国革命，没有共产党就没有新中国，也就没有今天的我。是党把我培养成一名大学生，是党送我到苏联去留学，是党教育我全心全意为人民服务，忠诚于人民的教育事业。这不是套话，对我来讲是实实在在的。记得上中学的时候，我受到一些进步思想的影响，就想找党的组织，但到哪里去找呢？江阴是一个小县城，没有什么学生运动，不知道谁代表党组织。有一次我和同班同学许纪祖约定，谁先找到组织，谁就介绍另一个人加入。后来他考上无锡教育行政学院，在那里加入了新民主主义青年团。等到上海一解放，我回到江阴，他就如约介绍我加入了青年团，从此一生没有离开过党的领导。除了党以外，在我一生中还有几个人对我的影响至深至远。

首先是我的母亲周淑贞。她是江阴大族周家的闺女，上过几年小学，能够初读书报。但是因为要侍奉公婆，母亲不能跟随我的父亲外出，父亲在我出生不久以后就另外结婚，离我们而去。抗战期间却是我母亲侍奉公婆至天年，祖父还瘫痪在床约三年时间，就是这位被儿子离弃的媳妇端屎端尿，服侍送终，极尽孝道。我家没有房地产，老家只有薄田三亩，由我的堂兄代耕，生活全靠祖父战前少量积蓄和亲友的接济。但是她一直供养我读书，希望我长大成才。她总是对我说："你要争口气，将来一定要超过你父亲。"其实我父亲也就是一名中学教师，但是在她眼里似乎已了不起。我们住在江阴城里，租别人家的房子。周围都是比我们富裕的家庭，所谓大户人家。跻身于这种环境中，要做到不卑不亢实在很不容易。我母亲处理得很得体，受到邻居的好评和尊敬。她从小教育我这种不卑不亢的精神，对富贵的人不低声下气，对贫穷的人富于同情。教育我一粟一米来之不易，饭粒掉在地上都要把它捡起来；教育我千万不要把玻璃碎片掉在路上，以免赤足的农民割破脚皮。她时时刻刻教导我要做一个正直的人。她的为人中还有一条对我的影响极深，就是她讲宽容，为别人着想，不麻烦别人。她真是做到了这一点。她不仅和自己的公婆关系很好，和自己的媳妇关系也很好，和邻里关系都很好。她81岁突发心脏病去世。我说她到临终都没有给我们添一点麻烦。她从来没有打过我，只是在我不听话的时候伤心地流泪。我见到她流泪，心里比挨打还难受，因而总是立即改正自己的错误，努力读书。后来我考上北京师范大学。当时对我们江南人来讲，北京是一个遥远的冰天雪地的世界，小时候听说在北京冬天鼻子都要冻掉的。让相依为命的独生子到这样遥远的地方，母亲内心是很不愿意的，但为了我的发展，她毅然地鼓励我北上读书。以后我又到了更远的地方——莫斯科。因为经济困难，去苏联之前我都没有回过家，因此一连七年没有与母亲见过面。可以想象，这七年中她是在日夜思念我的情况下度过的。我上学七年期间，她是完全靠借钱过来的。1956年我学成回国，就想把她接到北京来，但是她坚决不肯，非要把欠的债务还清以后才出来，这样直到1959年我们才团聚。她来到北京以后，并没有享闲福，又为孙子辈辛苦。我的母亲既生了我，又教育我，她是最伟大的母亲，我永远怀念她，并于自己88岁生日时作了一首诗。

妈妈，我梦见了你

（八十八岁生日抒怀）

妈妈，我梦见了你，
你在抚摸着我的肚皮。
那是什么时候的事啊？
八十年以前。
妈妈，我肚子痛，
不要紧，妈妈给你按摩，
"摩也摩，百病消魔！"
"摩也摩，百病消魔！"

尾声

妈妈真是慈爱的母亲。①
妈妈,我永远想你!

妈妈,我梦见你了,
一个鸡蛋,一碟小菜,
吃吧,吃饱了好念书,
那七十多年以前。
妈妈,咱们家无房无地,
爸爸又走了,②
爷爷瘫卧在床上。
你是怎样撑起了这个家?
妈妈真是坚强的母亲。
妈妈,我永远想你!

妈妈,我梦见了你,
你遥望着北方,
盼望着儿子的早日归来。
那是六十八年前的事啊,
儿子离开了你的怀抱了,
奔向了遥远的北方。③
那里天寒地冻,
听说连耳朵鼻子都要冻掉,
你怎么舍得放儿子离开你啊?

---

① 我小时候体弱多病,妈妈总是守候在我身旁。
② 父亲在我8岁时离开我们,重组家庭。
③ 1949年我到北京上学,1951年又莫斯科留学,7年没有回家。

为了让他读书，
比他的爸爸更有出息。
那一等就是七年啊！
这七年，
妈妈，你是怎样熬过来的？
妈妈真是伟大的母亲！
妈妈，我永远想你！

妈妈，我梦见了你，
我们终于团聚了。
你烧的菜怎么那么香，
你做的糖怎么那么甜，①
又在为儿孙们忙碌着。
妈妈，你该憩息啦，
你却说："这生活多幸福！"
妈妈真是诚朴的母亲。
妈妈，我永远想你！

妈妈，我梦见了你！
三十三年前，
你忽然离开了我们，
你走得那么突然，那么匆忙，
儿子连抚摸你一下都没有来得及。
你为什么走得那么匆忙？

---

① 每年春节妈妈都会用麦芽糖制作芝麻花生糖。

尾声

　　让儿子侍奉你一天都不要？

　　不孝的儿子多么伤心。

　　妈妈是世界上最伟大的母亲！

　　妈妈，我多么想念你！

（作于2017年10月9日求是书屋）

　　第二位是我的远表舅章臣标。说是表舅，实际上相隔不知道多远，主要还是邻居。他在第二次世界大战前在桂林英国海关工作，太平洋战争发生后，只得失业回家，和我们住在一个院子里。他英语很好——不是一般好，而是特别好。由于天天与英国人打交道，说一口流利、地道的英语。他终日捧着一本英文书，一本牛津字典已经被翻烂了。他常常讥笑中国英美留学生，吃的是洋饭，但发音不准，语法不通。暑假时他给我们办过英语班，教我们读《天方夜谭》的英文本。可惜我没有学好，后来英语也就忘光了。他很喜欢和我们青年人聊天，特别是讲他在海关上受英国人欺侮的事。当时中国在鸦片战争失败后与外国签订不平等条约，把中国的海关都让给外国人了。中国人在海关上只能做艰苦的外勤工作，而且受到外国人的支配。看到中国人处处被压迫，看到海关上中国苦力的苦难，他常常义愤填膺，他希望中国快快富强，不要再做亡国奴。他的思想深深影响着我们。因为我的父亲离开了我们，我平时得不到父亲教育，但他像父亲那样教育我。由于他爱和青年人一起谈天说地，所以也影响我后来愿意从事教育工作。他说他非常想当教师，把他的英语知识教给青年。1949年以后他仍念念不忘想当教师，但因为年事已高，没有哪一个学校愿意聘请他。他只得在一个职工学校教了几年书，勉强圆了教书的梦，但始终未能成为正式的教师，晚年谈起来还觉得遗憾终身。

　　第三位是我的岳父周建人。我和周蕖结婚以后就一直和她的父母住在一起，整整生活了28年。周老的为人影响了我的人生。他是名人，又是领导干部，但他一直保持书生的本色，非常平易近人。而且记性特别好，不论谁来看他，或者他出去视察时遇到干部群众，他都能记住他们的名字，下次遇到，一定能叫出来。他平时非常喜欢和我聊天。我开始很拘束，但一两次以后感到他特别能够倾听别人的话，因此也就很自然了。聊天的内容不是天下大事就是科学文化教育一类的事。我把在苏联学习的情况告诉他，他鼓励我写出来。在他的鼓励下我在50年代写了一些文章，翻译了不少苏联的著作和论文。

他特别关心人民群众的疾苦。1958年他到浙江省任省长，每年中央开会总要回来几次，经常对我讲浙江农民的疾苦。特别是困难时期，农民饿肚子，他心里很难受，但地方上有些干部还搞浮夸，虚报粮食产量，国家按报告征收粮食，对农民是雪上加霜。有一次他告诉我，有一个农村妇女实在因为饥饿难忍，在地里掰了一个玉米，被人发现了，村干部竟然罚她裸体游行。他听到这个消息以后气愤至极，忍无可忍，以至给毛主席写信。他个人总是过着清贫的生活，从来不搞特殊。困难时期以后，他就拒绝到疗养地休养。在我和他相处的日子里，我只听说有一年夏天因杭州太热，他到莫干山住过几天外，再没有听说他到哪里休养过。他作为省长以及后来的人大常委会副委员长，本来有资格乘坐火车专列，但他一直只乘普通软卧车厢。他总是把群众放在第一位。最突出的例子是，1976年我们家搬到护国寺，邻居反映冬天烧锅炉的鼓风机声音太大，影响他们休息。他听到反映后立刻让工人把鼓风机挪到里面来，这样对邻居的影响小了，但离他自己的卧室却近了。邻居为之感动。

他是自学成才的典范。他只有小学毕业，因为两位兄长在外面读书，他要侍奉寡母，只好放弃外出学习的机会。他经常和我们讲述未能读书的痛苦，直至晚年还耿耿于怀。他经常和我讲，他不愿意做官，他喜欢做学问，很想去一个学校当校长，最好是当图书馆馆长。他一直收集各种植物图片，有时还自己用透明纸把植物的叶或花描下来。他对马克思恩格斯著作的译文不太满意，常常把误译的地方挑出来。特别是《共产党宣言》，他购买了德文版、

尾声

周建人先生对《共产党宣言》德文版的批注

英文版，反复对照，在书上注满了自己的意见。80岁以后，他眼底出血，视力衰退，近乎失明。但他仍然用放大镜看书，写文章。晚年他特别关注思想革命，认为中国人最需要的是思想观念的转变，使思想觉悟起来，因此他写了许多思想小品。他崇尚科学，反对一切迷信。最后要求把自己的遗体交给医学院解剖，骨灰撒到大海中，表现了彻底的唯物主义精神。

他特别关心中小学教师，提倡尊师重教。1981年和1983年连续两次发生侮辱毒打教师事件。他看到这个消息后非常气愤，他和叶圣陶联名给中共中央办公厅写信，要求惩办凶犯。他又给《光明日报》编辑部写信，要求全社会来尊重教师。

以上只是我列举一小部分我看到的事实。他高尚的品格、平易近人的作风、彻底的唯物主义思想，都从深处教育着我，感化着我。由于小时候家境贫寒，但又生活在周围都是望族的环境中，因此滋生了我的虚荣性和庸俗性。但与周老一起生活以后，潜移默化，我渐渐克服了思想上的缺点和弱点，注意到人格的修养。

第四位对我影响和帮助至深的是我的妻子周蕖。我们是在苏联读书时认识的,当时同在莫斯科列宁师范学院读书,回国以后又同在北京师范大学教育系工作。她默默工作,不爱交际,但与同事相处都很好。"文化大革命"一开始,我就受到很大冲击,当时摸不着头脑,饭吃不下,觉睡不着,心情很不平静。是她鼓励我要坚强,要挺住。她说,听说延安整风比现在还厉害,许多同志都挺过来了。听了她的话我的情绪才安定下来。她的性格特别倔强,"文化大革命"时造反派批斗我时,也拉她出来陪斗,她就是不低头。

她为我做了一切牺牲。特别是在晚年,她担负了一切家务,使我能够一心一意做学问和从事各种教育活动。不仅如此,她还在业务上帮助我。最突出的是在我编纂《教育大辞典》和《世界教育大事典》时,她成了我的"助理编辑",帮我审稿改稿,做初审工作,节省了我许多精力和时间。因此可以说,我的成果中有一半是她的。

她是勤俭持家的典范,她讲究实际,不求虚荣。只要举一个例子就可以说明:我们结婚已有50年(现在已过60年——编者注),除了1975年她作为中

顾明远先生与夫人把臂同游直布罗陀海峡

尾声

国高等教育代表团成员,第一次出访加拿大、英国、法国,出国前我陪她到出国人员服务部定做了一身西服,买了几件衬衫外,至今没有见到她为自己买过一件衣服。当时买的衣服至今还在穿着,有时穿她女儿掷下的衣服。她从来没有戴过一次首饰。我有时劝她买两件好一点的衣服。她却说,衣服是为自己穿的,又不是为别人穿的,管人家怎么说,自己穿着舒服就可以了。我们家里的家务劳动都是她一人承担,做饭洗衣,打扫卫生,都是她动手,别人想帮她,她都不愿意,实际上是想减轻我的负担。她不仅勤劳,而且节俭。家里明明有洗衣机,但除了床单被单窗帘等大件用洗衣机外,平时总是用手洗衣服。为了节水,洗衣服的水又用来擦地板或者冲厕用。她出门不坐出租车,总是坐公交车或地铁。她多次批评我:"你过去骑自行车,(现在)骑自行车的能力已经消失,现在上班天天坐小轿车,连坐公交车的能力也要消失的。"她的节俭已经近乎吝啬。但是说她吝啬,她有时又极其慷慨。我1996年和她商量准备资助学校的贫困生,她十分赞成,从此开始每年拿出1万元资助10个贫困生。她要求我不声张,不要告诉学生,不求回报。我都按她的要求告诉了学校,但学校却把这件事泄漏出去了,为此她很不高兴。2002

顾明远先生与夫人到荷兰看望女儿女婿

年她又对我提出，资助的钱太少了，每个人1 000元管什么用，连吃饭都不够，于是在2003年增加1万元，以后又有所增加，2011年每个贫困生每年有4 000元（从2016年开始已增加到每人6 000元——编者注），当然这还是太少，但我们也只有这样一点力量了。

她虽然是书香门第出身，父亲又是高级干部，但她从不张扬，不求虚荣，不愿意出头露面。她的克勤克俭的精神，不断地感化着我。我上面提到，由于小时候家庭贫困，但又生活在周围是一群大户人家的环境中，我心里曾滋生着一种虚荣心。自从和周蕖及其父亲在一起，我的虚荣心才逐渐被克服，才逐渐做到淡泊明志。这种对我人格上的影响是至深至远的，是难于言状的。

就是在这几位至亲的影响下，我今天总结了四句人生格言。

像松树一样做人，坚挺不拔；

像小草一样学习，随处生根；

像大海一样待人，容纳百川；

像细雨一样做事，润物无声。

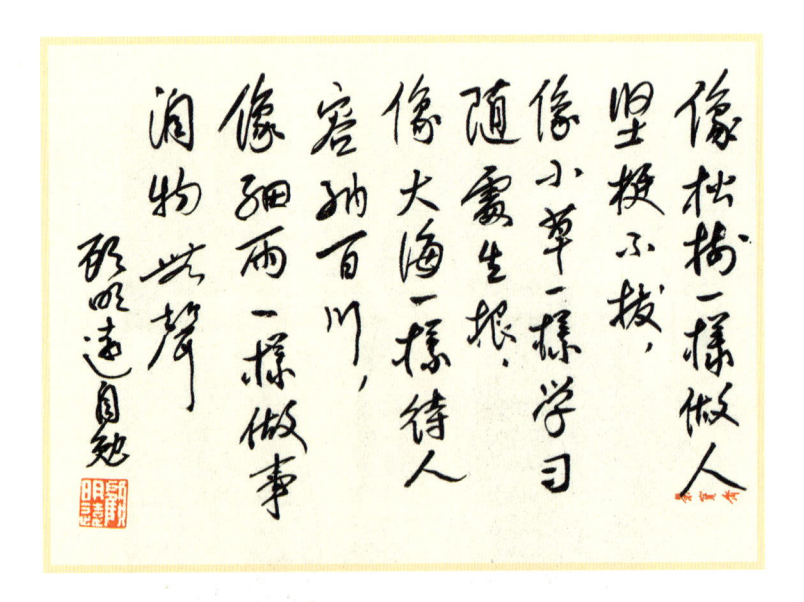

顾明远先生人生格言

附录 顾明远先生学术年谱（1929—2017年）

顾明远先生学术年谱（1929—2017年）

1929年

10月14日　出生于江苏省江阴市。

1942年

进入江苏南菁中学（即江苏省立第九中学）就读初中。

1946年

和同学共同创建南菁中学曙光文学社。

1948年

从南菁中学毕业。

入上海私立荣海小学当教员。

1949年

入读北平师范大学教育系，担任校报《师大青年》编辑。

1951年

8月　北京师范大学教育系肄业，前往国立莫斯科列宁师范学院留学。

1956年

7月　由莫斯科学成归国，分配到北师大工作，任教员，主讲公共课教育学（地理系）。

与周蕖女士结为伉俪。

12月7日　在《教师报》上发表《我所知道的苏联师范学院培养学生独立思考能力的一些作法》。

1957年

在《教育译报》第4期上发表奥托卡尔·赫芦朴的《捷克教育学的现状和任务》译文。

在《教育译报》第5期上发表与周蕖合译的奥·阿·弗罗洛娃的《扬·阿

姆司·夸美纽斯是关于学前教育的伟大的捷克教育家和思想家》。

3月26日 在《教师报》上发表凯洛夫的《培养学生对劳动的共产主义态度》译文。

任北京西城师范（即北京市第二师范）教育学教研组组长，兼一个班的班主任和教育学课程讲师。

1958年

在《教育译报》第1期上发表与周藁合译的特·亚罗言夫斯卡娅的《工农速成中学的教导工作》。

在《教育译报》第3期上发表与周藁合译的《克鲁普斯卡雅论学前教育》。

在《教育译报》第3期上发表赞科夫、耳·符合著的《论教育和发展的问题（讨论总结）》译文。

4月 与苗世卿合译的苏联索维托夫教授编的《学校卫生学》由人民教育出版社出版。

8月 任北师大附属中学教学处副主任，至1962年。

1959年

5月12日 在《北京青年报》上发表《从理论联系实际谈起》。

1960年

任北京师范大学讲师。

1962年

8月 重回北师大教育系（主讲教育学）。

10月21日 在《北京日报》上发表《谈纪律教育中严格要求问题》。

1963年

4月20日 在《文汇报》上发表《表扬和批评》。

1964年

在《北京师范大学学报（社会科学版）》第1期上发表《关于"母爱"问题的讨论》。

附录　顾明远先生学术年谱（1929—2017年）

6月　筹办《外国教育动态》杂志。

1965年

任北师大教育系副主任兼外国教育问题研究所副所长，至1966年。

主编《外国教育动态》杂志，至1966年（发行5期）。

1972年

1月　调任北师大二附中"革委会"主任兼支部书记，至1974年12月。

1974年

10月—12月　参加在巴黎举行的联合国教科文组织第十八届大会。

1975年

任北师大教育革命组副组长兼文科组组长、教务处副处长、社会科学处处长，至1979年。

1977年

在《北京师范大学学报（社会科学版）》第5期上发表《"两个估计"是"四人帮"压在教育战线上的两座大山》。

1979年

1月　晋升副教授，任教育系主任至1981年，兼外国教育研究所第一任所长至1984年，参与筹办北师大特殊教育专业。

先后在《文汇报》《中国教育报》上发表了《各国中小学学制的比较——兼谈我国学制改革中的几个问题》。

在《人民教育》第4期上发表《重视师范教育　提高师资质量》。

3月　中国教育学会成立，被选为常务理事和学术委员会委员。

3月23日—4月13日　在第一次教育科学规划会议上发表《工业国家经济发展与教育》（合作，执笔），并被收入论文集《论教育和国民经济的发展》（人民教育出版社，1980年）。

10月24日—11月3日　参加在上海华东师范大学举行的全国外国教育学术讨论会。会上成立全国外国教育研究会，任常务理事。

1980年

实现《外国教育动态》正式向全国公开发行。

参与编写中师教育学教材编写,第一次提出了"学生既是教育的对象,又是教育的主体"的命题。

在《外国教育动态》第1期上发表《从各国中等教育的结构看我国中等教育结构的改革》。

在《北京师范大学学报(社会科学版)》第4期上发表《当代工业发达国家的教育改革》。

在《教育研究》第4期上发表《教育经济的问题讨论》。

在中国教育学会与北京市教育局举办的高等教育讲座上主讲"现代生产与现代教育"专题,并写成《现代生产与现代教育》,在《百科知识》第5期上发表。

在《红旗》第19期上发表《现代生产对教育提出的要求》。

3月—6月　参加高等学校教师比较教育进修班,筹编比较教育的教科书。

7月7日—10日　与金世柏、苏真参加在日本琦玉县召开的世界比较教育学会联合会第四次大会,并做了发言。

在日本《东亚》杂志第9、10、11期上发表《中国教育事业发展三十年》(为联合国教科文组织撰文,原文题为《中国的教育、科学、文化》)。

12月　《鲁迅的教育思想和实践》(合著)出版,人民教育出版社。

1981年

在《外国教育动态》第1期上发表《现代生产与现代教育》。

5月20日—29日　参加在河北省保定市举行的第三次全国外国教育学术研讨会,并任第二届理事会常务理事。

7月　在教育部举办的华北地区高等学校干部进修班上讲授比较高等教育课程。

11月　翻译苏联索科洛娃等著的《比较教育学》,文化教育出版社出版。

附录　顾明远先生学术年谱（1929—2017年）

1982年

在《教工月刊》第1期上发表《教育立法刻不容缓》，呼吁教育立法。

在《外国教育动态》第2期上发表《苏联普通教育的几次改革》。

在《瞭望》第5期上发表《现代化建设与智力开发》。

在《外国教育动态》第5期上发表《八十年代国外教育发展的展望》。

主编《教育学》（中师课本），人民教育出版社出版。

12月　与王承绪、朱勃主编1949年后的第一部比较教育学著作《比较教育》，人民教育出版社出版。

1983年

任新成立的高等教育学会理事会理事和中国教育学会学术委员会委员。

《鲁迅的教育思想和实践》由日本同时代社翻译出版。

在《高等教育研究》第2期上发表《高等学校的教师也要学点教育学》。

在《北京师范大学学报（社会科学版）》第3期上发表《现代高等教育的发展与我国高教改革》。

在《外国教育动态》第5期上发表《再论苏联普通教育的改革》。

6月　参加第一届国务院学位委员会学科评议组第二次会议，增补为评议组成员，并提议将"教材教法研究"更名"学科教学论"。

被批准为我国第一批比较教育学博士研究生导师。

7月21日—27日　参加在长春召开的第四次全国比较教育学术研讨会，被推举为外国教育研究会第三届理事会理事长。

1984年

任北师大副校长，至1991年。

任国家教委华北地区教育干部培训中心主任。

在英国比较教育学家埃德蒙·金主编的《比较教育》杂志1984年第1期（中国教育专刊）上发表《中国高等教育的发展与改革》。

5月　作为中国高等教育代表团成员访问苏联。

在《外国教育动态》第5期上发表《巴班斯基谈苏联的教育改革和苏联教育科学院的工作》。

在《北京师范大学学报（社会科学版）》第5期上发表《新的科技革命和教育的现代化》。

在《外国教育动态》第6期上发表《三论苏联普通教育的改革》。

10月　参加在杭州召开的全国比较教育学科建设讨论会。

1985年

招收我国第一位比较教育学博士生王英杰。

任中国教育国际交流协会副会长。

率中国师范教育代表团考察日本师范教育。

在《北京师范大学学报（社会科学版）》第5期上发表《论发展和加强职业技术教育》。

在《瞭望》第22期上发表《发展师范教育　培训在职教师》。

开始参与筹办北师大燕化附中。

成立北师大教育立法研究小组。

6月　在北师大创建我国第一所教育管理学院，任院长至2004年。

11月5日—9日　参加在武汉召开的中国教育学会第四次年会。

1986年

北师大的我国有史以来第一个本科特殊教育专业开始招生。

教育管理学院开始招收高等教育学硕士研究生。

在《中国高教研究》第3期上发表《谈谈高等学校的学风问题》。

开始主编《中国教育大辞典》。

出席香港中文大学教育学院院长杜祖贻教授在香港中文大学举办的"亚洲地区华人社会教育事业的展望"研讨会。

结识许美德教授，促进中加两国高等教育的合作与交流。

5月25日—6月2日　参加国务院学位委员会学科评议组第三次会议。

附录　顾明远先生学术年谱（1929—2017年）

9月16日—19日　参加在华中师范大学召开的比较教育研究会第五届学术年会，当选为理事长。

9月22日　国家教委成立全国中小学教材审定委员会，任副主任。

1987年

任北师大研究生院院长至1997年。

7月6日—10日　率代表团出席在巴西召开的第六次世界比较教育大会，并被选为世界比较教育学会联合会副主席。

7月　主编《中学实用教育学》，北京师范大学出版社出版。

在《中国社会科学》第4期上发表《论教育的传统与变革》。

9月21日—23日　在第三届中国教育学会理事会上当选为副会长。

10月4日—11月11日　率领幼儿教育代表团访问了加拿大、美国的6个城市的几十所幼儿园和托儿中心。访问了加拿大多伦多大学的安大略教育研究所，签订中加联合培养教育博士项目协议。

1988年

应中西重美教授的邀请，率领教育代表团考察日本的幼儿教育。

邀请著名教育学家菲利浦·库姆斯访问北师大，促进中美两国之间的交流与合作。

6月　作为大会主席出席北京国际特殊教育会议（International Conference on Special Education, Beijing, 1988），并致开幕词。

11月　正式成立北师大特殊教育研究中心和特殊教育实验室。

1989年

5月1日　《世界教育发展的启示》出版，四川教育出版社。

在《瞭望》第22—23期发表《必须使教师职业具有不可替代性》。

7月　率代表团赴加拿大蒙特利尔出席第七次世界比较教育大会并顺访美国佛蒙特大学。

1990年

主编《实用教育学》(师专课本)，北京师范大学出版社出版。

7月　在西班牙召开的欧洲比较教育年会及世界比较教育大会联合会执委会上，当选为世界比较教育学会联合会合作主席。

8月22日　出席在北京人民大会堂举行的《教育大辞典》首发仪式。

11月27日—30日　在第六次中国教育学会比较教育研究会年会(天津)上做了题为《比较教育的回顾与展望》的报告，并继续担任理事长。

1991年

获全国优秀教师称号并获政府津贴及证书。

当选为第四届中国教育学会理事会副会长。

参加在北京师范大学召开的国家教委高等师范电化教育专业教学指导委员会第一次会议，并任委员会主任。

4月　率领师范教育代表团访问美国，考察了5所大学(其中包括美国华盛顿为聋人设立的综合大学加劳德大学)、1所社区学院、2所中学，并参加了中美教师教育研讨会第五次年会。

6月　作为中国高教代表团成员去莫斯科参加中苏高等教育研讨会。

7月　率代表团出席第八次世界比较教育大会(捷克布拉格)。

9月　主编《战后苏联教育研究》，江西教育出版社出版。

与袁运开共同主编《STS辞典》，浙江教育出版社出版。

1992年

主持与福岛大学的两个合作项目。第一个是中小学校与家庭、社会关系的研究，第二个是中日美三国教师教育研究。

10月　邀请好友埃德蒙·金参加北师大90周年校庆，并共同参加了薛理银博士论文的答辩会。

1993年

2月　主编《外国教育督导》，人民教育出版社出版。

附录　顾明远先生学术年谱（1929—2017年）

5月　应中国台湾比较教育学会邀请进行访问台湾。

参加在美国夏威夷召开的"环太平洋地区高等教育评估"国际研讨会。

8月　赴台湾参加"中国现代化学术研讨会"。8月5日访问被称为台湾"硅谷"的新竹科学园。

11月23日—26日　出席中国教育学会比较教育研究会第七次学术年会，继续当选为理事长。

1994年

1月　参加在成都召开的《高等教育法》起草工作第一次咨询会议。

7月　主编《国际教育纵横——中国比较教育文选》，人民教育出版社出版。

10月　主编《中国教育大系》，湖北教育出版社出版。

1995年

被国家教委副主任张天宝同志授予教育法起草证书。

当选国家基础教育实验中心学术委员会委员。

《教育大辞典》荣获国家出版署首届辞书奖三等奖。

《战后苏联教育研究》获国家教委首届人文社会科学研究优秀成果一等奖。

在《教育研究》第4期发表《论学历主义与教育》，指明学历主义的弊端和对教育的危害。

10月24日—28日　在中国教育学比较教育研究会第八次年会（济南大学）上连任理事长。

1996年

参加亚洲比较教育学会的筹备工作，在日本召开第一次年会。

任北师大教育管理学院院长期间，北师大教育管理学院获得教育经济与管理学博士授予权。

2月　《比较教育导论——教育与国家发展》（与薛理银合著）由人民教育

出版社出版。

1997年

承担"八五"国家重点课题"民族文化传统与教育现代化"研究，首倡比较教育的文化研究。

我国第一位获得文科博士学位的外国留学生具兹亿（韩国）毕业。

获北师大"共产党员标兵"称号。

获曾宪梓教育基金会1997年高等师范院校教师一等奖。

出席中国比较教育研究会第九届学术年会（黄山）。

3月 《比较教育》再版，人民教育出版社。

7月 任全国教育硕士专业学位专家小组组长。

11月—次年3月 在日本鸣门教育大学任客座教授。

1998年

在《教育参考》第6期上发表《从"十佳少年"评审谈起》，首次提出不要把学生分成"三六九等"。

6月 参加在中国台湾举办的"华侨教育研讨会"，访问台湾"中研院"、新竹技术开发研究院、台湾大学等。

6月 主编《亚洲"四小龙"职业技术教育研究》，福建教育出版社出版。

8月 主持完成《教育大辞典》增订合编本，上海教育出版社出版，并在《图书》上发表《一次教育研究的系统工程》。

9月 《民族文化传统与教育现代化》出版，北京师范大学出版社。

10月 主持在北师大召开的亚洲比较教育学会第二届年会，讨论国际化背景下文化传统与教育现代化问题。

10月 《我的教育探索——顾明远教育论文选》出版，教育科学出版社。

与薛理银合著的《比较教育导论》获得北京市第五届优秀哲学社会科学研究一等奖。

秋季应邀访问香港教育学院，12月又应邀访问香港大学教育学院。

附录　顾明远先生学术年谱（1929—2017年）

1999年

担任教育硕士专业学位教育指导委员会主任委员，至2006年。

被北京市授予"人民教师"称号。

《教育大辞典》荣获全国第二届教育科学优秀成果一等奖。

7月　主编《教育技术》，高等教育出版社出版。

10月26日—29日　在西南师范大学（现西南大学）中国比较教育研究会第十届学术年会上连任理事长。

10月31日　在北京召开的"面向21世纪民办学校教育国际研讨会"上做主题报告《21世纪民办学校教育的选择》。

11月22日—12月13日　访问巴黎第八大学教育系、巴黎高师和国立桥梁道路学校。12月2日参观法国国立马克西米利尔·佩雷技术中学。12月10日参观爱松省的一个分学区和中小学。

12月　《比较教育》第三版出版，人民教育出版社。

2000年

1月4日　在中国教育学会常务理事会上当选为中国教育学会第五届理事会会长。

1月14日　出席中国教育学会、教育部基础教育司、国家督导办公室、国家教育发展研究中心、中央教育科学研究所在京联合举办的以"减轻中小学生过重负担问题"为主题的"基础教育论坛"。

4月1日　参加在日本早稻田大学召开的第四次中日师范教育研讨会。参加中国在日华人教育研究与日中教育研究交流会联合在东京早稻田大学举办的研讨会，最后一次会见日中教育研究交流会会长横山宏先生。

5月　主编《香港教育的过去与未来》，人民教育出版社出版。

10月　参加在韩国举行的21世纪亚洲教育国际会议，并访问首尔大学、黎花女子大学、大真大学、汉城科学中学、教育开发研究院等。

12月　应邀参加在中国台湾举行的新世纪教育发展学术研讨会并做主题

发言，参观桃园县阳明小学、台北大安高级工业职业学校和私立实践大学。

《民族文化传统与教育现代化》获得北京市第六届哲学社会科学优秀成果一等奖。

2001年

6月　《杂草集——顾明远教育随笔》出版，福建教育出版社。

9月　《比较教育导论》获北京市政府颁发的教育教学（教材）优秀成果一等奖。

10月　主编《国际教育新理念》，海南出版社出版。

11月2日　在中国教育学会比较教育分会第十一届年会（桂林）上任名誉会长。

11月22日　获得香港教育学院首个名誉教育博士学位。

12月　《比较教育导论》获教育部颁发的国家级教学成果二等奖。

2002年

《教育大辞典》荣获第四届吴玉章人文社会科学一等奖。

5月21日　访问欧洲，参观意大利博洛尼亚大学。

9月9日　为北师大校庆100周年在《光明日报》上发表《北京师范大学与中国教育》。

10月　在北师大召开的世界比较教育论坛国际大会上做主题发言《知识经济时代中国比较教育的使命》。

12月　与郝克明总主编《90年代中国教育改革大潮丛书》，分为综合卷、高等教育卷和职业教育卷，北京师范大学出版社出版。

12月　担任中国教育学会编辑出版的《中国教育科学》（年刊）的编委会主任，首卷在2002年出版。

在《北京师范大学学报（人文社科版）》第6期"教育创新论坛"专栏上发表《试论教育思想和教育制度的创新》。

附录　顾明远先生学术年谱（1929—2017年）

2003年

3月20日　参加日本早稻田大学举办的一次国际研讨会并做题为《比较教育的身份危机及出路》的发言。

11月18日　教育部成立全国教师教育专家委员会，受聘为主任委员。

2004年

1月　主编《健康成长——与青少年谈中华传统美德》，中共中央党校出版社出版。

2月20日　在《人民日报》上发表《教育改革是一项社会系统工程》。

5月20日　在首届上海教育论坛上再次呼吁废除"三好学生"的评选制。

6月　主编《中国教育大系》（修订版）系列著作共11卷，湖北教育出版社出版。

6月28日　被教育部聘为首届社会科学委员会副主任。

7月15日　出席中国教育学会、北京市教育学会在北京联合召开的"学习邓小平教育思想座谈会暨邓小平同志百年诞辰纪念会"，并做《用邓小平教育思想指导教育科学研究工作》发言，发表在《中国教育学刊》第9期。

8月4日　出席中国教育学会、北师大在北京联合主办的首届中国中学校长大会并致开幕词。

9月　《教育：传统与变革》出版，人民教育出版社。

与檀传宝主编《2004：中国教育发展报告——变革中的教师与教师教育》，北京师范大学出版社出版。

2005年

1月　主编《制度的建构与超越——北京师范大学与20世纪的中国教师教育》，北京师范大学出版社出版。

在《比较教育研究》第1期上发表《我和比较教育》，在第3期上发表《关于比较教育学科建设的几个问题》，在第12期上发表《国际理解与比较教育》。

在《新教育（吉林）》第3期上发表《不鼓励学生在学习中的竞争》，在

《中国教育学刊》第4期上发表《在没有压力下会学得更好》，在第9期上发表《又该呐喊"救救孩子"了》。

2006年

8月22日 参加时任国务院总理温家宝在中南海召开的"基础教育座谈会"并发言。

9月27日 被聘为国家教育督导团专家组成员。

在《中国教育学刊》第3期上发表《谈谈学风问题——在中青年教育理论工作者分会年会上的讲话》，在《新教育（吉林）》第2期上发表《教育研究的不良学风问题》。

在《北京师范大学学报（社会科学版）》第5期上发表《世界高等教育发展的基本趋势和经验》。

2007年

1月 《顾明远教育口述史》和《中国教育书录：1996—2000》出版，北京师范大学出版社。

在《中国教育学刊》第1期上发表《建设和谐社会 全面推进素质教育——中国教育学会第19次学术年会开幕词》。

3月，在《中国教育学刊》第3期上发表《中国教育研究成果国际化的几个问题》，提出：中国教育研究成果国际化是中国教育研究成就走向世界和提高自身研究水平的必经之路。

4月，在《比较教育研究》第4期上发表《苏霍姆林斯基教育思想在中国的传播及其现实意义》。

9月11日 在《中国教育报》上发表《自尊自励做让全社会尊重的人民教师》。

2008年

4月 《野花集：教育——未来社会的希望》出版，福建教育出版社。

8月11日 接受教育部邀请，担任《国家中长期教育改革和发展规划纲要

附录　顾明远先生学术年谱（1929—2017年）

（2010—2020年）》"素质教育研究"专题调研组组长。

9月　《教育探索之路：对话顾明远教育思想》出版，中国人民大学出版社。

在《教育学报》第3期上发表《解放思想是深化教育改革的金钥匙》。

在《教育研究》第9期上发表《改革开放以来我国教育科学的重建与发展》。

10月11日　参加在北京师范大学举行的顾明远教授从教60周年庆典。被美国哥伦比亚大学师范学院授予荣誉教授职衔。这是该大学首次授予中国教育学者荣誉教授职衔。

12月　《思考教育——顾明远自选集》出版，首都师范大学出版社。

12月　主编《改革开放30年中国教育纪实》，人民教育出版社出版。

12月20日　在《中国教育报》上发表《素质教育的推行与建议——改革开放30年实施素质教育回顾展望》。

2009年

1月12日　为《基础教育参考》每期发表卷首语，共计12篇。

1月18日　在《中国教育报》第1版发表《推进素质教育先从减负做起》。

3月　在《中国教育学刊》第3期上发表《教师要努力成为教育家》。

在日文期刊The Journal of Oriental Studies第1期发表Building Bridges of Peace：Dialogue on Humane Education（1）。

3月9日　在《中国教育报》第2版上发表《跳出框框看文理分科》。

4月　在《中国教育学刊》第4期上发表《回忆学会成立之初的二三事》。

在《北京师范大学学报（社会科学版）》第4期上发表《中国教育科学走向现代化之路纪实——纪念共和国建国60周年》，被《新华文摘》2009年第19期转载。

4月9日、10日　参加《教育规划纲要》专题组长会及专家咨询会。

4月24日、25日　参加教育部第二届教师教育专家委员会会议，再一次被聘为委员会主任。

在《中国教育学刊》第5期上发表《办好每一所学校 教好每一个学生——关于制定〈国家中长期教育改革和发展规划纲要的32条建议〉》。

《中国教育的文化基础》日文版出版，日本东信堂。

8月22日 在《中国教育报》第3版上发表《奥数班该叫停了！》。

11月7日 在澳门接受澳门大学授予的名誉博士学位。

11月20日 在东京接受日本创价大学授予的名誉博士学位。

11月21日—24日 在日本大阪参加第6届数学教育与数学史国际研讨会。

在《教育发展研究》第12期上发表《中国民办高等教育的基本特征及发展趋势》。

2010年

1月 在《教育研究》第1期上发表《大学文化的本质是求真育人》。

在《中国教育学刊》第1期上发表《弘扬传统文化需要走出一些误区》。

在《基础教育参考》第1期上发表《纪念现代教育的先驱林砺儒先生——在纪念林砺儒先生诞辰120周年座谈会上的发言》。

在《高等理科教育》第1期上发表《做好区域教育规划 促进教育现代化》。

在《美育学刊》第1期上发表《新中国60年高等教育改革和发展的成就和经验》。

1月11日 在《中国教育报》第2版上发表《教育发展在于改革 教育改革在于创新》。

2月24日 在《光明日报》第10版上发表《推进素质教育是教育改革发展的战略主题》。

3月 在《中国教育学刊》第3期上发表《公平与质量：教育改革与发展的时代主题》。

在《比较教育研究》第3期上发表《再谈苏霍姆林斯基教育思想在中国的

附录　顾明远先生学术年谱（1929—2017年）

传播及其现实意义——办好每一所学校，教好每一个学生》。

在《探索与争鸣》第3期上发表《教育体制改革是一项系统工程》。

在日文期刊 The Journal of Oriental Studies 第1期上发表 Humane Education: A Bridge to Peace（3）。

3月18日　在《中国教育报》第3版上发表《一面爱的教育的旗帜》。

4月　在《教育科学论坛》第4期上发表《为〈纲要〉的完善和落实出谋划策》。

在《北京广播电视大学学报》第4期上发表《成人教育学科的拓荒者——纪念关世雄同志》。

4月14日　参加国家基础教育课程教材专家咨询委员会并被聘为副主任委员。

4月19日　在《中国教育报》第2版上发表《为每个学生提供最适合的教育》。

5月　在《中国教育学刊》第5期上发表《认真学习、宣传和实施〈纲要〉——在中国教育学会2010年度工作会议上的开幕词》。

在《北京师范大学学报（社会科学版）》第5期上发表《实现教育现代化的宏伟蓝图——学习贯彻〈国家中长期教育改革和发展规划纲要〉》。

在《教育文汇》第5期上发表《最适合学生的教育就是最公平的教育》。

在《教书育人》第5期上发表《教育现代化不是"西化"》。

在《人民教育》第9期上发表《每个种子里都有自己的设计图——听日本学者大田尧先生讲演有感》。

6月　主编《学无止境：构建学习型社会研究》，北京师范大学出版社出版。

在日文期刊 The Journal of Oriental Studies 第2期上发表 Humane Education: A Bridge to Peace（4）。

7月　在《教师教育研究》第4期上发表《在教育家书院成立大会上的

讲话》。

在《高等教育研究》第7期上发表《学习和解读〈国家中长期教育改革和发展规划纲要（2010—2020）〉》。

在《教育研究》第7期上发表《推进素质教育》。

在《中国教师》第14期上发表《新中国教育理论的开拓者——祝贺黄济教授90华诞》。

在《人民教育》第13~14期上发表《希望更多的校长和教师成为教育家》。

8月　主编《国家中长期教育改革和发展规划纲要（2010—2020年）解读》，北京师范大学出版社出版。

在《中国教育学刊》第8期上发表《准确把握定位，不断改革创新，再创学刊新辉煌——在〈中国教育学刊〉创刊30周年纪念会上的讲话》。

在《求是》第16期上发表《办好每一所学校　教好每一个学生》。

9月　在英文期刊Frontiers of Education in China第3期上发表A Blueprint for Educational Development in China: A Review of *The National Guidelines for Medium- and Long-Term Educational Reform and Development*（2010—2020）。

在《比较教育研究》第9期上发表《博学笃行的学界楷模——庆贺王承绪先生百岁华诞》。

在《中国教师》第17期上发表《论教育家书院对教育家成长的意义》。

在《中小学校长》第9期上发表《解放思想　锐意改革　勇于试验》。

11月18日—19日　参加国家教育咨询委员会会议并被聘为委员。

12月12日　在《中国教育报》第3版上发表《加快人才培养体制改革　推进素质教育》。

2011年

1月8日　参加北京师范大学出版社《中国教育通史》编写委员会会议。

1月10日　参加教师资格考试标准审定会。

附录　顾明远先生学术年谱（1929—2017年）

1月22日　参加北京市社联常务理事会会议。

1月27日　在《中国教育报》第8版发表《家庭教育需要发挥重要作用》。

2月12日　参加国务委员刘延东召集的国家教育咨询委员会座谈会。

2月20日　参加北京师范大学国家职业教育研究院成立大会。

2月23日　参国家教育咨询委员会会议，评议学前教育主题规划和试点项目。

3月　在《教育学报》第3期发表《学校制度亟待研究改革》。

3月1日　在京西宾馆参加国家教育咨询委员会会议，并在北京市调研。

3月2日　带领国家教育咨询委员会素质教育组在北京十一学校调研。

3月3日　在《中国社会科学》第3版发表《把提高教育质量放在重中之重的位置》。

3月16日　在考试中心研讨国家教师资格考试。

3月26日　参加中国教育学会2011年工作会议。

3月29日—30日　参加国家基础教育课程教材专家咨询委员会会议。

4月　在《中国教育学刊》第4期上发表《上好每一节课 教好每一个学生》。

4月14日—19日　带领国家教育咨询委员会素质教育组在山东潍坊、聊城调研。

5月6日　在《光明日报》第7版发表《高等教育要求真育人》。

7月　在《教育研究》第7期发表《从新民主主义教育到社会主义教育——纪念中国共产党成立90周年》。

7月11日　在《中国教育报》第2版发表《教育要回归"人的发展"原点》。

8月26日　在《中国教育报》第1版发表《撤并学校要真正做到以人为本》。

9月　在《中国教育学刊》第9期发表《要与反教育行为作斗争》，在《世界教育信息》第9期发表《研究教育不可不研究文化——读〈传统与变革的抉择：细读法国教育〉》。

9月14日—17日　带领国家教育咨询委员会素质教育组在甘肃省调研。

9月28日　参加教育部组织的《幼儿教师专业标准》审定工作。

10月　在《比较教育研究》第10期发表《比较教育与国际教育交流论坛》，在《中国高等教育》第10期发表《推进文化创新 彰显求真育人》，在《中国教育学刊》第10期发表《个性化教育与人才培养模式创新》，在《今日教育》第10期发表《全社会共同努力减轻学生学业负担》，与刘复兴在《求是》第19期发表《建设惠及全民的公平教育》。

10月22日—23日　参加北京师范大学国际与比较教育研究所50周年所庆暨第四届世界比较教育论坛。

10月25日　参加教育部组织的《中小学教师专业标准》审定工作。

10月28日　参加首届全球教师教育峰会并做主题发言。

11月　在《华中师范大学学报（人文社会科学版）》第6期发表《教育的国际化与本土化》。

11月2日—3日　参加《中小学教师专业标准》审定会。

11月17日　参加高校哲学社会科学工作会议。

12月14日　在《中国教育报》第3版发表《〈小学教师专业标准〉说明》。

12月15日　参加教育部国家教育发展研究中心专家咨询委员会会议。

12月17日—18日　在上海嘉定参加中国教育学会第24届年会。

12月22日　在《中国教育报》第6版发表《摒弃庸俗化、工具化的办学之路》。

2012年

1月　在《基础教育参考》发表《教育工作必须把握两条信念》，1月4日在《光明日报》第14版发表《"爱心"如何释放？——给家长的几点建议》。

3月　出版《顾明远教育口述史（增订）》，北京师范大学出版社；与张

附录 顾明远先生学术年谱（1929—2017年）

厚璨主编《20世纪中国学术大典：教育学、心理学》，福建教育出版社。

3月18日—22日 带领国家教育咨询委员会素质教育调研组在上海和南京开展基础教育调研。

4月20日 参加教育部召开的科技委、社科会联席会议，传达"2011工程计划"。

5月 在《河北师范大学学报（教育科学版）》教育科学版2012年第1期发表的《把学习的选择权还给学生》，被《新华文摘》2012年第9期转载。

5月9日—10日 带领国家教育咨询委员会素质教育组在上海交通大学、复旦大学调研。

5月19日 参加中国教育学会代表大会，卸任会长职务。

6月 在英文期刊 Frontiers of Education in China 第2期发表A Reflection on Dr Boyer's College: The Undergraduate Experience in America in the Contemporary Chinese Context。

7月 在《中国教工》第7期发表《小学教师专业标准的基本精神——关于〈小学教师专业标准（试行）〉的解读》。

7月1日—3日 带领国家教育咨询委员会素质教育组在南开大学、清华大学、传媒大学调研。

7月16日 在《中国教育报》第1版发表《减负需要在制度更新上下功夫》，后收录于《中国教育咨询报告（一）》，高等教育出版社。

7月19日 参加"国家教育考试指导委员会"成立大会并被聘为委员。

8月 在《中国教育学刊》第8期发表卷首语《优秀教师无不把学生当作学习主体》。

9月 在《教育研究》第9期发表《试论教育现代化的基本特征》，后收录于《专家学者论教育（一）》，人民教育出版社；发表的《加快人才培养体制改革 推进素质教育》被收录于《中国教育咨询报告（一）》，高等教育出版社；发表于《教育学报》2011年第3期的《学校制度亟待研究改革》被收录于

《中国教育咨询报告（一）》，高等教育出版社；发表的《素质教育推进有较大的进展》被收录于《中国教育咨询报告（一）》，高等教育出版社。

9月7日　参加国务院召开的全国教师工作暨"两基"工作总结表彰大会。

9月8日　参加北京师范大学110周年校庆。

9月17日—20日　带领国家教育咨询委员会素质教育组在银川考察北方民族大学。

10月　与池田大作出版《平和の架け橋：人間教育を語る》，东洋哲学研究所。

10月9日　在《中国教育报》第5版发表《变革之路是这样走过来的》。

10月21日—24日　带领国家教育咨询委员会素质教育组在西安调研民族教育。

11月5日　参加教育部编写的《中国教育改革和发展丛书》出版发布会并发言。

11月15日　在《光明日报》第15版发表《教育发展的关键在于对教育的深刻认识》。

11月24日　参加中国教育学会第25次学术年会并做主题发言《深化教育改革，办人民满意的教育》。

11月29日　在《中国教育报》第7版发表《民主、平等是政治课教学的基础》。

12月　主编《中国教育大百科全书》，上海教育出版社出版。

2013年

1月　出版《鲁迅作品里的教育》，福建教育出版社。

2月　出版《绿叶集：顾明远教育随笔（三）》，福建教育出版社。

3月8日　向中央办公厅递交咨询报告《当前素质教育存在的误区及其危害和几点建议》。

3月14日　参加北京市哲学社会科学第12届优秀成果奖颁奖大会，与石中

附录 顾明远先生学术年谱（1929—2017年）

英主编的《学无止境：构建学习型社会研究》获一等奖。

4月3日 参加"2011工程"专家咨询会议，评审2011试点项目14项。

4月21日 参加《中国教育大百科全书》首发式。

4月23日 参加国家教育咨询委员会第二届第一次全体大会，代表第一组发言。

5月8日 向中国教育政策研究院提交咨询报告《关于加强我国教师队伍建设的政策建议》。

5月15日 在《中国教育报》第10版发表《新时期呼唤教师培训新变革》。

5月27日 向国家教改办提交咨询报告《建议建立幼儿园中小学教师国家考试和注册制度》。

5月30日 在教育部参加时任国务院副总理刘延东召集的"繁荣发展高校哲学社会科学推动中国特色新型智库建设座谈会"。

6月 在《中国教育科学》第2期发表《教育的文化研究》。

6月8日 参加教育部教师工作司关于加强师德建设长效机制的意见座谈会。

6月21日 参加教育部教育改革试点中期总结会，听取学前教育、素质教育、教师教育组汇报。

7月3日 在《中国教育报》第4版发表《实现中国梦是教育工作者的神圣使命》，在《人民政协报》第10版发表《基础教育要打好三方面的基础》。

7月5日 参加英国驻华使馆举办的"世界公民教育论坛"并做报告。

8月7日 在丽江参加袁贵仁召集的国家教育咨询委员会关于教育改革的座谈会。

9月7日 在《中国教育报》第3版发表《教师要用人格魅力影响学生》。

9月15日 在《中国教育报》第1版发表《努力办出有质量的学前教育》。

9月24日 在四川广安参加由教育部、中央文献研究室、四川省政府举办的邓小平"三个面向"教育思想暨教育改革发展研讨会，并做主题发言。

10月　在《大学（学术版）》第10期发表《大学文化的共性与个性》。

10月4日　在《光明日报》第7版发表《高校就业矛盾背后的反思》。

10月16日　在《光明日报》第14版发表《不言之教——读〈道德经〉有感》。

10月17日　在教育部参加国家教育考试指导委员会会议，讨论考试改革方案。

10月21日　参加联合国教科文组织在北京举办的"学习型城市国际会议"。

10月24日　在教育部教师工作司讨论师德建设意见。

11月11日　在《中国教育报》第11版发表《课堂的生态学诉求》。

11月17日　在《中国教育报》第1版发表《小时候养成的好习惯最不容易改变》。

12月　在《教育学报》第6期发表《第三次工业革命与高等教育改革》。

12月6日　在《中国教育报》第6版发表《德育为先 立德树人》。

12月16日　在《光明日报》第16版发表《全社会都来推进教育综合改革》。

12月20日　参加北京青爱教育基金会筹委会第一次理事会会议，被聘为名誉会长。

2014年

1月　出版 Cultural Foundations of Chinese Education，Leiden, Brill；与池田大作、高益民出版《和平之桥——畅谈"人间教育"》，教育科学出版社；在《比较教育研究》第1期发表《关于提升我国中小学教师质量的思考——基于世界各国的政策经验》。

2月　在《教育学报》第1期发表《社会科学研究需要科学的思维方式》，在《教师教育学报》第1期发表《教育改革与发展的战略思想——纪念"三个面向"发表30周年》。

附录　顾明远先生学术年谱（1929—2017年）

2月25日　在《光明日报》第15版发表《攻克教师顽疾的一次突破》。

3月　在《基础教育参考》第5期发表《向教育公平迈出一大步》。

3月5日　在《中国教育报》第7版发表《应重视和加强教研队伍建设》。

3月21日　与美国世界级管理学大师彼得·圣吉（Peter Senge）对话。

4月　在《教育学报》第6期发表的《第三次工业革命与高等教育改革》被《人大复印资料·高等教育》转载。

4月8日　在《中国教育报》第6版发表《班主任要做学生最贴心的人》。

5月15日　参加全国课程教材咨询委员会会议。

5月17日—18日　在杭州参加第九届亚洲比较教育学会年会并致开幕词。

6月　在《中国教育科学》第3辑发表《中国教育路在何方——教育漫谈》，在《教育研究》第6期发表《教育领域综合改革的宏观视野》。

6月27日—28日　参加全国课程教材工作专家委员会会议，讨论高中课程改革方案。

7月5日　参加中国福利基金会"授渔计划千人行动"启动仪式。

7月26日　在《中国教育报》第4版发表《学生成长在活动中——我提倡"活动教育"》。

8月4日—10日　带领国家教育咨询委员在凉山彝族自治州调研，考察了西昌市及大凉山10多所幼儿园、中小学和凉山民族师范并座谈。

8月19日　在《光明日报》第15版发表《没有最优秀的学生》。

8月22日　参加第二届国家教育咨询委员会第一次会议，并代表第一组发言。

8月31日　在《中国教育报》第1版发表《幼儿园应该办成"爱心园"》。

9月　出版《顾明远教育演讲录》，人民教育出版社；在《比较教育研究》第9期上发表《民族教育政策的国际比较研究中的几个问题》。

9月9日　参加习近平在北京师范大学召开的座谈会。

9月10日　在《人民日报》上发表《教育领域综合改革的突破口》。

9月27日　在《中国教育报》第1版发表《既做经师，更做人师》。

9月27日—28日　在北京师范大学参加第五届世界比校教育论坛并致开幕词。

10月10日　在《中国教育报》第5版发表《自尊自律，为人师表》。

10月17日　参加由中央民族大学承办的第三届世界教师教育大会并致词。

11月　出版《站在孩子的视角谈教育》，天津教育出版社。

11月28日　会见时任中国民主促进会中央委员会主席严隽琪，请她向李克强总理提交《万间小屋，万方福田——请克强总理关注青少年性健康教育，支持青爱工程》，12月5日李克强、刘延东做出批示。

12月18日　在中国人民大学接受吴玉章奖终身成就奖。

12月20日　在广州参加中国教育学会比较教育分会第17届年会。

2015年

1月　在《中小学教材教学》第1期发表《把课改落实到课堂上》。

1月5日　在《现代教育报》第5版发表《落实改革举措》。

1月30日　在《中国教育报》第2版发表《教育改革关键在观念转变》。

2月　在《中国大学教学》第2期发表《重塑大学文化》。

3月8日　在《光明日报》第6版发表《教育现代化离不开依法治教》。

3月29日—4月3日　带领国家教育咨询委员会素质教育组到上海、江苏（无锡）调研。

4月28日　在《光明日报》第13版上发表《人人都需要学习的教育学》，在《中国教育报》第5版上发表《促进教育优质均衡发展让百姓得实惠》。

5月　与刘复兴主编《从新民主主义教育到社会主义教育（1921-2012）》，教育科学出版社出版。

5月14日　在《人民日报》发表《教育改革发展需要双轮驱动》。

5月25日—28日　应芬兰坦佩雷大学副校长哈里·梅林（Harri Melin）的邀请，从幼教到高教全面走访芬兰的各级各类教育。

附录　顾明远先生学术年谱（1929—2017年）

5月29日　在芬兰教育文化部与赫尔辛基大学教授、原副校长哈内娜·涅米对话。

7月3日　参加中国教育政策研究院专家会，讨论对《教育法》的修订。

8月　主编《中国教育大系》（第三版），湖北教育出版社。

8月11日—16日　带领国家教育咨询委员会委员在青海调研。

8月30日　参加民盟中央主席张宝文召集的高教改革座谈会。

9月15日　在《中国教育报》发表《全社会来共同治理"教育污染"》。

10月21日　在《中国教师报》发表《为什么中国人爱讲师德》。

10月27日　与彼得·圣吉对话。

11月1日—5日　带领国家教育咨询委员会素质教育组在湖南韶山市、平江县、汨罗市调研农村教育。

11月18日　在《中国教师报》发表《小班化为教育现代化创造了条件》。

11月19日　参加教育部教师工作司组织的师范生实习意见讨论会。

11月28日　参加中国教育发展战略学会年会并发言。

12月2日　参加国家教育咨询委员会素质教育组会议，讨论制定教育"十三五"规划的意见。

12月6日　召开《教育大辞典》（第三版）修订编委会会议。

12月13日　在政协礼堂参加防治青少年艾滋病工作座谈会。

2016年

1月　《顾明远教育论著精要》出版，福建教育出版社。

1月5日　在《光明日报》第14版发表《对教育本质的新认识》。

1月26日　在《中国教育报》第2版发表《教育领域里的悖论》。

1月31日　在《人民日报》发表《教育观念现代化是教育现代化的灵魂》。

2月　在《中国德育》第4期发表《中国教育的困境与出路》。

3月24日　在教育部讨论教师教育振兴计划。

3月30日　参加海淀区教科院成立大会并被聘为专家。

4月　在《中国教师》第7期发表《文化是学校的灵魂——在学校文化背景下的教师专业发展研讨会上的讲话》，在《新课程（综合版）》第4期发表《核心素养：课程改革的原动力》。

4月6日—8日　带领国家教育咨询委员会素质教育组在山西太原、太谷、榆次调研。

4月13日　在《中国教师报》发表《为"在线教师"说几句公道话》。

4月29日　与国家教育咨询委员会委员考察中央民族大学附中。

5月4日　在《中国教师报》发表《重新认识教育的本质》。

5月5日　在《中国教育报》第2版发表《一部青年成长的教科书》。

5月26日　在《中国新闻出版广电报》发表《助力中国教育改革的最新力作》。

6月　在《未来教育家》第6期发表《以课程改革为核心促进全人发展》。

6月14日　在《光明日报》第14版发表《从科学主义到人文主义》。

6月16日　在《人民日报》发表《教育公平绝不是平均主义》。

7月　在《中国教育科学》第3期发表《我与比较教育学科建设》，在《人民教育》第14期发表《要充分发挥教育对文化的传播、选择、创新功能》。

7月13日　在《中国教师报》发表《如何面向未来教育》。

8月11日　在《中国教育报》第3版发表《未来教育的变与不变》。

8月22日　参加第十六届世界比较教育大会并致开幕辞。

8月25日　参加高等教育出版社的《中国学校研究》首发式。

9月　在《北京师范大学学报（社会科学版）》第6期发表《鲁迅"立人"思想的现实意义》，在《中国教师》第17期发表《营造一种尊重教师、信任教师、依靠教师的社会风尚》。

9月7日　在《中国教师报》发表《把精力放在上好每一节课上》。

9月19日　在《中国教育报》第9版发表《教师要读点教育史经典名著》。

10月　出版《当代中国教育》，中国人民大学出版社。

附录 顾明远先生学术年谱（1929—2017年）

10月8日　在《光明日报》第7版发表《从裁撤教育学院看师范教育转型》。

10月13日　参加小学教育专业委员会年会并做报告。

10月17日　参加"全球基础教育联盟"学术委员会会议。

10月19日　在《人民政协报》第11版发表《教育要顺应世界潮流、时代变化》。

10月30日　参加北京明远教育书院成立大会。

10月31日　参加陈宝生部长召集的《中国教育现代化2030》座谈会。

11月　与王承绪合编的《比较教育（第五版）》获第五届全国教育科学研究优秀成果二等奖。

11月16日　在《中国教师报》发表《教师是与学生共同学习的伙伴》。

11月19日　参加浙江大学在海宁校区举办的中国教育战略学会国际教育分会成立大会。

11日23日　参加中国教育学会中小学综合改革专业委员会第18届年会，并做主题报告。

12月6日　与秦春华、高淑英在《光明日报》第15版发表《从"升学"转向"成人"：重新定位高中教育》。

12月14日　在《中国教师报》第14版发表《如何培养学生的思维》。

12月16日　接受长江教育研究院授予的"教育建言卓越贡献奖"。

12月28日　在《中国教育报》第2版发表《不能任由培训机构"绑架"学校》。

2017年

1月　出版《鲁迅教育文存》，人民教育出版社；在《中国教师》第1期发表《教师应该是学生成长的引路人》。

1月15日　参加中国教育学会教师专业发展研究中心成立大会。

1月18日　在《中国教师报》第1期发表《研学旅行，"学""游"兼得》。

2月　与马健生、滕珺合著《中国学校研究》，高等教育出版社出版。

2月10日　参加教育部召开的教育咨询委员会小组长会议，为全国教育大会提建议。

2月14日　在教育部讨论教师队伍建设文件。

2月17日　在教育部召开国家教育咨询委员会素质教育组会议，讨论新时期教育方针。

3月　在《高等教育研究》第3期发表《浅谈中西大学价值观之异同》。

3月1日　参加陈宝生部长召集的教育调研会议。

3月2日　参加刘延东召集的国家教育咨询委员会全体会议，代表素质教育组发言。

3月9日　在教育部参加学习习近平主席关于知识分子讲话的座谈会并发言。

3月11日　在《中国教育报》第7版发表《把年青一代培养成新型知识分子》。

3月17日　上午参加严隽琪召集的学制问题讨论会，下午参加课程指导委员会会议。

4月26日　参加全球基础教育联盟专家委员会会议。

5月27日　参加中国教育战略学会国际教育分会"面向2030基础教育国际化与课程体系建设论坛"并做演讲。

6月12日　在教育部参加中小学教师培训课程标准评议会。

7月16日　参加中国教育学会第八届代表大会。

7月25日　在《光明日报》第6版发表《马克思个人全面发展理论的现实意义》。

7月26日　在《中国教育报》第1版发表《习近平教育思想指引中国教育改革和发展前进方向》。

8月　在《教育研究》第8期发表《马克思论个人的全面发展——纪念

附录　顾明远先生学术年谱（1929—2017年）

〈资本论〉发表150周年》。

8月1日　在教育部参加咨询小组会议，为《中国教育现代化2030》文件提意见。

9月　在《中国教育学刊》第9期发表《实现教育现代化必须把农村教育办好》。

9月19日—22日　带领国家教育咨询委员会素质教育组在辽宁沈阳调研。

9月20日　在《中国教育报》第9版发表《语文课本中不能没有鲁迅》。

9月24日　参加第六届世界比较教育论坛闭幕式。

10月26日　在海嘉国际双语学校与美国教育部原副部长苏珊·斯克拉法尼（Susan Sclafani）对话。

10月29日　参加中国教育发展战略学会第三届理事会会议，接受终身成就奖。

11月　在《教育研究》第11期发表《让每一个孩子都享受公平而有质量的教育》，在《中国教师》第21期发表《讲讲学科教学论建设的故事》，在《人民教育》第23期发表《文化是一个民族的根和魂——谈谈中华优秀传统文化教育》。

11月25日　在北大附小参加明远教育论坛，并与苏霍姆林斯卡娅对话。

11月27日　在政协礼堂参加第三届防治青少年艾滋病工作座谈会并发言。

后记
（2006年版）

向这一代知识分子的光荣与梦想致敬

后记　向这一代知识分子的光荣与梦想致敬

向这一代知识分子的光荣与梦想致敬

我的导师顾明远先生生于1929年，是成长于20世纪三四十年代的知识分子，是新中国第一代建设者的杰出代表。他们这一代知识分子尝尽了动荡战争年代的苦难，经历了中华人民共和国成立后各种运动的洗礼，参与和领导了改革开放后的各场变革。这是一部中国知识分子的受难史，也是一部整个中华民族的受难史；这是一部中国知识分子的奋斗史，这也是一部整个中华民族的奋斗史。在这样错综复杂的历史洪流中，有的人被各种压力压垮了，有的人却在血与火的洗礼中，绽放出绚丽的人生之花，我的导师就是他们当中的佼佼者。他们这一代知识分子是新中国的"脊梁"，他们的光荣与梦想永远值得我们铭记，他们身上的道德风骨、精神追求需要我们传承和发扬光大。

一、顾明远先生这一代知识分子的光荣与梦想

知识分子（intelligentsia/intellectuals）一词是俄国作家彼德·博博雷金于19世纪60年代提出的，并由俄语翻译成其他语言。《辞海》把知识分子定义为"有一定文化科学知识的脑力劳动者，如科技工作者、文艺工作者、教师、医生、编辑、记者等"。而国外学者则从功能上去定义知识分子，认为他们是推动和传播知识以及阐明其特定社会价值观念的人们。还有高尔基令人震撼的定义：知识分子——这是在生命的每一分钟都在准备挺身而出的不惜以生命为代价捍卫真理的人们。

对中国来说，知识分子是外来词，这个词的意思大致相当于中国古代的"士"。孔子曰："士志于道。""道"就是对真理的追求，就是人生理想和社会责任，就是一种价值准则。从屈原到曹雪芹，中国古代知识分子形成了关于责任和人格的传统，如"富贵不能淫，贫贱不能移，威武不能屈""先天下之忧而忧，后天下之乐而乐""疾首砭时弊，挥泪书民情"。顾明远先生这一代知识分子也是如此，他们内心的真诚与人格的坚挺让我们这些后辈望尘莫

及。他们既有"为中华之崛起而读书"的豪情，也有"我以我血荐轩辕"的悲壮。他们是有理想的一代，但现实对他们却是残酷的，理想与现实的矛盾挤压着他们，使得他们变形、分化，经受着坎坷的历史命运。他们是奋斗的一代，尽管他们奋斗的道路并不平坦，但是他们永不放弃，永不言败，勇往直前。正如鲁迅先生所说："真正的勇士，敢于直面惨淡的人生，敢于正视淋漓的鲜血。"他们是光荣的一代，因为他们创造了历史，他们创造了新中国的辉煌，他们为我们这些后来者打好了基础。他们是有梦想的一代，他们有着一颗奔腾的心，他们时时刻刻都在为中华民族的伟大复兴而呕心沥血。尽管他们历尽劫难，但是他们无怨无悔。这一代知识分子用他们的青春和生命谱写了一首气势磅礴、荡气回肠的振兴中华的进行曲。

顾明远先生正是这一代知识分子的杰出代表。基耶斯洛夫斯基曾经说过："每一个人的生命都值得仔细审视，都有属于自己的秘密与梦想。"透过典型人物的命运，我们可以理解历史的复杂性，进而感受到社会历史的变迁，正如"一滴水也能折射太阳的光辉"。顾明远先生作为中国教育学会的会长，见证了新中国教育事业波澜壮阔的发展过程，亲历并领导了改革开放后多次重大的教育讨论和变革，他本身就代表了一部活生生的新中国教育发展史。如果从顾明远先生1948年当小学教师开始算起，那么可以说先生历经半个多世纪的沧桑，把他毕生的精力都奉献给了教育事业。虽然在这当中先生有好几年是在北京师范大学和苏联的列宁师范学院求学，但是先生始终没有离开教育这个大领域。50多年以来，顾明远先生当过小学教师、中学教师、中等师范学校教师、中学校长、师范大学教师、系主任、学院院长、副校长以及研究生院院长等职务。可以说，顾明远先生经历了学校教育的各个层次，既教过书，又做过教育行政工作；既做实际工作，又从事理论研究。改革开放后，顾明远先生更是通过理论研究、实地调查、上书直言等多种形式参与和领导了多场教育变革。在他身上，我们看到了中国传统知识分子的良知与社会责任感。这些精神都需要我们这些后来者传承和发扬光大。

后记　向这一代知识分子的光荣与梦想致敬

二、我们这一代知识分子的责任和使命

一代人有一代人的责任，一代人有一代人的使命。顾明远先生代表的这一代知识分子是"白手起家"的新中国第一代建设者。他们很好地完成了历史交给他们的使命，义无反顾地履行了他们的责任。反思我们这一代人，则感到任重而道远。

当代中国不仅面临着市场经济和现代化所带来的种种问题和挑战，也同时面临着知识经济和后现代性所带来的种种机遇和冲击。这是一个"众神狂欢，群魔乱舞"的时代。正如狄更斯在面对英国第一次工业革命的时代状况时，曾做出坦率且真诚的表述："这是一个最坏的时代，这是一个最好的时代。这是一个令人绝望的冬天，这是一个充满希望的春天。我们面前什么也没有，我们面前什么都有。"在这样一个时代，我们更需要反思当代知识分子所肩负的责任和使命。

尼采曾经说"上帝死了"，利奥塔则声称"知识分子死了"。所谓"知识分子死了"，是指在当代技术官僚统治一切、市场逻辑无孔不入的社会中，知识分子渐渐失去了自己的身份特征，失去了自己的责任感和使命感。在市场经济的大潮下，相当一部分知识分子忘掉了自己的灵魂、道义、价值、根本归宿和存在意义，传统知识分子特有的责任感和人格意识正在淡化，世俗化与功利化成为他们的主导价值观。反思当代中国社会的转型过程，从"以阶级斗争为纲"转变到"以经济建设为中心"，这是一个巨大的历史跨越。对于知识分子这个特殊的群体而言，他们身上背负着"道德十字架"以及建立于其间的责任感、使命感和身份感，他们在这个迅速转型的过程中深刻体会到转型所带来的疼痛感和断裂感。这是哈姆雷特式的"生存还是毁灭"这一伟大命题的现代性翻版。

如果说当代中国知识分子既不能成为道德的虚无主义者，也不能成为庸俗的现实主义者，那我们的出路到底在哪里？看看共和国第一代建设者所走过的道路吧！他们没有怨天尤人，他们没有哭哭啼啼，他们就是要有所

为，就是要改变世界。顾明远先生作为其中的杰出代表，不仅是一位出类拔萃的专家学者，同时还是一位"胸怀祖国，走向世界"的社会活动家。他在身体力行"穷则独善其身，达则兼济天下"的古训。作为一位"唯书有色，艳于西子；唯文有华，秀于百卉"的博学者，顾明远先生虽然已至耄耋之年，但他还在为中国教育的明天而奔走，还在不知疲倦地默默耕耘。真可谓"烈士暮年犹赤子，书生逸气在青衫"。从他身上，我们看到了学院生活与公共空间的"无缝连接"，看到了知识分子的人生真谛。布迪厄曾经在《走向普遍性的法团主义：现代世界中知识分子的角色》(*The Corporatism of the Universal: the Role of Intellectuals in the Modern World*)一书中详细讨论了当代世界中知识分子如何从特殊走向普遍，捍卫知识的自主性，进而介入社会，也就是"入世而脱俗"。在当代中国，作为专业化时代的公共知识分子，将学院生活与公共空间连接起来并赋予超越的批判性意义是我们的责任和使命。

"往者不可谏，来者尤可追。"一个世纪的风雨沧桑之后，我们如今又处在一个挑战与机遇并存的格局中。对知识分子来说，我们的使命是用知识创造物质财富和精神财富，走与人民生活相结合的道路，体悟人生的真谛，为当代人的安身立命问题尽心。

"士不可以不弘毅，任重而道远。仁以为己任，不亦重乎？死而后已，不亦远乎？"

三、顾明远先生和我

当年我在华南师范大学读本科的时候，一次偶然的机会我坐在当时校长颜泽贤教授的旁边。颜校长可能对我这个学生活动的积极分子有点印象，很关心地问我毕业的打算。那时真是初生牛犊不怕虎，豪情壮志在我胸。我表示要考北京师范大学的研究生，特别是想读顾明远先生的研究生。我还记得当时颜校长皱了皱眉头说，好像顾明远先生现在已经不带硕士了。我当时真是无比失望，但是又在心中暗暗给自己加油：我一定要努力考上顾明远先生的博士。结果在2003年天遂人愿，我非常幸运地投身先生门下，得到他的亲

后记　向这一代知识分子的光荣与梦想致敬

身教导，耳濡目染先生的道德文章。其实在我2000年进入北京师范大学国际与比较教育研究所时，先生就给我们这群研究生上课。那时候研究生人数还不多，先生都认得我们。有一次先生生病住院，我跟着硕士导师去探望先生，先生一眼就说出我们谁谁经常在所里看书，真是让我们这些小辈们诚惶诚恐，更不敢造次了。

进入师门后，我真的觉得自己进入了一个教育的百花园。先生为所有学生打开了一扇"立足中国，放眼世界"的大门。先生的大师气象、先生"自主且入世，入世而脱俗"的风骨让我们这些学生终身受用。有师兄曾经这样描述先生："他有菩萨的心肠、佛祖的胸襟、大师的眼界、先生的气度。他宽容学生个性，包容晚辈奇想，使我的自由心灵得到了灌溉和滋养。"我将用一生的追求和创造去回报这种无比宝贵的心灵自由与宽容。

在先生"百花齐放，百家争鸣"的众多优秀弟子中，我是年龄最小的，也是资历最浅的。能够参与口述史这个事情首先要感谢顾明远先生对我的厚爱，让我这个空有满腔热情的"初生牛犊"担此大任。其次要感谢北京师范大学教育学院院长张斌贤教授、北京师范大学出版社社长赖德胜教授和编辑刘生全老师对我的支持和鼓励。特别是张斌贤教授，他在着手筹备阶段从专业角度给了我很多的真知灼见。另外还要感谢师门所有师兄师姐对我的帮助。最后要感谢《科学时报》记者李晨和滕珺同学的"拔刀相助"。参与这个事情让我觉得就像是在"听爷爷讲那过去的事情"。对我本人而言，这是一次非常宝贵的精神洗礼。说真的，当初报考先生的博士研究生，确实是因仰慕先生是教育界的泰山北斗，所谓"高山仰止，景行行止；虽不能至，心向往之"。但是对于泰山北斗是怎么"炼成"的，我并没有一个清晰的概念。直到能够拜读于先生门下，特别是有幸聆听先生所经历的风风雨雨，我的灵魂被深深地震撼了！那真是一个"千淘万漉虽辛苦，吹尽狂沙始到金"的艰苦历程，原来泰山北斗的"炼成"要经历如此的沧海桑田！这也让我更加明白我们这一代人所肩负的实现中华民族伟大复兴的责任和使命。我是改革开放后

顾明远先生对我的鼓励和期望

成长起来的一代,我们这一代人在某种意义上说是没有"集体记忆"的一代,我们是享受战斗成果的一代。从另外一个意义上说,当建党100周年的时候,我们这一代人正是40出头、风华正茂的建设者。我们需要认真学习共和国第一代建设者的经验和教训,铭记他们的光荣与梦想,传承和发扬他们的精神,真正实现中华民族的伟大复兴。

  看到我协助先生所整理出来的口述史,我真是心中有愧。先生考虑到我博士论文的压力,在关键的时刻喊停,怕耽误我的学习。我非常希望这仅仅是故事的序幕,我愿意继续"听爷爷讲那过去的事情"。因为时间仓促,我整理得还不够细致,如果文中有什么不合适的地方,请大家批评指正。

李敏谊

2005年10月31日于北京师范大学

增订说明

2012年版增订说明

光阴似箭，日月如梭，自2006年版《顾明远教育口述史》发行至今，已有5个春秋。顾先生依旧忙碌，带着对教育不减的爱与执着，奔走于祖国的大江南北。这几年来，顾先生几乎所有的工作都是围绕着《国家中长期教育改革和发展规划纲要（2010—2020年）》展开的。从为中央集体学习教育问题做准备，到参加总理教育座谈，再到参加《教育规划纲要》的调研工作，顾先生亲历并见证了中国教育发展的又一个春天。在这个过程中，顾先生常常遇到许多有趣的事儿，也常常迸发出许多新的想法，如"取消奥数班""让懂得教育的教育家办学""把选择权还给学生""与反教育行为做斗争"等，先生总是在第一时间与我们分享。这些故事是中国教育发展的当下，这些想法更是中国教育发展的未来。在这几年来的闲谈中顾先生又讲了一些往事，也就丰富了增订本的内容。"听爷爷讲那过去的事儿"是幸福的，"听爷爷讲那现在的事儿"是深刻的，"听爷爷讲那未来的事儿"是激动的。无论是过去、现在还是未来，记录都是一种精神，我们希望不断增补新的内容，留住今天、留住明天的历史。最后要特别感谢北京师范大学出版社编辑郭兴举老师，感谢两位研究生皮国粹和曲梅的协助，有了他们这个增订本才能成功出炉。心怀感恩，文责自负。

李敏谊　滕珺
2011年6月22日于北京师范大学

2018年版增订说明

时光荏苒,自2012版《顾明远教育口述史》出版又过了6年。就像6年前一样,先生依旧忙碌,政策咨询、课题研究、学术会议、下校指导,一样也不少,但难得的是先生依然笔耕不辍且思想鼎新,平均每年撰写约10万字的文稿。这其中不仅有反映教育前沿的基本理论,也不乏通俗易懂、清晰可读的教育小品文,先生对教育理论和实践的思考和洞见,以及写文章时信手拈来的本领,时常让我们这些晚辈十分汗颜。可先生却常说,他没有年轻人看的书多,谈的都是老问题,十分谦逊可亲。先生的为人和学识不仅让国内同行敬服,而且在国际社会也享有盛誉。近年来,来自美国、加拿大、日本、芬兰、乌克兰等国的多位国际学者与先生开展了教育对话,纷纷赞叹先生思维之敏锐、为人之亲和。对这些教育对话的内容本书也有收录。今年适逢改革开放40周年,也是先生从教70周年,谨以此书,向先生致敬。高山仰止,景行行止,虽不能至,然心向往之。

李敏谊　滕珺
2018年9月24日于北京师范大学